Andreas (The Sang o Sanct Andro)
and
The Weirds o the Apostles

CORPUS TEXTUUM SCOTICORUM
Volume 3

CORPUS TEXTUUM SCOTICORUM

Volume 3 (2024)
Andreas (The Sang o Sanct Andro) and *The Weirds o the Apostles*
Owerset intae Scots by Derrick McClure

Volume 2 (2022)
Written Scots in Scotland and Ulster: A review of traditional spelling practice
and recent recommendations for a normative orthography
Andy Eagle

Volume 1 (2021)
An Etymological Dictionary of the Norn Language in Shetland:
A colour facsimile edition
Jakob Jakobsen

CORPUS TEXTUUM SCOTICORUM

Volume 3

Andreas (The Sang o Sanct Andro)

and

The Weirds o the Apostles

Owerset intae Scots by

Derrick McClure

evertype

2024

Published by Evertype, 19A Corso Street, Dundee, DD2 1DR, Scotland. *www.evertype.com.*

ISBN-10 1-78201-320-2
ISBN-13 978-1-78201-320-4

Typeset in Baskerville by Michael Everson.

Batter design by Michael Everson. Image frae Vercelli Beuk *f.* 29v, shawin pairts o lines 184–194.

TABLE O CONTENTS

1 Inleit . . . . **vii**

2 Texts **1**

2.1 *Andreas* 2

2.2 *The Sang o Sanct Andro* 3

2.3 *Þa Wyrda þara Apostola* 96

2.4 *The Weirds o the Apostles* 97

3 Indexes **104**

3.1 General comments 104

3.2 *Andreas* 104

    3.2.1 Index verborum 104

3.3 *The Sang o Sanct Andro* 157

    3.3.1 Index verborum 157

3.4 *Þa Wyrda þara Apostola* 211

    3.4.1 Index verborum 211

    3.4.2 Index runarum 217

    3.4.3 Index numerorum 217

3.5 *The Weirds o the Apostles* 218

    3.5.1 Index verborum 218

    3.5.2 Index runarum 224

4 Glossar **225**

1
INLEIT

In the Capitulary Buikbeild in Vercelli, an auncient toun in the Nor-West o Italy, thare a haunscreive fae the tent yearhunner, inhaudin a curnie sermons and five poems (wi a bittie o a saxt); aa in the Auld English or Anglo-Saxon leid. Amang thaim is the lang screid kent tae scolars as *Andreas*, here for the first time pitten intae Scots verse.[1]

Whase is the original *Andreas* sang? We ken-na, and maist likely never wull. Forbye *Beowulf*, the anerlie English poem fae afore the Norman times at mony fowk hes een hard tell o, thare a fair treisur-huird o bardries in the Auld English leid, screivit frae the seivent tae the eleivent yearhunner; but thare jist *twa* bards whase names we ken and whase screids we hae; and the names is nearhaun aathin we ken o thaim. Ane, caa'd Cædmon, gat the pouer o makin sangs frae an angel at cam til him in a draem: sae rins the tale, onygaits, telt by the Northumbrian monk Bede in his *Historia ecclesiastica gentis Anglorum*, written aroun 730; and sen Bede is hauden ane o the gretest scolars atweesh the dounfaa o Rome and the Gainbirthin o the twalt yearhunner, and sen Cædmon wes still leivin aroun 673 whan Bede wes born and wes like him a Northumbrian, we maunna lichtlie his story aa and haill. But tho Cædmon hes haen the credit for a wheen lang and vogie bardries, thare nocht but ae peerie-wee sang o nine lines, ane o the auldest screids in the Anglo-Saxon tung, at we ken for siccar tae be his. O the ither namit makar, Cynewulf, we hae nocht ava bar his name; and this for a raison at sets him apairt frae aa ither makars o the period: he wrate the name, in Runic letters, in amang the lines o his poems. But tho we hae wittins o twa-three preists and bishops caa'd Cynewulf, thare naethin ava tae shaw us whilk o thaim, gin ony, wes the makar. And *Andreas* we can tell frae the leid is ower late tae be by Cædmon; and tho twa o Cynewulf's poems kythe aside it in the Vercelli Beuk, it is ower different in style frae thaim tae be by the samen makar.

---

1   The owersettin is frae *Andreas and The Fates of the Apostles*, ed. Kenneth R. Brooks, Oxford: Clarendon Press, 1961, whiles wi the uiss o *Anglo-Saxon Poetry Selected and Translated by Professor R. K. Gordon*, Everyman's Library no. 794, London: J. M Dent & Sons Ltd. and New York: E. P. Dutton & Co., n.d., for an oxter-staff.

Andreas affeirs tae a lang and fouthy tradeition o warks, in Greek, Laitin, and ither leids, recountin the viages, dargs, and travails o the twal Apostles. A cuttie poem o Cynewulf's caa'd *The Weirds o the Apostles*, in the Vercelli Beuk alangside *Andreas*, tells at Jeames wes marteirit in Jerusalem and Peter in Rome; at John gaed tae Ephesus in whit is nou Turkey, Mattha tae Ethiopia, Tammas and Bartholomew tae India, Simon and Thaddeus tae Persia. Cynewulf leived in the nint yearhunner; but thir tales war auld lang afore his days: the airest o thaim gang back tae the first yearhunner o the Christian Kirk. And for lang efter, the lifes o the sancts war a wechty dale o the Kirk's tradeition, and fowk war screivin thaim anew richt up until the Reformation. In our ain letter-huird, ane o the auldest screids in the Scots tung, nearhaun contemporary wi the *Brus* o John Barbour and in the samen meter, is an ondeimous muckle getherin o *Legends o the Sancts*: the screivar is onkent, but ae scolar[2] hes made a skeilie guess at he wes William o Spyny, like Barbour a kirkman frae the Nor-Aist. Maist o the tales in this are taen frae the *Legenda Aurea* o the Italian archbishop Jacobus de Voragine, a Latin screid frae the hinner-enn o the thirteent yearhunner; but the Scottish screivar eiks on tales o twa sancts whase stories hae a beirin on Scotland, Sanct Machar and Sanct Ninian. Pairt o the anter setten furth at faur greter lenth in the Auld English sang is telt in the life o Andro in this ingetherin. And the first buik tae be prentit in Scotland wes the *Aiberdeen Breviary*, conform tae James IV's deceision tae set up a prentin-hous sae as "... in tyme cuming mess bukis, efter our awin Scottis use, and with legendis of Scottis sanctis, as is now gaderit and ekit be ane Reverend fader in God, and our traist consalour William [Elphinstone] bischope of abirdene and utheris, be usit generally within our Realme ... and that na maner of sic bukis of Salusbery use be brocht to be sauld within our Realme in tym cuming".[3] Bishop Elphinstone gaed ayont the auld screivar o the *Legends* in eikin twa mair Scottish sancts, Sanct Kentigern and Sanct (Queen) Margaret, tae the lang leit o haly men and wemen.

And sae Andro, the fisherman frae Galilee wha was aither the first (as the Gospel o John wad hae't) or wi his brither Simon Peter ane o the first twa (as Mattha and Mark wad hae't) o the twal Apostles tae be caa'd, like ither sancts hes a fair wheen o tradeitional stories eikit tae his name. The auldest screids says he fure alang the Danube tae the Blaik Sea and ayont tae Kiev and Novgorod: he is the patron sanct o Rumania, Ukraine and

---

2   Matthew P. McDiarmid, in "The Metrical Chronicles and Non-Alliterative Romances", Vol.1 o the *Aberdeen History of Scottish Literature*, ed. R. D. S. Jack; Aberdeen University Press 1980, 27–38.

3   Baith passages quotit frae *Annals of Scottish Printing* by R. Dickson and J. P. Edmond, Cambridge 1890, pp.7–8.

Russia forbye our ain. He wes crucifie't in Achaia, in the wast o Greece, aroun the year 60. The tradeition that he speir't for an X-schapit cross, haudin himsel no wirthie tae be crucifie't on a cross o the samen kyn as his Maister wes, is lykeweys unco auld. Mauger o whit the Declaration o Arbroath says, thare nae possibeility at he ever cam tae Scotland: he wad scarcelins hae kent whaur Scotland wes. Mair likely tae be true is at Sanct Regulus, or Rule, brocht some o his banes (or whit wes thocht tae be his banes) frae Patras in Greece tae the Pictish toun o Cill Rìmhinn in the year 345, and funnit thare a Kirk dedicatit tae him. Mony a yearhunner efterhins, this auncient tale cam tae be the foun for Sanct Andro's upbiggin as our patron sanct, and the adoptin o his Saltire as our national flag.

Een in the airest furthpittins o whit befell the Apostles as thay gaed about the darg thair Maister set them—"Gang ye furth, than, and mak disciples o aa the fowks o the yird"[4]—it is whiles ill tae twyne history frae tradeition. In the Auld English sang owersetten here, thare naethin ava at can be cleikit tae acwal history. Hou the story wes first pitten thegither, and wha wes the first tae tell it, naebody kens: thare a curnie versions o't in Laitin, whaur it is caa'd *Acta Andreae et Matthiae apud Anthropophagos*, and in Greek, frae the whilk the auld English bard hes taen diverse pairts and wrocht thaim intil a weel-shapit narratif. Mair nor the ae critic hes thocht forbye at he wes taen wi this tale o Andro acause o its likeness tae *Beowulf*. Andro and Beowulf baith traivels by sea tae a kintra whaur some ill thing hauds pouer (tho in *Beowulf* it is an etin herryin a mingie o stalwart weirmen; in *Andreas* the fowk aa and haill is a bourach o ill-deedie warlocks), vanquiss the ill and sain the kintra efter a frichtsome strauchle and syne win hame tae dee in thair ain grunn. Ither pynts forbye in the sang shaws hou the makar hes warpit diverse owercomes frae auld Germanic poetry intil a tale kythandlie set in the faur aist o the Roman Empire: Andro's sea viage myns us o mony cauld and gowstie sailins in ither Auld English bardries, and the lealtie shawn tae Andro frae his thanes is mair akin tae the devotion o memmers o an auld Germanic tropell nor onythin we hear about in the Bible. Sae wes the Christian faith and the unnerstaundin o the Biblical tales naturalisit (as ye micht say) amang the weirlike tribes ayont the auld Roman Empire: in mony anither bardrie at tells a tale frae the Bible, in Anglo-Saxon or anither auld Germanic leid, the pictur is o a warld mair sib tae *Beowulf* nor tae the auncient keingdom o Judaea or tae Palestine aneth the Roman joug. Ane o the gretest o thaim aa, *The Draem o the Ruid*, maks a stalwart ying kemp o Jesus and a leal thane o the Cross itsel.

---

4   Mattha 28:19, in Lorimer's owersettin.

Auld English, the forebeir o modren English and modren Scots, is a Germanic leid, effeirin tae a faimily o the whilk the airest tae kythe in screivins wes Gothic, in an owersettin o pairts o the Bible made as faur back as the fowert yearhunner. This owersettin didna forder ony tradeition o writin in Gothic: forbye itsel, thare scarcelins onythin ither tae finn in the tung, and nae modren leid is descendit frae it. Auld English as a leid for bardrie and ither screids kythes wi Cædmon in the seivent yearhunner. Frae Cædmon's Hymn tae the enn o the Auld English period, aa bardries is screivit in the samen meter: ither auld Germanic leids uised it forbye. Ilka line maun hae fower dunts, nae mair and nae less; but thare nae rulin on hou mony syllables thare can be wantin the dunt. Rhyme ye dinna finn,[5] but the duntit syllables maun hae alliteration: the rulin wes that o the fower, the thrid ane bude tae alliterate wi the first, the saicont, or baith; the fowert never alliteratit wi ony o the ithers. Here the onset o *Andreas*:

> Hwæt, we gefrunan on fyrndagum
> twelfe under tunglum tireadige hæleð
> þeodnes þegnas.

Gin we merk the alliteration and the dunts tae shaw the patren, it isna ill tae feel the rhythm een athout kennin whit the wirds mean:

> *Hwæt*, we ge*fru*nan on *fyrn-da*gum
> *twelfe* under *tung*lum *tir*-eadige *hæ*leð
> *þeod*nes *þeg*nas.[6]

Efter the Norman Conquies (and we maun haud in myn at houbeit our kintra wes never conqueisit, our keings lairnit muckle frae the Normans, and the upgrowthe o Scotland in the Moyen Ages, in politics, society and cultuir forbye, wes in braw mizzour aucht tae inbringins frae Norman England), French meters, wi rhyme and wi a raiglar count o syllables in ilka line, cam tae be uisit for English and Scots verse; but it was a lang while or the auld fower-dunt alliterative line eiliet awa: the hinmaist makar tae uise it aa throu a single lang poem wes Dunbar, in *Tretis of the Tua Mariit Wemen and the Wedo*. I hae pitten my owersettin intil the samen meter:

---

5   No *never*, but byous synil; an whan it kythes, it isna atweesh ae line an the neist but atweesh the *haufs* o lines.

6   Baith þ and ð war uised tentlesslie for the vyceless and vycit "th" soun. It is no tae be thocht at þ stuid for the vyceless *th* o "think" /θɪŋk/ an ð for the vycit *th* o "thay" /ðeː/.

Hark! We hae *hard*, frae *days* faur *hyne*,
o *wei*rmen *wor*thie, *twal* in the *warld*,
the *Sau*viour's *ser*vans.

I haena ayeweys obsair't the Auld English rulin o whitna syllable can
alliterate wi whitna ither, but I hae made siccar o alliteration somegaits in
ilka line, and whiles frae ae line tae the neist.

Anither wittin anent the owersettin. The gremmar o Auld English poetry
is unco crottlie. Ilka line is componit o twa phrases, and the phrases follas
ither like beads on a string: there nae biggin nor jynin thaim up intil whit
we caa complex sentences. I hae whiles reddit up the orderin o the wirds
and the phrases tae gar the sentences haud thegither in a mainner mair sib
tae whit we are uis't til the day. And as ony owersetter o poesie maun dae,
I hae, whan I bude tae, chyngit the acwal wirds o the auncient makar. The
Saxon Keing Alfred, owersettin Bede frae Laitin tae his ain *Englisc*, wrate
at he hed owerseten *hwilum word be worde, hwilum andgiet of andgiete*—'whiles
wird for wird, whiles meanin for meanin'. And sax hunner year efterhins,
Gavin Douglas wrate o his owersettin o Virgil:

> Sum tyme I follow the text als neir I may,
> Sum tyme I am constrenit ane wthir way.

Gin onybody cares tae mak compare atweesh my owersettin and the
auld *Andreas*, thon is whit he wull finn; and he wull please tae haud in myn
at I ettl't tae screive a sang for thaim at loes the mither tung and no a
collegianar's crib.

Owersettins frae a bourach o leids kythes in braw and bonnie feck amang
the outpittins o our Scots makars in the twintiet and twinty-first year-
hunners. Leids whase letter-huirds hes aye been sib tae ours like French
and Italian, leids frae faurer awa in Europe like Polish, Swedish, and
Russian; ae leid, the Gaelic, o the whilk faur ower mony Scots kens neist
tae naethin or naethin ava; the auncient leids Laitin, Greek, and een Auld
Irish: aa thir and mair hae plenissit our modren makars wi a fouth o
stuffries tae exerce thair owersetters' skeils on. Thare no mony, tho, hes
reingit in the letter-huird o Auld English. Siccar, it isna a leid at's weel kent
nor aften studiet, it is faur mair kittlesome nor the name "Auld *English*"
wad gar ye expec, and the warld at gied birth tae it is unco fremmit tae
our ain days. Houbeit, the steir and steive tuin o maist o its musardries,
the dreich and ourlich warld it limns, the vaillie pitten on bauldness, lealtie
and tholemudeness in skaith, shid aa (ye wad trou) tice our Scots herts.

And when our makars daes ettle at owersettin Anglo-Saxon bardries, the affcome can be braw. Twa o the gretest o our modren makars, Tam Scott and Alex Scott, hae gien til's skyrie Scots owersettins: the first hes owersetten *The Draem o the Ruid*, the saicont *The Gangrel* and *Deor*, and the baith *The Seavaiger* or *Seaman's Sang*. Robert Garioch forbye tuik the sang caa'd in English *The Wanderer* (Alex Scott's *The Gangrel*) and made it intae *The Traivler*. Here is boden the langest screid pitten or nou frae Auld English intil the mither tung. The screivar's howp is at readers wull haud it worthie tae tak a place in the lang and glisterin paraud o Scots owersettins at hes Gavin Douglas merchin at its heid.

Derrick McClure
Aiberdeen

2
TEXTS

2.1 *ANDREAS*

1   Hwæt! We gefrunan   on fyrndagum   [29v]
      twelfe under tunglum   tireadige hæleð,
      þeodnes þegnas.   No hira þrym alæg
      camprædenne,   þonne cumbol hneotan,
      syððan hie gedældon,   swa him dryhten sylf,   5
      heofona heahcyning,   hlyt getæhte.

2   Þæt wæron mære   men ofer eorðan,
      frome folctogan   ond fyrdhwate,
      rofe rincas,   þonne rond ond hand
      on herefelda   helm ealgodon,   10
      on meotudwange;   wæs hira Matheus sum,
      se mid Iudeum ongan   godspell ærest
      wordum writan   wundorcræfte.
      Þam halig God   hlyt geteode
      ut on þæt igland,   þær ænig þa git   15
      ellþeodigra   eðles ne mihte,
      blædes brucan;   oft him bonena hand
      on herefelda   hearde gesceode.

3   Eal wæs þæt mearcland   morðre bewunden,
      feondes facne,   folcstede gumena,   20
      hæleða eðel;   Næs þær hlafes wist
      werum on þam wonge,   ne wæteres drync
      to bruconne,   ah hie blod ond fel,
      fira flæschoman,   feorrancumenra,
      ðegon geond þa þeode.   Swelc wæs þeaw hira   25
      þæt hie æghwylcne   ellðeodigra
      dydan him to mose   meteþearfendum,
      þara þe þæt ealand   utan sohte;
      swylc wæs þæs folces   freoðoleas tacen,
      unlædra eafoð,   þæt hie eagena gesihð,   30
      hettend heorogrimme,   heafodgimmas
      agetton gealgmode   gara ordum.

2.2 *THE SANG O SANCT ANDRO*

1   Hark! We hae hard, frae days faur hyne,
       o weirmen worthie, twal in the warld,
       the Sauviour's servans. Thair derfness dwynit
       in strunt ne'er, nor stour, 'neath the bensil o banners:
       na, swippert thay skail't, as the Lord's ain sel,   5
       the Heich Keing o Heiven, decreitit thair duim.

2   Faur-kent feires thay war, famed ower the yird,
       douchty debaitars, bauld in battale,
       steive-hertit sauls, whan sheil-boss and haun
       on the fell-fochten field, the steidin o slauchter,   10
       weirit the Maister. Amang thaim wes Mattha,
       first o the Jews tae furthset the Gospel,
       screive the guid Wird wi winnersome skeil.
       Tae him did the Halie Ane handsel a weird
       outbye on an island whaur, than nor lang efter,   15
       nae fremmit farer wes bidden tae bruik
       the easedom o's hamesteid. Aft did the hauns
       o murtherers skaith him sair in the mellin.

3   The haill o thon mairch, thon hamesteid o men,
       thon cauf-grunn o kemps, wes bunn roun wi bangstrie   20
       throu the Ill Ane's dispite. Nae breid tae sustein ye,
       nae watter tae caller ye, kyth't in thon kintra
       for fowk tae be fain o: thay feastit on flesh,
       on the corps o aa comers, thair bouks and thair bluid,
       aa ower the lann. Siclike wes thair leivin,   25
       that aa men traivellin frae hyne-awa touns,
       aa incomers winnin tae thon waesome island,
       sair't thaim for wame-wecht, gin mait wes wantin.
       Siclike wes thair lounerie, the merk o thon limmers,
       the branglin and bluidwyte o thon breim bangsters,   30
       that the sicht o your een, your heid's ain treisurs,
       thon custrouns wad connach wi the pynts o thair pykestaffs.

Syððan him geblendan   bitere tosomne
dryas þurh dwolcræft   drync unheorne,
se onwende gewit,   wera ingeþanc,   35
heortan on hreðre;   hyge wæs oncyrred,
þæt hie ne murndan   æfter mandreame,
hæleþ heorogrædige,   ac hie hig ond gærs
for meteleaste   meðe gedrehte.

4   Þa wæs Matheus   to þære mæran byrig   40
cumen in þa ceastre.   Þær wæs cirm micel
geond Mermedonia,   manfulra hloð,
fordenera gedræg,   syþþan deofles þegn
geascodon   æðelinges sið.   [30r]
Eodon him þa togenes   garum gehyrsted,   45
lungre under linde;   nalas late wæron
eorre æscberend   to þam orlege.
Hie þam halgan þær   handa gebundon
ond fæstnodon   feondes cræfte,
hæleð hellfuse,   ond his heafdes sigel   50
abreoton mid billes ecge;   hwæðre he in breostum þa git
herede in heortan   heofonrices weard,
þeah ðe he atres drync   atulne onfenge.
Eadig ond onmod,   he mid elne forð
wyrðode wordum   wuldres aldor,   55
heofonrices weard,   halgan stefne
of carcerne;   him wæs Cristes lof
on fyrhðlocan   fæste bewunden.

5   He þa wepende   weregum tearum
his sigedryhten   sargan reorde   60
grette, gumena brego,   geomran stefne,
weoruda wilgeofan,   ond þus wordum cwæð:
"Hu me elþeodige   inwitwrasne,
searonet seowað!   A ic symles wæs
on wega gehwam   willan þines   65
georn on mode;   nu ðurh geohða sceal
dæde fremman   swa þa dumban neat!
Þu ana canst   ealra gehygdo,
meotud mancynnes,   mod in hreðre;

Thair warlocks forbye in thair witcherie wad brew
deidlie drinks tae ye, mingit in mavitie,
at maggl't the myns and the ingyne o men,   35
and your hert in its huil: your harns gat raivel't,
ye greinit nae mair for gledsome getherins,
but faimish't tae feerich and wantin richt feed,
ye wad staw your gab wi girss and hey.

4   Nou Mattha wes come tae thon toun faur kent,   40
     tae thon citadel strang. Sic a rammy thare raise
     throu aa Mermedonie; the deil's geets forgether't,
     the damn't fowk cam thrangin, whan the Keing o Hell's hiremen
     gat wird o the comin o thon wicht campioun.
     Furth gaed thay forenenst him, plenish't wi pikestaffs,   45
     naeweys war thay blate, thon breim spear-beirars,
     as swythe wi thair sheils thay breing't tae the stour.
     Thay bunn ticht the hauns o the halie man,
     by the micht o Mahoun thay hankl't him siccar,
     thon hell-weirdit hempies, and the sunlicht o's heid   50
     thay spill't wi thair swurds. But still in his hert
     he heisit the Maister o Heiven's Kingrik,
     e'en drinkin his dram o deidlie pousion.
     Bless't and bauld-hertit, crouse he caa'd furth,
     reirdin the ruise o the Keing o Glore,   55
     the Lord o Heiven; his halie vyce
     dinnl't out frae his dungeon. The granderie o Christ
     wi douchty grip wes bunn intil's breist.

5   But syne, forfochen, his tears cam flowin,
     in his hairms he hailsit his conquissin Keing,   60
     the Lord o aa men, the Leader o airmies;
     waesome his vyce as he spak thir wirds:
     "Ochon, thon fremmit fowk wyves me a wab
     o ill-will and mischief! Aye wes I yare
     in aa my weys tae dae Thy will   65
     wi aiverie hert: nou dowie I dree
     the pynes o daith lyk a dumb nowt!
     Thare nane kens but Thou, Lord o mankyn,
     the thochts o fowk's myns, thair herts in thair huils:

gif þin willa sie,   wuldres aldor,   70
þæt me wærlogan   wæpna ecgum,   [30v]
sweordum aswebban,   ic beo sona gearu
to adreoganne   þæt ðu, drihten min,
engla eadgifa,   eðelleasum,
dugeða dædfruma,   deman wille.   75
Forgif me to are,   ælmihtig God,
leoht on þissum life,   þy læs ic lungre scyle,
ablended in burgum   æfter billhete,
þurh hearmcwide   heorugrædigra,
laðra leodsceaðena,   leng þrowian   80
edwitspræce.   Ic to anum þe,
middangeardes weard,   mod staþolige,
fæste fyrhðlufan;   ond þe, fæder engla,
beorht blædgifa,   biddan wille
ðæt ðu me ne gescyrige   mid scyldhetum,   85
werigum wrohtsmiðum,   on þone wyrrestan,
dugoða demend,   deað ofer eorðan."

6   Æfter þyssum wordum com   wuldres tacen
halig of heofenum,   swylce hadre sigel
to þam carcerne;   þær gecyðed wearð   90
þæt halig God   helpe gefremede.
Ða wearð gehyred   heofoncyninges stefn
wrætlic under wolcnum,   wordhleoðres sweg
mæres þeodnes;   he his maguþegne
under hearmlocan   hælo ond frofre   95
beadurofum abead   beorhtan stefne:

7   "Ic þe, Matheus,   mine sylle
sybbe under swegle.   Ne beo ðu on sefan to forht,
ne on mode ne murn;   ic þe mid wunige
ond þe alyse   of þyssum leoðubendum,   100
ond ealle þa menigo   þe þe mid wuniað
on nearonedum.   Þe is neorxnawang,
blæda beorhtost,   boldwela fægrost,
hama hyhtlicost,   halegum mihtum
torht ontyned,   þær ðu tyres most,   105
to widan feore,   willan brucan.

gin sae Thou wad hae't, heich Keing o Heiven,   70
at the warlocks soud slay me wi sherp-grunn wappins,
wi the bleds o thair swurds, strauchtweys am I boun
aa things tae thole at Thou, my Sauviour,
Saufgaird o Angels, Hero o Hosts,
decreits tae my duim, hameless here steikit.   75
In Thy mercy gie tae me, God Aamichty,
licht in my life, sae's I bude nae langer—
blinn in this burgh throu skaith o the swurd—
bruik the backhash, the cairdin clash
o thon felloun weirmen, mauchty wichts   80
wi thair flyrin and flytin. Tae Thee alane,
Lord o the yird, I airt my thinkin,
the luve o my hert, steive and siccar;
and o Thee I fleitch, Faither o Angels,
skyrie bestower o seil and blessin,   85
at Thou daesna duim me, Dempster o men,
throu the laithlie grame o thon ill-deedie ladrouns,
tae the warst o aa daiths we can dree in the warld."

6   Efter this speak, thare shane a signacle
    halie frae Heiven, splendant as sunlicht,   90
    intil his kittie, and sae it kyth't tae him
    at God in His glore wes grantin him help.
    The vyce syne wes hard o the Heivenlie Keing,
    loesome throu the lift cam sounin the steven
    o the Lord o Licht, speakin hale-hert and howp   95
    tae his servan steive in his waesome wairdin,
    veive cam his vyce tae the mauchty weirman:

7   "Mattha, my saucht on the moul I gie ye.
    Fling by aa fear, haud it nane in your hert,
    nor murn in your myn. Beside ye I staund,   100
    and I will lowse your limbs frae thair chynes,
    and forbye aa the thrang at's bunn alang wi ye
    in shackles strait. O steids the skyriest,
    o bields the bonniest, o hames the happiest,
    aye, Heiven itsel, by halie maucht   105
    sall kythe aa clair, and the glore ye hae grein't for
    ye sall hae tae enjye for aye and for ever.

Geþola þeoda þrea;   nis seo þrah micel
þæt þe wærlogan   witebendum,
synnige ðurh searocræft,   swencan motan.
Ic þe Andreas   ædre onsende   110
to hleo ond to hroðre   in þas hæðenan burg;
he ðe alyseð   of þyssum leodhete.
Is to þære tide   tælmet hwile
emne mid soðe   seofon ond twentig
nihtgerimes,   þæt ðu of nede most;   115
sorgum geswenced,   sigore gewyrðod,
hweorfan of henðum   in gehyld Godes."

8   Gewat him þa se halga   helm ælwihta,
engla scyppend,   to þam uplican
eðelrice;   he is on riht cyning,   120
staðolfæst styrend,   in stowa gehwam.

9   Ða wæs Matheus   miclum onbryrded
niwan stefne.   Nihthelm toglad,
lungre leorde;   leoht æfter com,
dægredwoma.   Duguð samnade,   125
hæðne hildfrecan   heapum þrungon.
(Guðsearo gullon,   garas hrysedon)
bolgenmode   under bordhreoðan;
woldon cunnian   hwæðer cwice lifdon
þa þe on carcerne   clommum fæste   130
hleoleasan wic   hwile wunedon,   [31r]
hwylcne hie to æte   ærest mihton
æfter fyrstmearce   feores berædan.
Hæfdon hie on rune   ond on rimcræfte
awriten, wælgrædige,   wera endestæf,   135
hwænne hie to mose   meteþearfendum
on þære werþeode   weorðan sceoldon.

10   Cirmdon caldheorte,   (corðor oðrum getang),
reðe ræsboran.   Rihtes ne gimdon,
meotudes mildse.   Oft hira mod onwod   140
under dimscuan   deofles larum,
þonne hie unlædra   eafeðum gelyfdon.

Man's dule ye maun dree, but the days is no lang
whan the skybalds will skaith ye, steik ye in chynes,
towt ye wi torment throu traitorie and sin. 110
Andro I'll senn tae ye, straucht he's be summon't,
tae beild and tae hain ye in this haithen burgh:
it's him sall lowse ye frae thon fowk's laithin.
Suith I tell ye, a merch is set—
seiven and twinty nichts and nae mair— 115
tae the track o time till your pynes is past:
aince taigl't wi teen, syne voustie wi victorie,
frae wanhope ye'll win tae the walcome o God."

8   Syne gaed he his waas, the Gaird o aa wichts,
    the Makar o Angels. The Halie Ane raise 120
    tae the ceitie celestial, Heiven in'ts heicht:
    in aakyn steids, steive and siccar
    He rings our Captain, our richtfu Keing!

9   Syne wes Mattha herten't aince mair,
    richt fair upheisit. Nicht's scog gaed skailin, 125
    eiliein awa, and the licht cam leamin,
    the dawin o day. The mardle muster't,
    the haithen kemps, thair haill canallie—
    pissanes clinkin, pairtisans clatterin—
    pauchtie o hert ahint thair tairges. 130
    Thay ettl't tae lairn gin ony war leivin
    o the cheils wha in chynes, steivelie steikit,
    bade in thair dungeons, thon dulesome beild;
    and wha thay wad slauchter tae stech thair wames,
    wha first wad faa at the trystit time. 135
    In runes and in rhymes thay hed wrutten and rackon't
    the days ordainit for thon fowk's duim,
    whan maet thay wad mak tae thae geinoch gutsers.

10 Wi manance cam getherin mony a mardle:
    thay reck't nane o richt, thon rueless heidsmen, 140
    o the Makar's mercy. Thair herts gaed raikin
    throu the mirkie scog o Mahoun's steirins,
    sen thay lippent aye on thair ladroun maucht.

Hie ða gemetton   modes glawne,
haligne hæle,   under heolstorlocan
bidan beadurofne   þæs him beorht cyning,   145
engla ordfruma,   unnan wolde.
Ða wæs first agan   frumrædenne
þinggemearces   butan þrim nihtum,
swa hit wælwulfas   awriten hæfdon
þæt hie banhringas   abrecan þohton,   150
lungre tolysan   lic ond sawle,
ond þonne todælan   duguðe ond geogoðe,
werum to wiste   ond to wilþege,
fæges flæschoman.   Feorh ne bemurndan,
grædige guðrincas,   hu þæs gastes sið   155
æfter swyltcwale   geseted wurde.
Swa hie symble ymb þritig   þing gehedon
nihtgerimes;   wæs him neod micel
þæt hie tobrugdon   blodigum ceaflum
fira flæschoman   him to foddorþege.   160

11   Þa wæs gemyndig,   se ðe middangeard
gestaðelode   strangum mihtum,
hu he in ellþeodigum   yrmðum wunode,
belocen leoðubendum,   þe oft his lufan adreg
for Ebreum   ond Israhelum;   165
swylce he Iudea   galdorcræftum
wiðstod stranglice.   Þa sio stefn gewearð
gehered of heofenum,   þær se halga wer
in Achaia,   Andreas, wæs,
(leode lærde   on lifes weg),   170
þa him cirebaldum   cininga wuldor,
meotud mancynnes,   modhord onleac,
weoruda drihten,   ond þus wordum cwæð:

12   "Ðu scealt feran   ond frið lædan,
siðe gesecan,   þær sylfætan   175
eard weardigað,   eðel healdaþ,
morðorcræftum.   Swa is þære menigo þeaw
þæt hie uncuðra   ængum ne willað   [31v]
on þam folcstede   feores geunnan

And syne thay wan til the halie wicht,
wyce in his myn, in the mirk massymore: 145
bauld-lyk he bade white'er the bricht Keing,
the Lord o Angels, wes ettlin tae dael til him.
Nou wes the hour but three nichts hyne,
as thon slauchterous wolfs hed screiv't and set doun,
whan rig-banes and links thay wad rive and brak,   150
swythe as a flaucht twine flesh and speirit,
and paircel out tae the pauchtie weirmen,
carles and callants, the duim'd man's maet
for rim-rax and wame-wecht. Naeweys did thay reck
o his life, thon stech-kytes; nor hou thair ain sauls   155
wad fare in the futuir whan daith's pynes war past.
Sae cam thay thegither ilk therty days
convenin for council; yare and yaupish
thay greinit tae screid wi bluidy gams
the bouks o men tae staw thair guts.   160

11   Nou He wha hed stablish't the steids o the warld
      wi his pouer and his maucht, heild steive in His myn
      hou Mattha bade murnfu, bunn thare in fetters,
      'mang fremmit fowk. Fou aft hed His luve
      tae the Hebrews shane furth, and the sons o Israel,   165
      and suithfast He stuid 'gin the ill-willie wiles
      o the Pharisees. Nou cam sounin His steven
      heich in the heivens abuin Achaia,
      whaur Andro wes bidin, thon halie birkie,
      lairnin the fowk o life's richt gait.   170
      The Keing o Glore, the Lord o mankyn,
      the Captain o campiouns, kyth't furth His will,
      and spak thir wirds tae His douchty weirman:

12   "Swythe ye maun fare and venture furth,
      Gang a straucht gait whaur flesh-eatin fowk   175
      hes biggit thair beilds, and hauds tae thair bouns
      wi murtherous maucht. The hant o thon mingie
      is—ne'er tae lat fremmit fowk bide tae the fore.
      Gin thon laithlie anes meet, in Mermedonie,

syþþan manfulle   on Mermedonia   180
onfindaþ feasceaftne.   Þær sceall feorhgedal,
earmlic ylda cwealm,   æfter wyrþan.
Ðær ic seomian wat   þinne sigebroðor
mid þam burgwarum   bendum fæstne.
Nu bið fore þreo niht   þæt he on þære þeode sceal   185
fore hæðenra   handgewinne
þurh gares gripe   gast onsendan,
ellorfusne,   butan ðu ær cyme."

13   Ædre him Andreas   agef andsware:
"Hu mæg ic, dryhten min,   ofer deop gelad   190
fore gefremman   on feorne weg
swa hrædlice,   heofona scyppend,
wuldres waldend,   swa ðu worde becwist?
ðæt mæg engel þin   eað geferan,
halig of heofenum   con him holma begang,   195
sealte sæstreamas   ond swanrade,
waroðfaruða gewinn   ond wæterbrogan,
wegas ofer widland.   Ne synt me winas cuðe,
eorlas elþeodige,   ne þær æniges wat
hæleða gehygdo,   ne me herestræta   200
ofer cald wæter   cuðe sindon."

14   Him ða ondswarude   ece dryhten:
"Eala, Andreas,   þæt ðu a woldest
þæs siðfætes   sæne weorþan!
Nis þæt uneaðe   eallwealdan gode   205
to gefremmanne   on foldwege,
ðæt sio ceaster hider   on þas cneorisse
under swegles gang   aseted wyrðe,
breogostol breme,   mid þam burgwarum,
gif hit worde becwið   wuldres agend.   210
Ne meaht ðu þæs siðfætes   sæne weorðan,
ne on gewitte to wac,   gif ðu wel þencest
wið þinne waldend   wære gehealdan,
treowe tacen.   Beo ðu on tid gearu;
ne mæg þæs ærendes   ylding wyrðan.   215

some lanesome vaiger wha's wan tae thair lann,   180
than dowie deid-straiks and slauchter maun folla.
Your brither in glore, I wad gar ye ken,
liggs bunn thare in fetters by the fowk o the burgh:
but three nichts mair, and the thring o a spear
in haunie-grips wi the gramefu haithen   185
sall senn furth his spreit, yare for its farin,
frae the faemen's wane—binna you win thare first."

13 Swippert gied Andro answer tae God:
 "Drychtin, hou doucht I raik ower the deep,
 gae steirin furth tae reinge faur hyne   190
 wi siccan a speed, Heivenlie Sauviour,
 Maister o Glore, as Thou wad commaund me?
 Eith can Thy angel ettle tae gang thare,
 halie frae Heiven: he kens the waws' walterin,
 the saut sea-currents, the wey o the swan,   195
 the sweel o the lippers, the dreidsome swaws,
 and the gaits ower the grunn. Thay are nae feires tae me,
 thon fremmit faemen, nocht dae I ken
 o the thochts o thon fowk, and strange tae my sense
 are the hiegaits tae fare ower the cauldrife faem."   200

14 And answered him syne the ayebidin Lord:
 "Andro, alack that e'er I soud finn ye
 slaw tae set furth and fare ower the sea!
 Eith and at aince cuid Aamichty God
 gar it sae be on the gaits o the warld   205
 that thon fair ceitie, thon faur-kent kingrik,
 wi'ts burgesses aa war brocht and doun setten
 ablow the bricht heivens, here in this kintra,
 gin the Maister o Glore commaundit wi's wird.
 Ye maunna be langsome nor laith in your myn   210
 tae traivel this gait, gin truly ye ettle
 tae haud wi your Faither the faith ye hae hecht,
 your suithfast bann. See til't ye're boun
 on the hour; for this eirant aff-pit thare nane.

Ðu scealt þa fore geferan   ond þin feorh beran
in gramra gripe,   ðær þe guðgewinn
þurh hæðenra   hildewoman,
beorna beaducræft,   geboden wyrðeð.
Scealtu æninga   mid ærdæge,   220
emne to morgene,   æt meres ende
ceol gestigan   ond on cald wæter   [32r]
brecan ofer bæðweg.   Hafa bletsunge
ofer middangeard   mine, þær ðu fere!"

15   Gewat him þa se halga   healdend ond wealdend,   225
upengla fruma,   eðel secan,
middangeardes weard,   þone mæran ham,
þær soðfæstra   sawla moton
æfter lices hryre   lifes brucan.

16   Þa wæs ærende   æðelum cempan   230
aboden in burgum,   ne wæs him bleað hyge,
ah he wæs anræd   ellenweorces,
heard ond higerof,   nalas hildlata,
gearo, guðe fram,   to godes campe.
Gewat him þa on uhtan   mid ærdæge   235
ofer sandhleoðu   to sæs faruðe,
þriste on geþance,   ond his þegnas mid,
gangan on greote.   Garsecg hlynede,
beoton brimstreamas.   Se beorn wæs on hyhte,
syðþan he on waruðe   widfæðme scip   240
modig gemette.   Þa com morgentorht
beacna beorhtost   ofer breomo sneowan,
halig of heolstre.   Heofoncandel blac
ofer lagoflodas.   He ðær lidweardas,
þrymlice þry   þegnas gemette,   245
modiglice menn,   on merebate
sittan siðfrome,   swylce hie ofer sæ comon.
Þæt wæs drihten sylf,   dugeða wealdend,
ece ælmihtig,   mid his englum twam.
Wæron hie on gescirplan   scipferendum,   250
eorlas onlice   ealiðendum,
þonne hie on flodes fæðm   ofer feorne weg
on cald wæter   ceolum lacað.

Ye maun raik the lang road, and cairry your life 215
tae the grups o the gramefu, whaur tuilies ye'll get:
wi thair reird and thair rammy, thair fainness for fechtin,
the haithen faemen will bode ye brattle.
Straucht the morn, at screik o day,
doun ye maun gang tae the grunn o the ebb, 220
buird a bait thare, and ower the cauld brack
scart the sea's scruif. Whaure'er ye stravaig,
wide ower the warld, my blessin tak wi ye."

15   The Halie Ane syne, at hains and sains,
at made aa the angels, hes earth in His maistrie, 225
tae His hame heild awa, thon skyrie steid
whaur the sauls o the suithfast ayebidin sall stey,
whan thair corps is crynit, in life everlestin.

16   And sae in thon ceitie his darg wes decreitit
tae the haill-hertit kemp. His hert wesna courie, 230
but steidfast and steive for the douchty deed.
Crouse and keen he wes, naethin o couardiness,
yare for the bargane: he wes brattlin for God.
At day's first dawin, doun he gaed spangin
swythe ower the dunes tae the sweel o the sea, 235
wicht in his thochts; and his thanes gaed wi him,
slang ower the sanns. The sea wes bullerin,
the lannbrist lounderin. Lichtsome he wes,
the stalwart feire, whan he spied in the swaws
a ship braid-breistit. Syne ower the brack 240
the lantern o Heiven, lowein wi haliness,
out the mirk bristin, bricht wi the morn,
leamed on the lippers, o balefires the skyriest.
Wi that the steive kemp saw three stout seamen,
derf louns and douchty, sittin in the ship, 245
yae viage by, and yare for anither.
God's ain sel it wes, Gaird o weirmen,
aamichty, ayebidin, wi angels twa.
Thay war garbed in the graith o seafarin feires,
whit sailormen weir whan thair ship gaes sailin 250
faur ower the face o the freezin watters.

17 Hie ða gegrette,   se ðe on greote stod,
    fus on faroðe,   fægn reordade: 255
    "Hwanon comon ge   ceolum liðan,
    macræftige menn,   on mereþissan,
    ane ægflotan?   Hwanon eagorstream
    ofer yða gewealc   eowic brohte?"

18 Him ða ondswarode   ælmihti god,   260
    swa þæt ne wiste,   se ðe þæs wordes bad,
    hwæt se manna wæs   meðelhegendra,
    þe he þær on waroðe   wiðþingode: [32v]

19 "We of Marmedonia   mægðe syndon
    feorran geferede.   Us mid flode bær   265
    on hranrade   heahstefn naca,
    snellic sæmearh,   snude bewunden,
    oðþæt we þissa leoda   land gesohton,
    wære bewrecene,   swa us wind fordraf."

20 Him þa Andreas   eaðmod oncwæð: 270
    "Wolde ic þe biddan,   þeh ic þe beaga lyt,
    sincweorðunga,   syllan meahte,
    þæt ðu us gebrohte   brante ceole,
    hea hornscipe,   ofer hwæles eðel
    on þære mægðe.   Bið ðe meorð wið god,   275
    þæt ðu us on lade   liðe weorðe."

21 Eft him ondswarode   æðelinga helm
    of yðlide,   engla scippend:
    "Ne magon þær gewunian   widferende,
    ne þær elþeodige   eardes brucað,   280
    ah in þære ceastre   cwealm þrowiað,
    þa ðe feorran þyder   feorh gelædaþ,
    ond þu wilnast nu   ofer widne mere
    þæt ðu on þa fægðe   þine feore spilde."

22 Him þa Andreas   agef ondsware: 285
    "Usic lust hweteð   on þa leodmearce,
    mycel modes hiht,   to þære mæran byrig,
    þeoden leofesta,   gif ðu us þine wilt
    on merefaroðe   miltse gecyðan."

17   Hailsin he gied thaim, hertsome he spak til thaim,
　　　stuiden on the sanns but fain tae set furth:
　　　"Whaur hae ye come frae, kemps sae skeilie,
　　　in your sea-ryver sailin, your strang swaw-tapper,   255
　　　your ship o aa ships? On the ruggs and the roils
　　　o the walterin waws, whaur did ye win frae?"

18   And God the Aamichty gied him his answer,
　　　sae as he kent na wha he wes crackin wi,
　　　wha wes the birkie whas wirds he wes bidin on,   260
　　　giff-gaffin wi him thare on the grunn-ebb:

19   "We hae been wi the men o Mermedonie;
　　　faur hae we fared, bunn roun wi the flude;
　　　our heich-steven ship, our swack sea-staigie,
　　　hes cairried us swythe ower the gait at the whaul gangs,   265
　　　or nou we hae come tae this fowk's kintra,
　　　wafft wi the wunns and sped wi the swaws."

20   Cannie and quaet-like cam Andro's quistion:
　　　"Fain wad I fleitch ye, tho few war the gowdies,
　　　the rings and the treisurs I'd hae for tae gie ye,   270
　　　tae tak us abreid in your proud-breistit ship,
　　　sae heich o its horn, ower the hants o the whaul,
　　　tae thon fowk's grunn. God will rewaird ye,
　　　gin kynness ye shaw til's and care on our farin."

21   And the Sheil o the Michty, the Makar o Angels,   275
　　　spak frae his sea-rider, answerin swythe:
　　　"Thonder's nae beild for traivellers tae bide in,
　　　farers frae hyne-awa finns nae howff thare:
　　　daith in thon toun is the duim thay maun dree,
　　　aa thaim at wins thare frae faur-aff wonins—   280
　　　and ye're seekin tae sail awa ower the braid sea
　　　tae fling bye your life in faemen's bargane?"

22   Straucht did Andro gie him his answer:
　　　"Muckle's our mangin and the howp o our herts
　　　tae win tae thon mairch, thon weel-kent burgh,   285
　　　gin kynlie ye'll tent tae us, captane sae cannie,
　　　see tae our weil as we fare ower the swaws."

23 Him ondswarode   engla þeoden,   290
    neregend fira,   of nacan stefne:
    "We ðe estlice   mid us willað
    ferigan freolice   ofer fisces bæð
    efne to þam lande   þær þe lust myneð
    to gesecanne,   syððan ge eowre   295
    gafulrædenne   agifen habbað,
    sceattas gescrifene,   swa eow scipweardas,
    aras ofer yðbord,   unnan willað."

24 Him þa ofstlice   Andreas wið,
    wineþearfende,   wordum mælde: 300
    "Næbbe ic fæted gold   ne feohgestreon,
    welan ne wiste   ne wira gespann,
    landes ne locenra beaga,   þæt ic þe mæge lust ahwettan,
    willan in worulde,   swa ðu worde becwist."

25 Him þa beorna breogo,   þær he on bolcan sæt,   305
    ofer waroða geweorp   wiðþingode:
    "Hu gewearð þe þæs,   wine leofesta,   [33r]
    ðæt ðu sæbeorgas   secan woldes,
    merestreama gemet,   maðmum bedæled,
    ofer cald cleofu   ceoles neosan?   310
    Nafast þe to frofre   on faroðstræte
    hlafes wiste   ne hlutterne
    drync to dugoðe.   Is se drohtað strang
    þam þe lagolade   lange cunnaþ."

26 Ða him Andreas   ðurh ondsware,   315
    wis on gewitte,   wordhord onleac:
    "Ne gedafenað þe,   nu þe dryhten geaf
    welan ond wiste   ond woruldspede,
    ðæt ðu ondsware   mid oferhygdum,
    sece sarcwide.   Selre bið æghwam   320
    þæt he eaðmedum   ellorfusne
    oncnawe cuðlice,   swa þæt Crist bebead,
    þeoden þrymfæst.   We his þegnas synd
    gecoren to cempum.   He is cyning on riht,
    wealdend ond wyrhta   wuldorþrymmes,   325
    an ece god   eallra gesceafta,

23   And the answer he hard frae the Lord o Angels,
the Sauviour o Men in the stem o the ship,
wes "Wi richt guid will sall we bear ye wi 's,   290
gledly we'll steir ye whaur fishes soom,
e'en tae the lann at your ettle wad airt ye
tae finn, whane'er ye'se gie til's your fraucht,
the gowd at we gree on, as ye and the gairds
o the ship, the seamen, sall sattle amang us."   295

24   Reddie wes Andro in giein his repone;
reft o aa freins, thir wirds he spak furth:
"Gowd hae I nane, nor treisur naither;
siller nor scran, nor skeilie-wrocht metal,
chyne-links nor lann I cuid bode tae your likin,   300
frae the wirds ye speak o your warldlie will."

25   And the Sauviour o men, sittin on the brig,
spak ower the dunes tae the derf birkie:
"My weel-loe'd feire, hou daes it faa ye
tae be seekin the sea-clints, the rugg o the swaws—   305
Whit wey did ye wauchle ower the cauld cleuchs
tae our ship for the sailin, wantin siller?
Hae ye no ony breid tae fenn ye and bauld ye,
nor nae barmy ale tae cantle and caller ye,
gangin the sea's gait? Sair is the weird   310
o the feire at gaes farin for lang ower the faem."

26   Andro gied answer, wyce in his ingyne,
tuimin his treisur o weel-learit wirds:
"Ill daes it set ye an answer tae seek frae me
o pauchtie priggin and pridefu snash,   315
sen the Lord hes gien aa graith and gear tae ye,
walth o the warld: we're yare for the waa-gaun,
and sae ye soud speak tae us kynlie and cannilie
as Christ bade us dae: ye war better tae heed
the Maister o maucht. We are his weirmen,   320
walit for kempin. By richt is he Keing,
the Maister and Makar o heivenlie maijesty,
the ae and ayebidin God o aa craituirs,

swa he ealle befehð   anes cræfte,
hefon ond eorðan,   halgum mihtum,
sigora selost.   He ðæt sylfa cwæð,
fæder folca gehwæs,   ond us feran het   330
geond ginne grund   gasta streonan:
'Farað nu geond ealle   eorðan sceatas
emne swa wide   swa wæter bebugeð,
oððe stedewangas   stræte gelicgaþ.
Bodiað æfter burgum   beorhtne geleafan   335
ofer foldan fæðm.   Ic eow freoðo healde.
Ne ðurfan ge on þa fore   frætwe lædan,
gold ne seolfor.   Ic eow goda gehwæs
on eowerne agenne dom   est ahwette.'
Nu ðu seolfa miht   sið userne   340
gehyran hygeþancol.   Ic sceal hraðe cunnan
hwæt ðu us to duguðum   gedon wille."   [33v]

27   Him þa ondswarode   ece dryhten:
"Gif ge syndon þegnas   þæs þe þrym ahof
ofer middangeard,   swa ge me secgaþ,   345
ond ge geheoldon þæt eow   se halga bead,
þonne ic eow mid gefean   ferian wille
ofer brimstreamas,   swa ge benan sint."
þa in ceol stigon   collenfyrhðe,
ellenrofe,   æghwylcum wearð   350
on merefaroðe   mod geblissod.

28   Ða ofer yða geswing   Andreas ongann
mereliðendum   miltsa biddan
wuldres aldor,   ond þus wordum cwæð:
"Forgife þe dryhten   domweorðunga,   355
willan in worulde   ond in wuldre blæd,
meotud manncynnes,   swa ðu me hafast
on þyssum siðfæte   sybbe gecyðed!"

29   Gesæt him þa se halga   helmwearde neah,
æðele be æðelum.   Æfre ic ne hyrde   360
þon cymlicor   ceol gehladenne
heahgestreonum.   Hæleð in sæton,
þeodnas þrymfulle,   þegnas wlitige.

graunest o gree-beirars, compassin aa,
the yird and the heivens, wi halie maucht   325
and the micht o Ane. He hes said it his sel:
the Faither o aa fowk bade us tae fare
ower the braid warld, winnin men's sauls:
'Gang nou ower aa the gaits o the yird,
tae ilka airt bunn roun by the ocean   330
or streikit faur hyne on the tracks o the howes.
Tell furth tae aa ceities on the face o the yird
your faith sae splendant; and in saucht sall I haud ye.
Treisurs nane need ye tak on your viage,
siller nor gowd: aa guid things I'se gie ye,   335
rowth o riches, as your ettle sall raik.'
Nou ye yoursel can consither cannilie
anent our sailin, and swythe lat me ken
hou ye sall help us and whit grace ye'se gie til's."

27   And answered him syne the ayebidin Lord: 340
      "Gin suithlie ye say that ye are the servans
      o Him at gart glory leam out ower aa lanns,
      and gin ye hae heild tae the Halie Ane's biddin,
      richt blythelie I'se beir ye ower the braid watters,
      the walterin swaws, as ye speir me tae dae."   345
      Syne thay buirdit the ship, ilkane o thon birkies
      stalwart o spreit and hardy o hert:
      lichtsome thair thochts on the lang sea-viage.

28   On the surge o the swaws syne, Andro set furth
      tae pray tae the Prince o aa fowk for fauvour   350
      tae thon seafarers, and thir wirds spak:
      "May the God o glore, the Lord o mankyn,
      grant ye your will in the warld o men,
      and bring ye tae ayebidin blytheheid in Heiven,
      for the freinship ye bode as we fare ower the brack."   355

29   Neist tae the skipper the sanct sat doun,
      hathill wi hathill: ne'er hard I tell
      o a bonnier birlinn wi buirdlier laidin,
      brawest o treisur. Stalwart men sat intil't,
      skyrie weirmen, weel-faured thanes.   360

Ða reordode   rice þeoden,
ece ælmihtig,   heht his engel gan,   365
mærne maguþegn,   ond mete syllan,
frefran feasceafte   ofer flodes wylm,
þæt hie þe eað mihton   ofer yða geþring
drohtaþ adreogan.

30   Þa gedrefed wearð,
onhrered hwælmere.   Hornfisc plegode,   370
glad geond garsecg,   ond se græga mæw
wælgifre wand.   Wedercandel swearc,
windas weoxon,   wægas grundon,
streamas styredon,   strengas gurron,   [34r]
wædo gewætte.   Wæteregsa stod   375
þreata þryðum.   Þegnas wurdon
acolmode.   Ænig ne wende
þæt he lifgende   land begete,
þara þe mid Andreas   on eagorstream
ceol gesohte.   Næs him cuð þa gyt   380
hwa þam sæflotan   sund wisode.

31   Him þa se halga   on holmwege
ofer argeblond,   Andreas þa git,
þegn þeodenhold,   þanc gesægde,
ricum ræsboran,   þa he gereordod wæs: 385
"ðe þissa swæsenda   soðfæst meotud,
lifes leohtfruma,   lean forgilde,
weoruda waldend,   ond þe wist gife,
heofonlicne hlaf,   swa ðu hyldo wið me
ofer firigendstream   freode gecyðdest!   390
Nu synt geþreade   þegnas mine,
geonge guðrincas.   Garsecg hlymmeð,
geofon geotende.   Grund is onhrered,
deope gedrefed,   duguð is geswenced,
modigra mægen   myclum gebysgod."   395

32   Him of helman oncwæð   hæleða scyppend:
"Læt nu geferian   flotan userne,
lid to lande   ofer lagufæsten,
ond þonne gebidan   beornas þine,
aras on earde,   hwænne ðu eft cyme."   400

Syne spak the Lord, the Maister o Maucht,
ayebidin, aamichty, and sent his angel,
his richteous reteiner, tae gie the men maet,
fenn the puir fowk on the walterin waws,
sae's thair weird on the deep wi ease thay micht dree   365
throu the gowstie watters.

30   Suin wes the whauls' gait
whummle't and whudder't; the dunters gaed lowpin,
breinged throu the brack, and the gray gou-maw,
greedy for spuilie, gaed sweelin abuin.
The licht wes mirken't, the wunn wes muckle,   370
the jaws war jabblin, the lippers war lounderin,
the raips war ruggin, the sails war sypin,
frichtsome the flude wi the micht o a mingie.
The thanes war fleggit: o thaim at wi Andro
hed buirdit the ship tae sail ower the sea,   375
nane thocht he'd win tae the lann wi his life.
Thay kent na yet wha wes the captane
at airtit the ship as it sped ower the ocean.

31   Andro spak til him, sair't wi his maet;
on the saut seas' sweel, the wey o the watter,   380
the leal sanct, the Lord's ain liegeman
cunn'd fair thanks tae the faur-kent captane:
"May the Lord o truith, o licht and life,
the Leader o airmies, rewaird ye weel
for the breid ye hae brocht til's; and gie ye fennin,   385
the hire o Heiven, sen hertsome kynness
tae me ye hae kyth't on the caa o the sea.
But nou my follaers aa are feart,
aa the ying weirmen. The waws are gollerin,
the gowsterous watters; the grunn is whummle't,   390
the dreidsome deeps. My rangale is dowie;
the herts o my host are sair cuissen doun."

32   The Makar o men spak ower the sea:
"Nou sall we sail our ship tae the shore,
steer for the lann ower the lounderin swaws,   395
and syne your kemps can bide your comin,
your weirmen can wait ye or ye win hame."

33　Edre him þa eorlas　　agefan ondsware,
　　þegnas þrohthearde,　　þafigan ne woldon
　　ðæt hie forleton　　æt lides stefnan
　　leofne lareow　　ond him land curon:
　　"Hwider hweorfað we　　hlafordlease,　　　　　405
　　geomormode,　　gode orfeorme,
　　synnum wunde,　　gif we swicað þe?
　　We bioð laðe　　on landa gehwam,
　　folcum fracoðe,　　þonne fira bearn,　　　　　[34v]
　　ellenrofe,　　æht besittaþ,　　　　　　　410
　　hwylc hira selost　　symle gelæste
　　hlaforde æt hilde,　　þonne hand ond rond
　　on beaduwange　　billum forgrunden
　　æt niðplegan　　nearu þrowedon."

34　Þa reordade　　rice þeoden,　　　　　　415
　　wærfæst cining,　　word stunde ahof:
　　"Gif ðu þegn sie　　þrymsittendes,
　　wuldorcyninges,　　swa ðu worde becwist,
　　rece þa gerynu,　　hu he reordberend
　　lærde under lyfte.　　Lang is þes siðfæt　　　420
　　ofer fealuwne flod;　　frefra þine
　　mæcgas on mode.　　Mycel is nu gena
　　lad ofer lagustream,　　land swiðe feorr
　　to gesecanne.　　Sund is geblonden,
　　grund wið greote.　　God eaðe mæg　　　　425
　　heaðoliðendum　　helpe gefremman."

35　Ongan þa gleawlice　　gingran sine,
　　wuldorspedige weras　　wordum trymman:
　　"Ge þæt gehogodon,　　þa ge on holm stigon,
　　þæt ge on fara folc　　feorh gelæddon,　　　430
　　ond for dryhtnes lufan　　deað þrowodon,
　　on ælmyrcna　　eðelrice
　　sawle gesealdon.　　Ic þæt sylfa wat,
　　þæt us gescyldeð　　scyppend engla,
　　weoruda dryhten.　　Wæteregesa sceal,　　　435
　　geðyd ond geðreatod　　þurh þryðcining,
　　lagu lacende,　　liðra wyrðan.

33   Straucht spak the steive herts, answerin swippert:
ne'er wad thay gree, thon thanes sae tholemuid,
thair lord tae forleit, thair weel-loe'd maister,   400
nor rax tae the lann and him at the helm.
"Whaur wad we win til, wantin our lord,
gramefu o hert, reft o aa guid,
laiden wi sin, war we tae forleit ye?
Lichtlied we war in aakyn kintra,   405
a scunner tae aa, whan the sons o kemps,
crouse and steive-hertit, sittin in council,
argie for wha hed aye been the bauldest,
wha the maist furthie in fennin his maister,
whan targe and haun gat haggert and chackit   410
wi pynin o swurd-play in deidlie debait."

34   Syne spak the Keing steidfast and strang,
loud rang the wirds o the Lord o men:
"Gin ye sair the Maister wha sits in glory,
the Keing in's maijesty, suith gin ye say it,   415
tell nou the tale o the saicrets He taucht
tae men on the mouls. Lang is our raik
ower the greenichtie lippers: lichten the herts
o your feires as we gang. Faur yet is our farin
420   ower the sea's flude, and hyne, hyne awa   420
the shores at we're seekin. The jaws is jurmummle't,
the grunn wi the glaur. But eithlie can God
senn help tae the seamen at sail ower the swaws."

35   Wi wirds o wyceheid syne he begoud
tae heise up the herts o his worthie weirmen: 425
"Whan first ye set furth, this wes aa your ettle:
tae haizart your lives in the lann o the haithen,
and dree e'en daith for the luve o the Lord,
'mang the fremmit fowk in thair fell kingrik
yeildin your sauls. Weel ken I mysel   430
at the Makar o Angels, the Maister o Airmies,
is gairdin us nou. The faem sae frichtsome,
the surgin swaws, sall get stainch't and sattl't
frae the Keing o Glore, and faa lown again.

36   Swa gesælde iu,   þæt we on sæbate
      ofer waruðgewinn   wæda cunnedan,
      faroðridende.   Frecne þuhton   440
      egle ealada.   Eagorstreamas
      beoton bordstæðu,   brim oft oncwæð,
      yð oðerre.   Hwilum upp astod
      of brimes bosme   on bates fæðm   [35r]
      egesa ofer yðlid.   Ælmihtig þær,   445
      meotud mancynnes,   on mereþyssan
      beorht basnode.   Beornas wurdon
      forhte on mode,   friðes wilnedon,
      miltsa to mærum.   Þa seo menigo ongan
      clypian on ceole,   cyning sona aras,   450
      engla eadgifa,   yðum stilde,
      wæteres wælmum.   Windas þreade,
      sæ sessade,   smylte wurdon
      merestreama gemeotu.   Ða ure mod ahloh
      syððan we gesegon   under swegles gang   455
      windas ond wægas   ond wæterbrogan
      forhte gewordne   for frean egesan.
      Forþan ic eow to soðe   secgan wille,
      þæt næfre forlæteð   lifgende god
      eorl on eorðan,   gif his ellen deah."   460

37   Swa hleoðrode   halig cempa,
      ðeawum geþancul.   Þegnas lærde
      eadig oreta,   eorlas trymede,
      oððæt hie semninga   slæp ofereode,
      meðe be mæste.   Mere sweoðerade,   465
      yða ongin   eft oncyrde,
      hreoh holmþracu.   Þa þam halgan wearð
      æfter gryrehwile   gast geblissod.

38   Ongan ða reordigan   rædum snottor,
      wis on gewitte,   wordlocan onspeonn: 470
      "Næfre ic sælidan   selran mette,
      macræftigran,   þæs ðe me þynceð,
      rowend rofran,   rædsnotterran,
      wordes wisran.   Ic wille þe,
      eorl unforcuð,   anre nu gena   475

36   We hae ventur't or nou tae mak trial o the tides,   435
     tae gae ridin the roil and sail in a scaff
     ower the walterin waws. Skeerie it seemed til's,
     the dauntonin draig; the bullerin watters
     bate on the buirds; the grumlie lippers
     gowl'd, ilk tae ither. Fricht fill'd the scaff,   440
     lowpin liftwards frae the tap o the watter
     tae the thafts o the ship. Thare the Aamichty,
     the Lord o mankyn, on the bait wes bidin,
     in Heiven's brichtness. The herts o the men
     war fley't and fleggit: sauftie thay mangit,   445
     and the Maister's mercy. The mingie begoud
     tae cry on the Keing: and syne he stuid up,
     the Saufgaird o Angels, and gart the sea dill.
     He check't the wunns, and the watter gat smaa;
     the swaws sank doun, the dunch o the dyster   450
     wes quaet and lown. And our herts fair lowpit
     tae see ablow the bou o the lift
     the wunns and the watters, the frichtsome fludes,
     louchin and lowdenin for fear o the Lord.
     Nou truelins I tell ye, suithlie I say it,   455
     the leivin God will ne'er forleit
     ony man on the moul, gin his hardiment haud."

37   Sae did he speak, the halie hathill
     wyce o his wittins, the blessit weirman
     leirit his mingie, made thair herts lichtsome.   460
     Weariet, the weirmen lay by the mast
     or aa on a suddentie sleep tuik haud o thaim.
     The sea wes quaetit, quall't wes the swaws,
     the ralliach roilins wes lowden again,
     and efter dreein his hours o dreid,   465
     the halie man's hert wes lichtsome and lown.

38   Syne spak the slee man, the wyce and wylie,
     giein tung tae the treisur o aa his leir:
     "Ne'er hae I met wi a seaman mair skeilie,
     mair crafty and cannie, nor you kythe tae be: 470
     mair swippert in steerin, mair slee in counsel,
     mair wyce-like in wirds. Fain wad I speir o ye,

bene biddan,   þeah ic þe beaga lyt,
sincweorðunga,   syllan mihte,
fætedsinces.   Wolde ic freondscipe,
þeoden þrymfæst,   þinne, gif ic mehte,   [35v]
begitan godne.   Þæs ðu gife hleotest,   480
haligne hyht   on heofonþrymme,
gif ðu lidwerigum   larna þinra
este wyrðest.   Wolde ic anes to ðe,
cynerof hæleð,   cræftes neosan,
ðæt ðu me getæhte,   nu þe tir cyning   485
ond miht forgef,   manna scyppend,
hu ðu wægflotan   wære bestemdon,
sæhengeste,   sund wisige.
Ic wæs on gifeðe   iu ond nu þa
syxtyne siðum   on sæbate,   490
mere hrerendum   mundum freorig,
eagorstreamas,   (is ðys ane ma),
swa ic æfre ne geseah   ænigne mann,
þryðbearn hæleða,   þe gelicne,
steoran ofer stæfnan.   Streamwelm hwileð,   495
beateþ brimstæðo.   Is þes bat ful scrid,
færeð famigheals,   fugole gelicost
glideð on geofone.   Ic georne wat
þæt ic æfre ne geseah   ofer yðlade
on sæleodan   syllicran cræft.   500
Is þon geliccost   swa he on landsceare
stille stande,   þær hine storm ne mæg,
wind awecgan,   ne wæterflodas
brecan brondstæfne,   hwæðere on brim snoweð
snel under segle.   Ðu eart seolfa geong,   505
wigendra hleo,   nalas wintrum frod,
hafast þe on fyrhðe,   faroðlacende,
eorles ondsware.   Æghwylces canst
worda for worulde   wislic andgit."

39   Him ondswarode   ece dryhten: 510
    "Oft þæt gesæleð,   þæt we on sælade,
    scipum under scealcum,   þonne sceor cymeð,   [36r]
    brecað ofer bæðweg,   brimhengestum.

faur-kent campioun o on-tash't fame,
ae blessin mair. Muckle I haena
o gowdies tae gie ye, o rings or riches, 475
but for aa that, your freinship fain wad I hae,
my splendant maister, gin sae ye wad grant me.
Grace sall ye gain for't, halie confort
in Heiven's kingrik, gin kynness ye kythe,
and shaw furth your wyceheid tae weary sea-vaigers. 480
Weirman sae worthie, ae thing I wiss frae ye:
sen the Keing and Makar o men hes gien ye
maucht and renoun, I wad hae ye rede me
hou ye can steer the gait o your sea-steed,
your swaw-screivin gaillie, droukit wi spindrift? 485
Nou and aforesyne hae I gaed seafarin,
saxteen times gaed sailin in ships,
frozen my hauns as I fure ower the swaws,
the gowstie watters—nou gang I again,
but, bairn o campiouns, ne'er hae I kent 490
ony man maik tae ye, ony maister sae mauchty,
haudin the helm. The jaups is bullerin,
the jows is batterin; but swythe rins the bait,
the faem-flichter't steven gaes snuivin furrit,
it flees like a bird. Never or nou, 495
siccar I ken, hae I seen on the sea
mair winnersome skeil in ony steersman.
It's like as the ship bade lown on the lann,
whaur nae dyster cuid dirl, nae jows jurmummle
its heich-staundin steven: but swippert it hurls, 500
fou-sail'd ower the sea. Ye're a callant yoursel,
gaird o weirmen; ye're ying in winters;
yet glib-gabbit are ye, sea-gaun feire;
ye haud in your hert the wirds o a hathill;
fou clair can ye tell the bode and the beirin 505
o ilka man's wirds in the sicht o the warld."

39   And answered him syne the ayebidin Lord:
"Mony a time, as we traivel the main,
as our sea-steeds stravaig, as our crews hauds thair course,
dae the scours and the blufferts brak ower the swaws. 510

Hwilum us on yðum   earfoðlice
gesæleð on sæwe,   þeh we sið nesan,   515
frecne geferan.   Flodwylm ne mæg
manna ænigne   ofer meotudes est
lungre gelettan: ah him lifes geweald,
se ðe brimu bindeð,   brune yða
ðyð ond þreatað.   He þeodum sceal   520
racian mid rihte,   se ðe rodor ahof
ond gefæstnode   folmum sinum,
worhte ond wreðede,   wuldras fylde
beorhtne boldwelan,   swa gebledsod wearð
engla eðel   þurh his anes miht.   525
Forþan is gesyne,   soð orgete,
cuð oncnawen,   þæt ðu cyninges eart
þegen geþungen,   þrymsittendes,
forþan þe sona   sæholm oncneow,
garsecges begang,   þæt ðu gife hæfdes   530
haliges gastes.   Hærn eft onwand,
aryða geblond.   Egesa gestilde,
widfæðme wæg.   Wædu swæðorodon
seoðþan hie ongeton   þæt ðe god hæfde
wære bewunden,   se ðe wuldres blæd   535
gestaðolade   strangum mihtum."

40   Þa hleoðrade   halgan stefne
cempa collenferhð,   cyning wyrðude,
wuldres waldend,   ond þus wordum cwæð:
"Wes ðu gebledsod,   brego mancynnes,   540
dryhten hælend!   A þin dom lyfað!
Ge neh ge feor   is þin nama halig,
wuldre gewlitegad   ofer werþeoda,
miltsum gemærsod.   Nænig manna is
under heofonhwealfe,   hæleða cynnes,   545
ðætte areccan mæg   oððe rim wite
hu ðrymlice,   þeoda baldor,   [36v]
gasta geocend,   þine gife dælest.
Huru is gesyne,   sawla nergend,
þæt ðu þissum hysse   hold gewurde   550
ond hine geongne   geofum wyrðodest,
wis on gewitte   ond wordcwidum.

Sair we're beset whiles, skaith we maun dree;
but the danger we thole and syne we win throu.
Naeweys can the waw-dirds dachle nor daunton ye,
wantin the leave o the Lord o mankyn,
for He wha hauds bunn the wan-blae bullers 515
checks and cuddoms thair kempin's bensil.
Aa men he sall rule wi maucht and wi mercy,
wha wi his ain haun heis'd up the heivens,
fessen'd thaim fair, full'd thaim wi glory,
and hains thaim siccar, a skyrie hame, 520
sae his angels' abade sall be bless't by his pouer.
And the truith we can see, siccar we ken it,
clair daes it kythe, at the Keing o Glory
hes a thane fou o grace and guidness in ye,
for swippert the sea, the spase aa and haill, 525
kent ye, and saw the gifts in ye kythin
o the Halie Gaist. Syne the howderin tides,
the bullers sae braid, turned lown and quaet,
thair dreidsomeness dill't. The roch swaws sattl't
as suin as thay saw that God's ain sel, 530
wha stablish't the Heivens wi the strenth o His haun,
hed bunn ye about wi his steidfast beildin."

40 Syne he caa'd furth, the crouse-hertit kemp:
halie his vyce as he hailsit his Keing,
his splendant Maister, and spak thir wirds: 535
"Benisons on Thee, Beild o mankyn,
Sauviour and Lord! Aye leives Thy glore
nearhaun and hyne-awa aa throu the nations;
halie Thy name bides, bricht wi its splendour,
for mercy renoumit. Man wes thare never 540
'neath Heiven's braid vowt, nane o man born,
cuid reckon or rede the glories Thou gies:
Consoler o speirits, Maister o men,
Sauviour o sauls! We can see for siccar
whit kynness tae this ying kemp Thou hes kyth't, 545
his youthheid nae henner tae gainin Thy gifts,
wyce as he is in wirds and in lair.

Ic æt efenealdum   æfre ne mette
on modsefan   maran snyttro.″

41   Him ða of ceole oncwæð   cyninga wuldor,   555
frægn fromlice   fruma ond ende:
"Saga, þances gleaw   þegn, gif ðu cunne,
hu ðæt gewurde   be werum tweonum,
þæt ða arleasan   inwidþancum,
Iudea cynn   wið godes bearne   560
ahof hearmcwide.   Hæleð unsælige
no ðær gelyfdon   in hira liffruman,
grome gealgmode,   þæt he god wære,
þeah ðe he wundra feala   weorodum gecyðde,
sweotulra ond gesynra.   Synnige ne mihton   565
oncnawan þæt cynebearn,   se ðe acenned wearð
to hleo ond to hroðre   hæleða cynne,
eallum eorðwarum.   Æþelinge weox
word ond wisdom,   ah he þara wundra a,
domagende,   dæl nænigne   570
frætre þeode   beforan cyðde.″

42   Him ða Andreas   agef andsware:
"Hu mihte þæt gewyrðan   in werþeode,
þæt ðu ne gehyrde   hælendes miht,
gumena leofost,   hu he his gif cyðde   575
geond woruld wide,   wealdendes bearn?
Sealde he dumbum gesprec,   deafe gehyrdon,
healtum ond hreofum   hyge blissode,
ða þe limseoce   lange wæron,
werige, wanhale,   witum gebundene,   580
æfter burhstedum   blinde gesegon.
Swa he on grundwæge   gumena cynnes   [37r]
manige missenlice   men of deaðe
worde awehte.   Swylce he eac wundra feala
cynerof cyðde   þurh his cræftes miht.   585
He gehalgode   for heremægene
win of wætere   ond wendan het,
beornum to blisse,   on þa beteran gecynd.

Ne'er hae I kent in ane o his years
mair wyceheid and wit, nor an uptak mair wylie."

41   Syne spak the Glory o Keings and speirt,   550
the Beginnin and Enn, bauld on the bait,
"Say gin ye can nou, thane slee in thocht,
hou did it hap amang man's kindred
at ill-tung'd ablachs wi myns o mavitie,
the fowk o the Jews, gied flytin and snash   555
tae God's ain Son? Thon wangracie louns
in thair grame and thair glunchin hed nae faith tae gie
tae the Faither; thay wadna trou he wes God,
tho mony a miracle, clair and apert,
did he kythe amang men. Ken him thay cuidna,   560
thon fowk fou o sin, the keinglie Son
born for a beild and an ayebidin confort
tae aa mankyn while thay vaig ower the mouls.
His wirds and his wyceheid aye waxit mair,
but didna he kythe e'er tae thon dour cattle   565
pairt nor pickle o aa thon ferlies?"

42   Syne did Andro gie him this answer:
"Hou cuid it hap in the hants o men
at ye ne'er hae hard tell o the Sauviour's micht,
hou God's ain Son gart his grace shine furth   570
wide ower the warld, dearest o feires?
He gied vyce tae the dumb, the deif he gart hear,
he lichten't the herts o lippers and lameters,
the weary and waesome, wappit wi pynes,
and men at for lang war cripple o limb: 575
aa throu the burghs gied sicht tae the blinn,
and faur ower the mouls mony a bairn
o the faimily o man wi his wird he wauken't
e'en frae daith. Mony ferlies forbye
he kyth't tae his glore throu the micht o his maijesty.   580
Watter he blissit in sicht o the brangle,
and chyng't it tae wine, the mingie tae cheer:
he bade it tak on a brawer naituir.

Swylce he afedde   of fixum twam
ond of fif hlafum   fira cynnes   590
fif ðusendo.   Feðan sæton,
reonigmode,   reste gefegon,
werige æfter waðe,   wiste þegon,
menn on moldan,   swa him gemedost wæs.
Nu ðu miht gehyran,   hyse leofesta,   595
hu us wuldres weard   wordum ond dædum
lufode in life,   ond þurh lare speon
to þam fægeran gefean,   þær freo moton,
eadige mid englum,   eard weardigan,
þa ðe æfter deaðe   dryhten secað."   600

43   Ða gen weges weard   wordhord onleac,
beorn ofer bolcan,   beald reordade:
"Miht ðu me gesecgan,   þæt ic soð wite,
hwæðer wealdend þin   wundor on eorðan,
þa he gefremede   nalas feam siðum,   605
folcum to frofre   beforan cyðde,
þær bisceopas   ond boceras
ond ealdormenn   æht besæton,
mæðelhægende?   Me þæt þinceð,
ðæt hie for æfstum   inwit syredon   610
þurh deopne gedwolan.   Deofles larum
hæleð hynfuse   hyrdon to georne,
wraðum wærlogan.   Hie seo wyrd beswac,
forleolc ond forlærde.   Nu hie lungre sceolon,
werige mid werigum,   wræce þrowian,   615
biterne bryne   on banan fæðme."   [37v]

44   Him ða Andreas   agef ondsware:
"Secge ic ðe to soðe   ðæt he swiðe oft
beforan fremede   folces ræswum
wundor æfter wundre   on wera gesiehðe,   620
swylce deogollice   dryhten gumena
folcræd fremede,   swa he to friðe hogode."

Forbye he gied feedin tae five thousan cheils
frae jist twa fishes and five laifs o breid: 585
forfochen the fowk war, trauchle't frae traivellin,
and sittin on the mouls, seilie in saucht,
the men war maetit as maist tae thair likin.
Nou ye can lairn, leifest o louns,
hou the Gaird o Glore loe'd aa leivin things,   590
in his wirds and his deeds, and wyl't us wi doctrine
tae the bonnie delytes whaur the blessit sauls
at seek the Lord maun bide in seil
blythe wi the angels efter thair daith."

43 And again the Keing o the swaws spak furth,   595
    bauld frae the brig gied scowth tae his wirds:
    "Tell gin ye can, sae's the truith I micht ken:
    on the mouls your Maister wrocht mony a ferlie
    the fowk tae confort; but kyth't he thaim fair
    and apert, whaur elders, bishops and buikmen   600
    sat in thair council, confeirin thegither?
    Thay skaimit in mavitie, sair misguidit,
    thair pawkerie ploys, or sae I'm thinkin;
    thon daith-duimit louns wes ower hastie tae hark
    tae the wyles o the Deil, our unfrein wuid-hertit.   605
    Wi weird war thay swickit, begunk't and begowk't,
    and nou dule thay maun dree, curs't 'mang the curs't,
    the fell fires o Hell and the connacher's cleik."

44 And straucht did Andro gie him his answer:
    "Suithlie I say tae ye, siccar he did: 610
    aft afore aa the elders and heidsmen
    in sicht o the fowk, he wrocht ferlie on ferlie;
    and hidlins forbye did the halie Lord
    wirk for men's weilfaur, saucht his ettle."

45 Him ondswarode   æðelinga helm:
"Miht ðu, wis hæleð,   wordum gesecgan,
maga mode rof,   mægen þa he cyðde,   625
deormod on digle,   ða mid dryhten oft,
rodera rædend,   rune besæton?"

46 Him þa Andreas   ondsware agef:
"Hwæt frinest ðu me,   frea leofesta,
wordum wrætlicum,   ond þe wyrda gehwære   630
þurh snyttra cræft   soð oncnawest?"

47 Ða git him wæges weard   wiðþingode:
"Ne frine ic ðe for tæle   ne ðurh teoncwide
on hranrade,   ac min hige blissað,
wynnum wridað,   þurh þine wordlæðe,   635
æðelum ecne.   Ne eom ic ana ðæt,
ac manna gehwam   mod bið on hyhte,
fyrhð afrefred,   þam þe feor oððe neah
on mode geman   hu se maga fremede,
godbearn on grundum.   Gastas hweorfon,   640
sohton siðfrome   swegles dreamas,
engla eðel   þurh þa æðelan miht."

48 Edre him Andreas   agef ondsware:
"Nu ic on þe sylfum   soð oncnawe,
wisdomes gewit,   wundorcræfte   645
sigesped geseald,   (snyttrum bloweð,
beorhtre blisse,   breost innanweard),
nu ic þe sylfum   secgan wille
oor ond ende,   swa ic þæs æðelinges
word ond wisdom   on wera gemote   650
þurh his sylfes muð   symle gehyrde.

49 "Oft gesamnodon   side herigeas,   [38r]
folc unmæte,   to frean dome,
þær hie hyrcnodon   haliges lare.
Ðonne eft gewat   æðelinga helm,   655
beorht blædgifa,   in bold oðer,
ðær him togenes,   god herigende,

45   Syne cam the Wardane o weirmen's repone: 615
      "Whit wirds can ye gie me, thane wyce in thocht,
      heich-hertit kemp, o the wunners he kyth't
      derf but in dern, whan in saicret ye sat
      wi the Sauviour o men, the Heich Keing o Heiven?"

46   And again frae Andro cam answer swythe: 620
      "Leifest lord, whit wey dae ye speir me
      wi wirds sae loesome, whan the skeil o your wyceheid
      suithfastly shaws ye aa at hes happ't?"

47   Syne cam the wird o the Lord o the swaws:
      "No tae wyte ye nor flyte ye thir wittins I speir: 625
      na, gled is my hert on the gait o the whaul,
      blythesome it blumes, sae braw are your wirds,
      sae fouthie in fainness. Nor I'm no jist my lane,
      for mirkie's the myn, solast the spreit,
      in ilka feire wha near or faur   630
      caas tae his mynin the deeds o the Man,
      the true Son o God as he gaed ower the yird.
      Throu his maistrie and maucht fure speirits furth;
      yare for thair pairtin, the pleasance o Heiven,
      the hame o the angels aefauldlie thay socht."   635

48   Andro gied answer, swippert and swythe:
      "Nou dae I see in ye wyceheid and suith,
      glegness o wit, winnersome skeil;
      maucht is gien tae ye, foresicht flouers in ye,
      bricht in the breist o ye blytheheid bides.   640
      Nou will I say, frae the stert tae the enn o't,
      aa and haill, whit ayeweys I hard
      frae the Maister's ain mou, his wirds and his wyceheid,
      as he gaed on the mouls in the warld o men.

49   "Aft cam getherin michty mardles,   645
      at the Lord's biddin bourachs brangl't
      tae harken the Halie Ane and list his lear.
      The Gaird o weirmen syne gaed awa
      tae ither beilds, the bricht life-bringer,
      and thare cam tae meet him mony a cheil,   650

     to ðam meðelstede   manige comon,
     snottre selerædend.   Symble gefegon,
     beornas bliðheorte,   burhweardes cyme.   660

50   Swa gesælde iu   þæt se sigedema
     ferde, frea mihtig.   Næs þær folces ma
     on siðfate,   sinra leoda,
     nemne ellefne   orettmæcgas,
     geteled tireadige.   He wæs twelfta sylf.   665
     Þa we becomon   to þam cynestole,
     þær getimbred wæs   tempel dryhtnes,
     heah ond horngeap,   hæleðum gefrege,
     wuldre gewlitegod.   Huscworde ongan
     þurh inwitðanc   ealdorsacerd   670
     herme hyspan,   hordlocan onspeon,
     wroht webbade.   He on gewitte oncneow
     þæt we soðfæstes   swaðe folgodon,
     læston larcwide.   He lungre ahof
     woðe wiðerhydig   wean onblonden: 675

51   "'Hwæt, ge syndon earme   ofer ealle menn!
     Wadað widlastas,   weorn geferað
     earfoðsiða,   ellþeodiges nu
     butan leodrihte   larum hyrað,
     eadiges orhlytte   æðeling cyðað,   680
     secgað soðlice   þæt mid suna meotudes
     drohtigen dæghwæmlice.   Þæt is duguðum cuð
     hwanon þam ordfruman   æðelu onwocon.
     He wæs afeded   on þysse folcsceare,
     cildgeong acenned   mid his cneomagum.   685
     Þus syndon haten   hamsittende,
     fæder ond modur,   þæs we gefrægen habbað
     þurh modgemynd,   Maria ond Ioseph.   [38v]
     Syndon him on æðelum   oðere twegen
     beornas geborene,   broðorsybbum,   690
     suna Iosephes,   Simon ond Iacob."
     Swa hleoðrodon   hæleða ræswan,
     dugoð domgeorne,   dyrnan þohton
     meotudes mihte.   Man eft gehwearf,
     yfel endeleas,   þær hit ær aras.   695

wyce-like worthies ruisin God,
aye rejycin, gled in thair herts
at the Lord o the burgh wes come tae bide.

50   Syne it befell at the michty Maister
gaed farin furth; o his fowk wes nae mair   655
but anely eleiven o aa his lieges,
wicht-hauden weirmen: his sel wes the twalt.
Tae the capital ceitie syne we cam,
whaur the Temple wes biggit, braid o gavel
and heich o heid, buskit richt braw,   660
pridefu 'mang men. The Chief Priest syne
begoud tae geck us wi ill-will attery,
apen't his wird-huird tae wyte us wi snash.
He felt in his hert at the peth we folla'd
wes suithfest and siccar, and true the teachin   665
at gied us guidal; sae, ettlin us skaith,
swippert he spak, smitten wi feem,

51   "Hark! Hou abais'd ye are, aa men abuin!
Mony a wearisome wey ye maun wanner
but graith nor gear; aa likin forfautit   670
ye list tae the lear o a fremmit loun;
ye prate o a prince, lattin on at ye leive
wi the Lord's ain Son, in suith, ilk day!
Fine dae we ken the kin o your keing:
Here wes he fessen up, wi hamelt fowk;   675
here wes the housal o's birthin and bairnheid.
Forbye, we hae myn o his faither and mither,
thair names we hae funn wi seekin and speirin:
thay bade in thir merches—Mary and Joseph.
And mairatour, it fell tae his faimily   680
at ither twa lads, his brithers in bluid,
wes sons tae Joseph: Simon and Jaucob."
Siclike wes the blaw o the tounsfowk's heidsmen;
heich-bendit thanes at thocht tae dern
the maucht o the Lord. Aince mair cam mavitie,   685
ill-will ayebidin, whaur umwhile it kyth't.

52 "Þa se þeoden gewat   þegna heape
    fram þam meðelstede   mihtum geswiðed,
    dugeða dryhten,   secan digol land.
    He þurh wundra feala   on þam westenne
    cræfta gecyðde   þæt he wæs cyning on riht   700
    ofer middangeard,   mægene geswiðed,
    waldend ond wyrhta   wuldorþrymmes,
    an ece god   eallra gesceafta.
    Swylce he oðerra   unrim cyðde
    wundorworca   on wera gesyhðe.   705

53 "Syþþan eft gewat   oðre siðe
    getrume mycle,   þæt he in temple gestod,
    wuldres aldor.   Wordhleoðor astag
    geond heahræced.   Haliges lare
    synnige ne swulgon,   þeah he soðra swa feala   710
    tacna gecyðde,   þær hie to segon.
    Swylce he wrætlice   wundor agræfene,
    anlicnesse   engla sinra
    geseh, sigora frea,   on seles wage,
    on twa healfe   torhte gefrætwed,   715
    wlitige geworhte.   He worde cwæð:
    "Ðis is anlicnes   engelcynna
    þæs bremestan   þe mid þam burgwarum
    in þære ceastre is.   Cheruphim et Seraphim
    þa on swegeldreamum   syndon nemned.   720
    Fore onsyne   ecan dryhtnes
    standað stiðferðe,   stefnum herigað,   [39r]
    halgum hleoðrum,   heofoncyninges þrym,
    meotudes mundbyrd.   Her amearcod is
    haligra hiw,   þurh handmægen   725
    awriten on wealle   wuldres þegnas."
    Þa gen worde cwæð   weoruda dryhten,
    heofonhalig gast,   fore þam heremægene:
    'Nu ic bebeode   beacen ætywan,
    wundor geweorðan   on wera gemange,   730
    ðæt þeos onlicnes   eorðan sece,
    wlitig of wage,   ond word sprece,
    secge soðcwidum,   þy sceolon gelyfan
    eorlas on cyððe),   hwæt min æðelo sien."

52   Syne fure the Sauviour, the Maister o men,
       frae the tryst, seekin a saicret steid;
       forder't in's strenth, his mingie follain.
       Wi miracles mony and winnersome ferlies   690
       wrocht ower the fells, he kyth't he wes Keing
       ryall and richtfu the haill warld ower,
       Makar and Maister o Heiven's glore,
       God in his maucht, ane and ayebidin,
       Captain aamichty o aa Creation.   695
       Undeimous the merdal o miracles skyrie
       he wrocht than and syne in the sicht o men.

53   Aince mair nou he gaed, the Prince o Glore,
       wi his michty tropell, and stuid in the temple.
       The souch o his speak sprang throu the braw biggin,   700
       but the sinfu fowk hard-na the Halie Ane's lear,
       tho mony the taiken and sign o the truith
       he kyth't for thair kennin, in the sicht o thair een.
       On the waas o the temple wes winnersome ferlies,
       limns o angels on ilka hann,   705
       kerven richt crafty and bonnilie buskit.
       Thaim did he goam on, and gied furth his wirds:
       "Luik tae thon likeness, o angels maist athill,
       the heichest and haliest in Heiven's keingrik,
       bidin in bliss wi the Lord's ain blessit: 710
       Cherubim and Seraphim, siclike we caa thaim.
       Afore the face o the ayebidin Faither
       steive-hertit thay staund, in halie sangs
       thair vyces thay raise, ruisin the Lord,
       the glore and the gairdin o Heiven's heich Keing.   715
       And see til the sancts, the servans o glore,
       the Apostles pictur't, ingraif't on the waas
       wi the kerver's clour and the craft o his haun."
       And the Lord o Hosts, Heiven's halie spreit,
       apen't his mou and spak tae the mingie: 720
       "Nou I'se commaund a signacle tae kythe,
       a miracle tae shaw furth here amang men.
       Doun frae the waa, sae undeimous wallie,
       sall stap this statue and walk on the yird.

54 "Ne dorste þa forhylman   hælendes bebod   735
wundor fore weorodum,   ac of wealle ahleop,
frod fyrngeweorc,   þæt he on foldan stod,
stan fram stane.   Stefn æfter cwom,
hlud þurh heardne,   hleoðor dynede,
wordum wemde.   Wrætlic þuhte   740
stiðhycgendum   stanes ongin.
Septe sacerdas   sweotolum tacnum,
witig werede   ond worde cwæð:
'Ge synd unlæde,   earmra geþohta
searowum beswicene,   oððe sel nyton,   745
mode gemyrde.   Ge mon cigað
godes ece bearn,   þone þe grund ond sund,
heofon ond eorðan   ond hreo wægas,
salte sæstreamas   ond swegl uppe
amearcode   mundum sinum.   750
Þis is se ilca   ealwalda god
ðone on fyrndagum   fæderas cuðon.
He Abrahame   ond Isace
ond Iocobe   gife bryttode,
welum weorðode,   wordum sægde   755
ærest Habrahame   æðeles geþingu,
þæt of his cynne   cenned sceolde
weorðan wuldres god.   Is seo wyrd mid eow
open, orgete,   magan eagum nu
geseon sigores god,   swegles agend."   760

55 "Æfter þyssum wordum   weorud hlosnode   [39v]
geond þæt side sel,   (swigodon ealle),
ða ða yldestan   eft ongunnon
secgan synfulle,   (soð ne oncneowan),
þæt hit drycræftum   gedon wære,   765
scingelacum,   þæt se scyna stan
mælde for mannum.   Man wridode
geond beorna breost,   brandhata nið
weoll on gewitte,   weorm blædum fag,
attor ælfæle.   Þær orcnawe wearð   770
þurh teoncwide   tweogende mod,
mæcga misgehygd   morðre bewunden.

54   Wirds will it speak and tell furth the truith   725
       o my forebears and kinsfowk, and sae sall the faith
       o men on the mouls be the mair steive and siccar."
       The splendant ferlie, fasson't langsyne,
       daur'd-na defee the Makar's commaund,
       but doun it spang in the sicht o aa   730
       and stuid on the yird, stane twyn't frae stane.
       Syne cam a vyce! Vaudie it dinnl't,
       dour throu the marmor, mauchty the soun o't,
       speakin in wirds. A wunner thay thocht it;
       the muivin marmor bambaizit the bauld anes.   735
       Clair war the pruifs it kyth't tae the priests,
       it chalang'd and check't thaim, and thir wirds spak:
       "Weirdless are ye, wi ill wiles begeckit
       and guilefu wycins; wi grame in your herts
       ye see-na your seil. God's ayebidin Son   740
       ye haud but for man, tho he wi his hauns
       wrocht the lann and the sea, the lift and the mouls,
       the saut sea-ruggs, the gurly swaws,
       and the Heivenlie realm heich abuin aa.
       He is God Aamichty, the sel and same   745
       at our faithers kent in days faur hyne.
       Fauvour he gied tae Abraham, Isaac
       and Jaucob; grace and gear he jyn't tae thaim;
       lat wit tae Abraham his winnersome weird
       at his wes the stryne frae the whilk wad spring furth   750
       the God o glore. Clair hes it kyth't tae ye;
       eith can ye see afore your een
       the Keing o conquis, Heiven's halie Lord."
       Aa the fowk harken'd throu the braid haa.

55   Efter thon wirds thay aa heild thair wheesht.   755
       Syne spak the seniours—thay kent na the suith—
       sayan in thair sin at the bricht stane spak
       jist by a cantrip, carline's wark.
       Ill-will and grame grew in thair herts,
       burnin hatrent bil'd in thair breists,   760
       ugsome and attery, unfrien tae blessin;
       and thair doutsome thochts and derksome myns
       bleez'd furth in breme throu thair blasphemous wirds.

56   Ða se þeoden bebead   þryðweorc faran,
stan on stræte   of stedewange,
ond forð gan   foldweg tredan,   775
grene grundas,   godes ærendu
larum lædan   on þa leodmearce
to Channaneum,   cyninges worde
beodan Habrahame   mid his eaforum twæm
of eorðscræfe   ærest fremman,   780
lætan landreste,   leoðo gadrigean,
gaste onfon   ond geogoðhade,
edniwinga   andweard cuman,
frode fyrnweotan,   folce gecyðan,
hwylcne hie god mihtum   ongiten hæfdon.   785

57   Gewat he þa feran,   swa him frea mihtig,
scyppend wera,   gescrifen hæfde,
ofer mearcpaðu,   þæt he on Mambre becom
beorhte blican,   swa him bebead meotud,
þær þa lichoman   lange þrage,   790
heahfædera hra,   beheled wæron.
Het þa ofstlice   up astandan
Habraham ond Isaac,   æðeling þriddan
Iacob of greote   to godes geþinge,   794
sneome of slæpe þæm fæstan.   Het hie to þam siðe gyrwan,
faran to frean dome.   Sceoldon hie þam folce gecyðan
hwa æt frumsceafte   furðum teode
eorðan eallgrene   ond upheofon,
hwær se wealdend wære   þe þæt weorc staðolade.   [40r]
Ne dorston þa gelettan   leng owihte   800
wuldorcyninges word.   Geweotan ða ða witigan þry
modige mearcland tredan.   Forlætan moldern wunigean
open eorðscræfu,   woldon hie ædre gecyðan
frumweorca fæder.   Þa þæt folc gewearð
egesan geaclod,   þær þa æðelingas   805
wordum weorðodon   wuldres aldor.
Hie ða ricene het   rices hyrde
to eadwelan   oþre siðe
secan mid sybbe   swegles dreamas,
ond þæs to widan feore   willum neotan.   810

56   Syne spak the Prince, and bade the braw wark,
        the glentin stane, gang furth tae the gait,   765
        stap ower the mouls, the green growthy yird,
        and tak God's tellin tae Canaan's kintra
        at the Keing's ain biddin: caa tae Abraham,
        his son and his oe tae stert frae thair sepulchres,
        gether thair limbs and gang frae thair lairs,   770
        thair spreits recourit, thair youthheid renewit,
        and kythe aince mair, mauchty patriarchs,
        tae the people proclaimin the pouer o God,
        the God thay hed kent throu his micht and his glore.

57   Furth than it fure, as the michty Maister,   775
        the Makar o men, hed gien his commaund.
        ower the mairches tae Mamre's plains.
        Skyrie it shane, and cam as the Keing bade
        tae the lair whaur langwhile hed liggit the corps,
        the beirie't banes, o our bauld forefaithers.   780
        And tae Abraham, Isaac and Jaucob aa three
        It gied God's biddin, tae rise up boun,
        tae spang frae the yird, shak aff soun sleep,
        reddie thairsels tae rin God's eeran.
        Thay bude lat wit tae aa the warld   785
        jist wha it wes on the day o Creation
        caa'd furth the grunn sae green and fouthie,
        heistit the Heivens sae heich abuin it,
        wha wes the Makar at wrocht sic a miracle.
        No for a glisk wad thay daur tae negleck   790
        the commaund at the Keing o Glore hed gien thaim:
        pauchtie thay gaed, the prophets three,
        ower the mouls the kemps cam mairchin.
        Thair graffs thay forleit, the lairs stuid apen;
        swythe wad thay speak o the Faither o aa things.   795
        The fowk war fleggit, dantit wi dreid,
        whan the princes proclaim'd in wirds tae the warld
        the glore o God. And syne the Sauviour
        bade thaim gang hyne tae thair Heivenlie hame,
        in saucht tae seek the blessins thay bruikit,   800
        aince mair and evermair bidin in blytheheid.

58   Nu ðu miht gehyran,   hyse leofesta,
       hu he wundra worn   wordum cyðde,
       swa þeah ne gelyfdon   larum sinum
       modblinde menn.   Ic wat manig nu gyt   815
       mycel mære spell   ðe se maga fremede,
       rodera rædend,   ða ðu aræfnan ne miht,
       hreðre behabban,   hygeþances gleaw."

59   Þus Andreas   ondlangne dæg
       herede hleoðorcwidum   haliges lare,
       oððæt hine semninga   slæp ofereode   820
       on hronrade   heofoncyninge neh.
       Ða gelædan het   lifes brytta
       ofer yða geþræc   englas sine,
       fæðmum ferigean   on fæder wære
       leofne mid lissum   ofer lagufæsten,   825
       oððæt sæwerige   slæp ofereode.
       Þurh lyftgelac   on land becwom
       to þære ceastre   þe him cining engla
       .   .   .   .   .

60   Gewiton ða þa aras   eft siðigean,
       eadige on upweg,   eðles neosan.   830
       Leton þone halgan   be herestræte
       swefan on sybbe   under swegles hleo,
       bliðne bidan   burhwealle neh,
       his niðhetum,   nihtlangne fyrst,
       oðþæt dryhten forlet   dægcandelle   [40v] 835
       scire scinan.   Sceadu sweðerodon,
       wonn under wolcnum.   Þa com wederes blæst,
       hador heofonleoma,   ofer hofu blican.
       Onwoc þa wiges heard,   (wang sceawode),
       fore burggeatum.   Beorgas steape,   840
       hleoðu hlifodon,   ymbe harne stan
       tigelfagan trafu,   torras stodon,
       windige weallas.   Þa se wisa oncneow
       þæt he Marmedonia   mægðe hæfde
       siðe gesohte,   swa him sylf bebead,   845
       þa he him fore gescraf,   fæder mancynnes.
       Geseh he þa on greote   gingran sine,

58 Nou ye hae hard, haspin sae dear tae me,
    monifauld mervails wrocht throu his wirds;
    tho blinn in thair herts, thay trou'd-na his teachins.
    And mair cuid I say; I hae mony a speil,   805
    skyrie and siccar, o our Drychtin's deeds,
    the Heich Keing o Heiven, whilk, wyce tho ye be,
    slee in your thochts, ye cuid thole na e'en nou,
    nor haud in your hert the winnersome wittin."

59 Sae spak Andro, aa throu the day,   810
    in mensefu wirds ruisin the rede o the Makar,
    till aa on a suddentie sleep owerhail't him,
    gangin the whaul's gate wi Heiven's Keing.
    And the Lord o Life bade his angels beir
    his frein sauf ower the jow o the swaws,   815
    in thair bosie hauden, bless't frae the Faither,
    faur ower the faem, till the weary wichts,
    sweel't aa in sleep, hed cross't the sea
    throu the lift sailin, landin at lest
    in thon brim burgh the Keing o Angels   820
    hed kyth't whan He caa'd him thon day in Achaia.
    Syne did God's servans mak thair waa-gaein;
    heich in the lift thay wan, hame tae Heiven.
    The halie hathill, sleepin in saucht,
    thay quat by the hiegait in Heiven's keepin.   825
    Aa the nicht lang he liggit in likin
    by the burgh's barmekin, beild o his faes,
    till the Lord caa'd furth the caundle o day
    brichtlie tae beek, skailin the scog
    o the drumlie clouds; and the gleid o the lift   830
    cam glentin wi glore frae the Heivenlie haas
    and lichtit the houses. The weirman wauken't,
    goved on the glebes and the stey braes risin
    forenenst the yetts in the burgh's ramparts.
    Tour-houses stuid amang the gray stanes,   835
    tiles shane bricht on the ruifs o the biggins,
    the wunn-soupit waas. And the wyce cheil kent
    he wes come 'mang the kin o the Mermedonians,
    hed forn whaur the Faither o Man his sel
    bade him, whan first he kyth't wi's commaunds.   840

beornas beadurofe,   biryhte him
swefan on slæpe.   He sona ongann
wigend weccean,   ond worde cwæð: 850

61   "Ic eow secgan mæg   soð orgete,
þæt us gystrandæge   on geofones stream
ofer arwelan   æðeling ferede.
In þam ceole wæs   cyninga wuldor,
waldend werðeode.   Ic his word oncneow,   855
þeh he his mægwlite   bemiðen hæfde."

62   Him þa æðelingas   ondsweorodon,
geonge gencwidum,   gastgerynum:
"We ðe, Andreas,   eaðe gecyðað
sið userne,   þæt ðu sylfa miht   860
ongitan gleawlice   gastgehygdum.
Us sæwerige   slæp ofereode.
Þa comon earnas   ofer yða wylm
faran on flyhte,   feðerum hremige,
us ofslæpendum   sawle abrugdon,   865
mid gefean feredon   flyhte on lyfte,
brehtmum bliðe,   beorhte ond liðe.
Lissum lufodon   ond in lofe wunedon,
þær wæs singal sang   ond swegles gong,
wlitig weoroda heap   ond wuldres þreat.   870
Utan ymbe æðelne   englas stodon,
þegnas ymb þeoden,   þusendmælum,
heredon on hehðo   halgan stefne
dryhtna dryhten.   Dream wæs on hyhte.
We ðær heahfæderas   halige oncneowon   [41r] 875
ond martyra   mægen unlytel,
sungon sigedryhtne   soðfæstlic lof,
dugoð domgeorne.   Þær wæs Dauid mid,
eadig oretta,   Essages sunu,
for Crist cumen,   cining Israhela.   880
Swylce we gesegon   for suna meotudes,
æðelum ecne,   eowic standan,
twelfe getealde,   tireadige hæleð.

He luik't till his liegemen liggin aside him,
stalwart in stour, sleepin thare on the yird.
Swippert he wauk't thaim, and thir wirds spak:

81   "A truith I sall tell ye, clair for the kennin:
Yestreen whan we rade the ruggs o the ocean,   845
the Lord it wes airtit us sauf ower the spase;
the Glore o keings, the Gaird o kemps,
sail'd in our ship. I kent his speakin,
houbeit his face wes hauden in dern."

82   And aa his leigemen answer't him swythe,   850
o things uncanny the callants spak:
"Andro, our farin fain wad we kythe tae ye;
syne will ye see, wylie and wyce-like,
bodins sae braw in your benmaist thochts.
Weariet wi sailin, sleep dang us doun,   855
and heich ower the swaws, ernes cam skimmerin,
furthilie fleein, bauld in thair fetherams.
On sleep as we bade, thay bure aff our sauls,
crouselie thay cairry't us licht in the lift,
singin richt strouthie-like, glinkin sae gentie-like,   860
kynness thay kyth't til's, blythesome thay bade wi's,
sang never ceas't as the heivens gaed circlin,
mony a mingie wes gether't in glore.
Angels stuid aagaits aroun the Redeimar,
thanes in thair thousans, the Makar in mids o thaim.   865
Halie thair sang and heich thair seil
as thay hailsit the Lord o Lords in the hicht.
Our halie forefaithers fine we kent thare
and mony a mairtyr in michty thrangs:
tae the Lord o Victories voustie thay sang,   870
the worthie weirmen gied suithfast ruisins.
Thare stuid Dauvit, the son o Jesse;
thon douchty campion kyth't afore Christ,
Keing o the Israelites. Syne we saw stuiden
forenenst God's Son, skyrie campiouns   875
twal in nummer, faur-kent fechters:

Eow þegnodon   þrymsittende,
halige heahenglas.   Ðam bið hæleða well   885
þe þara blissa   brucan moton.
Þær wæs wuldres wynn,   wigendra þrym,
æðelic onginn,   næs þær ænigum gewinn.
Þam bið wræcsið witod,   wite geopenad,
þe þara gefeana sceal   fremde weorðan,   890
hean hwearfian,   þonne heonon gangaþ."

63   Þa wæs modsefa   myclum geblissod
          haliges on hreðre,   syðþan hleoðorcwide
          gingran gehyrdon,   þæt hie god wolde
          onmunan swa mycles   ofer menn ealle,   895
          ond þæt word gecwæð   wigendra hleo:
          "Nu ic, god dryhten,   ongiten hæbbe
          þæt ðu on faroðstræte   feor ne wære,
          cyninga wuldur,   þa ic on ceol gestah,
          ðeh ic on yðfare,   engla þeoden,   900
          gasta geocend,   ongitan ne cuðe.
          Weorð me nu milde,   meotud ælmihtig,
          bliðe, beorht cyning!   Ic on brimstreame
          spræc worda worn,   wat æfter nu
          hwa me wyrðmyndum   on wudubate   905
          ferede ofer flodas.   Þæt is frofre gast
          hæleða cynne.   Þær is help gearu,
          milts æt mærum,   manna gehwylcum,
          sigorsped geseald,   þam þe seceð to him."

64   Ða him fore eagum   onsyne wearð   910
          æðeling oðywed   in þa ilcan tid,
          cining cwicera gehwæs,   þurh cnihtes had.
          Þa he worde cwæð,   wuldres aldor:
          "Wes ðu, Andreas, hal,   mid þas willgedryht,   [41v]
          ferðgefeonde!   Ic þe friðe healde,   915
          þæt þe ne moton   mangeniðlan,
          grame grynsmiðas,   gaste gesceððan."

Yoursels we saw, and blythelie sairin ye
halie archangels, Heiven's ain indwallers.
Weel for the weirmen at wins tae thon seil!
Thare wes heivenlie harmonie, mingies in maijesty,   880
splendant ceremony, naethin o sorra.
But exile is ordainit, pynin preparit,
for thaim at sall tyne and turn awa
frae thon delytes: whan thair life is ower
in grame thon gangrels ayeweys sall gang."   885

63   Heich wes the hert o the hathill upheisit,
      hearin thon speil, hou the Sauviour wad honour thaim
      aa men abuin; and the bield o weirmen
      spak thir wirds, wi seil in his breist:
      "Nou, God my Faither, fine dae I ken   890
      whan I buirdit the bait and sail't ower the sea
      ye warna faur frae me, Glory o Keings,
      houbeit on the swaws I wes sweirt tae ken ye,
      Saufgaird o Angels, Sainer o Sauls!
      Nou, mauchty Lord, be loesome and mercifu,   895
      skyrie Soverane! Meikle I spak
      on the lipperin sweel, but at lest I see
      wha cairried me kynlie ower the waws
      in the steive-timmer't ship: him at conforts the sauls
      o the sons o men. His haun is our help,   900
      frae his micht he is mercifu, siccar the speed
      he will senn tae ony at seeks his beildin."

64   And syne kyth't the Keing o aa leivin craituirs,
      afore his een, in the form o a younker.
      And thir war the wirds at the Sauviour spak: 905
      "Hail tae ye, Andro, and aa your braw rangale!
      Be blythe in your hert, for I'se haud ye in beildin,
      sae's nane o your faemen, nae ill-willie warlocks,
      sall gaw ye wi grame nor dae skaith tae your saul."

65   Feoll þa to foldan,   frioðo wilnode
     wordum wis hæleð,   winedryhten frægn:
     "Hu geworhte ic þæt,   waldend fira,   920
     synnig wið seolfne,   sawla nergend,
     þæt ic þe swa godne   ongitan ne meahte
     on wægfære,   þær ic worda gespræc
     minra for meotude   ma þonne ic sceolde?"

66   Him andswarode   ealwalda god: 925
     "No ðu swa swiðe   synne gefremedest
     swa ðu in Achaia   ondsæc dydest,
     ðæt ðu on feorwegas   feran ne cuðe
     ne in þa ceastre   becuman mehte,
     þing gehegan   þreora nihta   930
     fyrstgemearces,   swa ic þe feran het
     ofer wega gewinn.   Wast nu þe gearwor
     þæt ic eaðe mæg   anra gehwylcne
     fremman ond fyrþran   freonda minra
     on landa gehwylc,   þær me leofost bið.   935
     Aris nu hrædlice,   ræd ædre ongit,
     beorn gebledsod,   swa þe beorht fæder
     geweorðað wuldorgifum   to widan aldre,
     cræfte ond mihte.   Ðu in þa ceastre gong
     under burglocan,   þær þin broðor is.   940
     Wat ic Matheus   þurh mænra hand
     hrinen heorudolgum,   heafodmagan
     searonettum beseted.   Þu hine secan scealt,
     leofne alysan   of laðra hete,
     ond eal þæt mancynn   þe him mid wunige,   945
     elþeodigra   inwitwrasnum,
     bealuwe gebundene.   Him sceal bot hraðe
     weorþan in worulde   ond in wuldre lean,
     swa ic him sylfum ær   secgende wæs.

67   "Nu ðu, Andreas, scealt   edre geneðan   [42r] 950
     in gramra gripe.   Is þe guð weotod,
     heardum heoruswengum   scel þin hra dæled
     wundum weorðan,   wættre geliccost
     faran flode blod.   Hie þin feorh ne magon

65   Doun tae the mouls fell the douchty feire,   910
    saucht beseikin, and speirin at's Lord:
    "Maister o men, Sauviour o sauls,
    Whit wes my sin agin ye, at I sair't
    tae sail ower the swaws wi ye, yet ne'er tae ken ye,
    and speak fornenst ye, my Keing in your kynness,   915
    mair wirds nor wes wyce o me, you thare tae hear?"

66   And answered him syne the aamichty Lord:
    "Ne'er did ye sin wi wechtier skaith
    nor than in Achaia, thraipin ye cuidna
    keep tae your tryst or three nichts gaed by,   920
    fare faur awa and win tae the wonin,
    as I bade ye gae furth ower the walterin swaws.
    Nou hae ye seen, and siccar ye ken it,
    hou eithlie I'm able, gin sae be my will,
    tae help and tae forder my freins ane and aa   925
    in lanns hyne awa as weel as at hame.
    Rise nou belyve, and lairn my biddin:
    blessit are ye, for aye your bricht Faither
    sall gie ye aa honour, gifts o glore,
    maistrie and maucht. Gang nou tae the prison   930
    ablow the barmekin: your brither is pent thare.
    Mattha, I ken, wi the straikin o swurds
    and the grippin o girns is sair dung doun:
    by the hauns o hempies your frein is disjaskit.
    Nou ye maun seek him, set the feire free   935
    frae faemen's malice, and mony anither
    hapshackl't aside him in fetters strang,
    gripp't in the gorgets o fremmit rochians.
    Sauftie sall come tae him sune on the mouls,
    and in Heiven, his mede, as aforehaun I hecht him.   940

67   "Swythe nou, Andro, wi stout-hertit ettle,
    bauld ye maun fare tae the faemen's fang.
    Stour ye maun dree; sair straiks sall pyne ye;
    gaws tae your corp sall gar your bluid rin,
    teem furth like watter—but nae wap nor bensil   945

deaðe gedælan,   þeh ðu drype ðolie,   955
synnigra slege.   Ðu þæt sar aber;
ne læt þe ahweorfan   hæðenra þrym,
grim gargewinn,   þæt ðu gode swice,
dryhtne þinum.   Wes a domes georn;
læt ðe on gemyndum   hu þæt manegum wearð   960
fira gefrege   geond feala landa,
þæt me bysmredon   bennum fæstne
weras wansælige.   Wordum tyrgdon,
slogon ond swungon,   synnige ne mihton
þurh sarcwide   soð gecyðan.   965
Þa ic mid Iudeum   gealgan þehte,
(rod wæs aræred),   þær rinca sum
of minre sidan   swat ut forlet,
dreor to foldan.   Ic adreah feala
yrmþa ofer eorðan.   Wolde ic eow on ðon   970
þurh bliðne hige   bysne onstellan,
swa on ellþeode   ywed wyrðeð.
Manige syndon   in þysse mæran byrig
þara þe ðu gehweorfest   to heofonleohte
þurh minne naman,   þeah hie morðres feala   975
in fyrndagum   gefremed habban."

68   Gewat him þa se halga   heofonas secan,
eallra cyninga cining,   þone clænan ham,
eaðmedum upp,   þær is ar gelang
fira gehwylcum,   þam þe hie findan cann.   980

69   Ða wæs gemyndig   modgeþyldig,
beorn beaduwe heard,   eode in burh hraðe,
anræd oretta,   elne gefyrðred,
maga mode rof,   meotude getreowe,
stop on stræte,   (stig wisode),   985
swa him nænig gumena   ongitan ne mihte,
synfulra geseon.   Hæfde sigora weard   [42v]
on þam wangstede   wære betolden
leofne leodfruman   mid lofe sinum.

frae laithlie ladrouns sall twine ye o life.
Bear aa your teen, but see naethin temps ye
your Lord tae forleit; no the haithen men's maucht
nor the stang o thair spears maun twyne ye frae God.
Grein aye for glore, haud aye in your mynin   950
whit mony fowk ken in mony a kintra:
hou I wes beffit, bunn wi chynes,
hou ill-deedie bangsters duntit and baitchel't me,
wi ill wirds geck't at me, gowff't and dang me.
Thon men o sin wi thair meshant speakin   955
cuidna say suithfastlie. Syne on the Cross,
the upraisit Ruid, 'mang the Hebrews I hang,
and ane o thair birkies gart my bluid rin
furth frae the bouk o me doun tae the fails.
Mony the dule I dreed on the mouls: 960
and weel dae I wiss ye, tak ye braw tent
o the skaiths at war mine: an ensample yese hae
o the weird at maun faa ye in this fremmit toun.
A bonnie bourach, in this faur-kent burgh,
yese guide, throu my name, tae the glore o Heiven, 965
houbeit in the bygane thay wrocht muckle mavitie."

68   Syne fure the Halie Ane furth intae Heiven;
      the Keing o aa keings tae his saikless stede
      blythesomelie raise: mercy thare bides
      for aa men on mouls wha mint tae rax til't.   970

69   Nou wes he mynfu, thon mauchty weirman,
      and steive in his spreit. Swippert he gaed
      stainch and bauld, intil the burgh:
      hardiment heild him, and haill truist in God.
      Alang the gait swythe he gaed stappin;   975
      the roddin tae lead him: and nane o the limmers
      cuid see him tae ken at the kemp wes amang thaim.
      The Keing o victories compass't him roun
      wi the pouer o his luve, and proteckit his campioun.

Hæfde þa se æðeling   in geþrungen,   990
Cristes cempa,   carcerne neh.
Geseh he hæðenra   hloð ætgædere,
fore hlindura   hyrdas standan,
seofone ætsomne.   Ealle swylt fornam,
druron domléase.   Deaðræs forfeng   995
hæleð heorodreorige.   Ða se halga gebæd
bilwytne fæder,   breostgehygdum
herede on hehðo   heofoncyninges þrym,
godes dryhtendom.   Duru sona onarn
þurh handhrine   haliges gastes,   1000
ond þær in eode,   elnes gemyndig,
hæle hildedeor.   Hæðene swæfon,
dreore druncne,   deaðwang rudon.

70   Geseh he Matheus   in þam morðorcofan,
     hæleð higerofne   under heolstorlocan,   1005
     secgan dryhtne lof,   domweorðinga
     engla ðeodne.   He ðær ana sæt
     geohðum geomor   in þam gnornhofe.
     Geseh þa under swegle   swæsne geferan,
     halig haligne.   Hyht wæs geniwad.   1010
     Aras þa togenes,   gode þancade
     þæs ðe hie onsunde   æfre moston
     geseon under sunnan.   Syb wæs gemæne
     bam þam gebroðrum,   blis edniwe.
     Æghwæðer oðerne   earme beþehte,   1015
     cyston hie ond clypton.   Criste wæron begen
     leofe on mode.   Hie leoht ymbscan
     halig ond heofontorht.   Hreðor innan wæs
     wynnum awelled.   Þa worde ongan
     ærest Andreas   æðelne geferan   1020
     on clustorcleofan   mid cwide sinum
     gretan godfyrhtne,   sæde him guðgeðingu,
     feohtan fara monna: "Nu is þis folc on luste,
     hæleð hyder on

              .   .   .   .   .

              gewyrht   eardes neosan."   [43r] 1025

Nou wes Christ's weirman, thon douchty disciple,   980
wan close tae the kittie. He gomed on the getherin
o haithen hempies, saw seiven gairds
staundin forenenst the door o the dungeon.
Daith dang thaim aa, thay died in thair sin,
sudden the straik thon bluidy anes dreed.   985
And the halie hathill hed myn o the Makar,
he glorifee'd God, the Keing o Heiven,
His mercy and maijestie. Doun brist the door
at a skiff frae the haun o the Halie Spreit,
and in walk't the weirman stalwart in stour.   990
Soun war the haithen men sleepin an saft,
bluid-fou thay fylit thon daithlie demesne.

70   Doun in the massymore Mattha he saw,
in thon daurk dungeon the weel-hertit weirman
gied glory tae God, and richtsome ruisin   995
tae the Lord o Angels. He liggit his lane,
dowie and doutsome in thon dreich prison:
and syne, in the halie licht o Heiven,
his feire he gomed on, his frein and compaingen,
the sanct saw the sanct, and new howp brairdit.   1000
He raise tae greet him, gied thanks tae God
that e'er on the moul thay cuid meet onskaith't.
Peace wes pairtit 'tweesh baith the brithers;
blythe the retour wes o new-wan weel.
Ilk in his airms oxter'd the tither,   1005
and Christ heild the baith o thaim dear in His hert.
Aa roun about thaim cam leamin a licht,
halie, skimmerin skyrie frae Heiven;
thair benmaist herts wes bowden wi saucht.
Foremaist tae speak in thon frichtsome fortrace   1010
wes Andro: he hailsit his halie marra
wi speils o the stour and the fechtin o faemen
he bude suin tae dree. "Nou blythe are the fowk
at languiss aside ye: *aa sall be lowsit*
frae the hauns o the haithen: the Lord's sel hes hecht it.   1015
The shangies sall faa frae thair shackle-banes;
the doors o thair dungeons sall brist wi a blaffert.

71 Æfter þyssum wordum   wuldres þegnas,
begen þa gebroðor,   to gebede hyldon,
sendon hira bene   fore bearn godes.
Swylce se halga   in þam hearmlocan
his god grette   ond him geoce bæd,   1030
hælend helpe,   ær þan hra crunge
fore hæðenra   hildeþrymme,
ond þa gelædde   of leoðobendum
fram þam fæstenne   on frið dryhtnes
tu ond hundteontig   geteled rime,   1035
swylce feowertig,   ...
generede fram niðe,   (þær he nænigne forlet
under burglocan   bennum fæstne),
ond þær wifa þa gyt,   weorodes to eacan,
anes wana þe fiftig   ...   1040
forhte gefreoðode.   Fægen wæron siðes,
lungre leordan,   nalas leng bidon
in þam gnornhofe   guðgeþingo.

72 Gewat þa Matheus   menigo lædan
on gehyld godes,   swa him se halga bebead.   1045
Weorod on wilsið   wolcnum beþehte,
þe læs him scyldhatan   scyððan comon
mid earhfare,   ealdgeniðlan.
Þær þa modigan mid him   mæðel gehedan,
treowgeþoftan,   ær hie on tu hweorfan.   1050
Ægðer þara eorla   oðrum trymede
heofonrices hyht,   helle witu
wordum werede.   Swa ða wigend mid him,
hæleð higerofe,   halgum stefnum

The licht o God's sun tae the sicht o thair een
sall glent in its glory, houbeit thon haithens
hes pykit thair een wi the pynts o thair pikestaffs: 1020
sicht sall recour tae thaim, skaith sall be sainit,
on Heiven thay'll luik, and gie thanks tae the Lord.
Frae Mermedonie, kingrik o murtherers,
swippert thay'll skail, gangin richt gledsome;
wi Heiven's blessin its bouns thay'll forhou, 1025
the Sauviour sall airt thaim in seekin thair hames."

71 Whan thon wirds wes said, thae skyrie thanes,
    the brithers baith, bou'd doun in prayer,
    sent thair speirins tae God's ain Son.
    And the halie thane in thon dungeon o dule 1030
    gied hailsin tae God, and priggit His help,
    the Sauviour's secourse, or his corp shid clyte
    tae the haitsome maucht o the haithen weirmen.
    And awa frae thon barras, lows'd frae thair banns,
    twalscore aa telt the feire wyc't furth. 1035
    Nane he forleitit tae ligg in the tolbuith,
    thair spauls hapshackl't, but aa, free o feid,
    siccar he guidit tae God's sauf-keepin.
    Wifes richt skeirie, seiven times seiven,
    he lowsit forbye and led tae freedom. 1040
    Blythesome thay gaed wi the lave o the bourach,
    swippert thay stappit and bade nae langer
    bangstrie tae dree in the dowie dungeon.

72 And wha but Mattha wycit the mingie
    tae the beildin o God, as the Halie Ane bade him. 1045
    In haar he happ't thaim as hertsome thay raikit,
    sae's ill-hertit faemen nae mair shid finn thaim,
    nor unfreins skaith thaim wi flichts o arras.
    And the steive kemps twa heild council thegither,
    thon trusty feires, afore thair twyin. 1050
    The tane gied the tither hertsome upheisin,
    spak o the seil o the Heivenlie kingrik,
    flemit aa fear o the pynes o Hell.
    The twa wicht weirmen hardy o hert,

cempan coste   cyning weorðadon,   1055
wyrda waldend,   þæs wuldres ne bið
æfre mid eldum   ende befangen.

73   Gewat him þa Andreas   inn on ceastre
     glædmod gangan,   to þæs ðe he gramra gemot,
     fara folcmægen,   gefrægen hæfde,   [43v] 1060
     oððæt he gemette   be mearcpaðe
     standan stræte neah   stapul ærenne.
     Gesæt him þa be healfe,   hæfde hluttre lufan,
     ece upgemynd   engla blisse;
     þanon basnode   under burhlocan   1065
     hwæt him guðweorca   gifeðe wurde.

74   Þa gesamnedon   side herigeas,
     folces frumgaras.   To þam fæstenne
     wærleasra werod   wæpnum comon,
     hæðne hildfrecan,   to þæs þa hæftas ær   1070
     under hlinscuwan   hearm þrowedon.
     Wendan ond woldon   wiðerhycgende
     þæt hie on elþeodigum   æt geworhton,
     weotude wiste.   Him seo wen gelah,
     syððan mid corðre   carcernes duru   1075
     eorre æscberend   opene fundon,
     onhliden hamera geweorc,   hyrdas deade.
     Hie þa unhyðige   eft gecyrdon,
     luste belorene,   laðspell beran,
     sægdon þam folce   þæt ðær feorrcundra,   1080
     ellreordigra,   ænigne to lafe
     in carcerne   cwicne ne gemetton,
     ah þær heorodreorige   hyrdas lagan,
     gæsne on greote,   gaste berofene,
     fægra flæschaman.   Þa wearð forht manig   1085
     for þam færspelle   folces ræswa,
     hean, hygegeomor,   hungres on wenum,
     blates beodgastes.   Nyston beteran ræd,
     þonne hie þa belidenan   him to lifnere
     deade gefeormedon.   1090a
                         Duruþegnum wearð   1090b
     in ane tid   eallum ætsomne
     þurh heard gelac   hildbedd styred.

the wale o campiouns, ruisit the Keing,   1055
the Decreitar o duim, whase glore and granderie
ne'er sall dwyne amang men on the mouls.

73   Syne gaed Andro, gled in his hert,
intil the burgh whaur—sae God hed wairnish't him—
bangstrie o faemen and unfreins' forgetherin   1060
bade on his comin. A column o bress
by the gait wes staundin, gleg he obsair't it,
and sat doun aside it. The seil o angels
wes aa his thocht; heich speil't his hert
wi mynin o Heiven and ayebidin luve.   1065
And intil the barmekin bauldlie he bade
on white'er o stoutherie wes sent him tae dree.

74   Syne forgether't a muckle mingie,
great 'mang the fowk; a host o the haithens,
Mahoun's ain mardle, beirin thair bleds,   1070
fure tae the fortres whaur prisoners dreed
pynin and dule in the dowie dungeon.
Thay lang't and thay lippent, ill thair ettle,
tae feast on the lyre o the fremmit fowk:
but thair howp begeckit thaim: gyte wi grame   1075
war the feerichie faemen graith't in thair gear
whan thay funn the door o the dungeon apen,
the wrocht yett riven, and deid the wairders.
Sair gunkit gaed thay, thair sport aa sparpl't,
back tae the burgh, the ill wittins beirin.   1080
O the outlin louns wi unkent leids
nane funn thay leivin, thay thraip't tae the fowk;
nocht cuid thay see in the fousome kittie
but lockmen liggin deid on the doorstanes,
droukit in bluid, the duim'd men's lykes   1085
straucht out-streikit, aa life stown frae thaim.
Uncolie feart war the fowk's heich-heidsmen
at thon waesome wird; disjaskit o hert
thay dreidit hunger, gash guest at the buird.
Tae aet the deid wairders wes aa thair ettle,   1090
mak maet o thaim at hed faa'n aathegither
tae weirmen's weird throu bluidy bargane.

75   Đa ic lungre gefrægn   leode tosomne
     burgwaru bannan.   Beornas comon,
     wiggendra þreat,   wicgum gengan,   1095
     on mearum modige,   mæðelhegende,
     æscum dealle.   Þa wæs eall geador
     to þam þingstede   þeod gesamnod.
     Leton him þa betweonum   taan wisian   [44r]
     hwylcne hira ærest   oðrum sceolde   1100
     to foddurþege   feores ongyldan;
     hluton hellcræftum,   hæðengildum
     teledon betwinum.   Đa se tan gehwearf
     efne ofer ænne   ealdgesiða,
     se wæs uðweota   eorla dugoðe,   1105
     heriges on ore.   Hraðe siððan wearð
     fetorwrasnum fæst,   feores orwena.
     Cleopode þa collenferhð   cearegan reorde,
     cwæð he his sylfes sunu   syllan wolde
     on æhtgeweald,   eaforan geongne,   1110
     lifes to lisse.   Hie ða lac hraðe
     þegon to þance.   Þeod wæs oflysted,
     metes modgeomre,   næs him to maðme wynn,
     hyht to hordgestreonum.   Hungre wæron
     þearle geþreatod,   swa se ðeodsceaða   1115
     reow ricsode.   Þa wæs rinc manig,
     guðfrec guma,   ymb þæs geongan feorh
     breostum onbryrded.   To þam beadulace
     wæs þæt weatacen   wide gefrege,
     geond þa burh bodad   beorne manegum,   1120
     þæt hie þæs cnihtes cwealm   corðre gesohton,
     duguðe ond eogoðe,   dæl onfengon
     lifes to leofne.   Hie lungre to þæs,
     hæðene herigweardas,   here samnodan
     ceastrewarena.   Cyrm upp astah   1125
     ða se geonga ongann   geomran stefne,
     gehæfted for herige,   hearmleoð galan,
     freonda feasceaft,   friðes wilnian.
     Ne mihte earmsceapen   are findan,
     freoðe æt þam folce,   þe him feores wolde,   1130
     ealdres geunnan.   Hæfdon æglæcan
     sæcce gesohte.   Sceolde sweordes ecg,   [44v]

75   Syne cam a summons (sae fowk hes telt me)
       tae the men o the burgh, belyve cam thair mingie.
       On cursours thay cam, a tropell o kemps,   1095
       crouse wi thair wappins, colloguin thegither.
       Whan aa wes forgether't and wan til the trystin-place,
       cavil thay cuist for wha wad be foremaist
       tae yield up his life as maet for the lave.
       Wi cantrips o Hell thay countit the stunks;   1100
       wi haithen ploys thay heild thegither.
       On ae heich heidsman syne fell the cavil,
       a counsellor kent 'mang the thrang o thanes,
       in fecht aye the foremaist. Fest wes he bunn,
       straucht and swippert, in wae and wanhope.   1105
       Skeerie he scraucht wi a scronach o fricht:
       his son he wad gie, his ain ying gillie,
       tae the grips o the host, tae haud his life sauf.
       Blythe did the weirmen accep the bodement.
       Aiverie war thay, yaup tae be aetin: 1110
       thay grein'd na for gowdies nor hainit gear,
       hunger gaed ower thaim, sair war thay hinner't;
       wi the fae o aa fowk thay war fair hauden doun.
       Nou mony a weirman, bauld in the bargane,
       Wes steir't in his breist for the deed o bangstrie—   1115
       the ying loun's life-stouth. Telt ower the toun
       wes the ill-willie ettle; kent tae the core
       hou ladrouns a mingie, heirs and hauflins,
       socht the lad's slauchter, his life for the lave.
       Swippert thay gaither't, the gairds o the temple,   1120
       the haithen helm; up raise thair rammy.
       Syne the gillie begoud, wi gramefu goller,
       tae cown and tae crune, beseikin his sauftie.
       Reft o remeid, fest bunn 'fore the mingie,
       the dule-weirdit feire nae mercy cuid finn,   1125
       nae beild frae the billies wha'd twyne him o braith.
       Fecht socht the faemen; the swurds' sherp edge,
       steive frae stour and bladdit wi bluid,
       in hatesome haun wad hale furth his life.

scerp ond scurheard,   of sceaðan folme,
fyrmælum fag,   feorh acsigan.

76   Ða þæt Andrea   earmlic þuhte,   1135
þeodbealo þearlic   to geðolianne,
þæt he swa unscyldig   ealdre sceolde
lungre linnan.   Wæs se leodhete
þrist ond þrohtheard.   Þrymman sceocan,
modige maguþegnas,   morðres on luste,   1140
woldon æninga,   ellenrofe,
on þam hysebeorðre   heafolan gescenan,
garum agetan.   Hine god forstod,
halig of hehðo,   hæðenum folce.
Het wæpen wera   wexe gelicost   1145
on þam orlege   eall formeltan,
þy læs scyldhatan   sceððan mihton,
egle ondsacan,   ecga þryðum.
Swa wearð alysed   of leodhete,
geong of gyrne.   Gode ealles þanc,   1150
dryhtna dryhtne,   þæs ðe he dom gifeð
gumena gehwylcum,   þara þe geoce to him
seceð mid snytrum.   Þær bið symle gearu
freod unhwilen,   þam þe hie findan cann.

77   Þa wæs wop hæfen   in wera burgum,   1155
hlud heriges cyrm.   Hreopon friccan,
mændon meteleaste,   meðe stodon,
hungre gehæfte.   Hornsalu wunedon,
weste winræced,   welan ne benohton
beornas to brucanne   on þa bitran tid,   1160
gesæton searuþancle   sundor to rune
ermðu eahtigan.   Næs him to eðle wynn.
Fregn þa gelome   freca oðerne:
"Ne hele se ðe hæbbe   holde lare,
on sefan snyttro!   Nu is sæl cumen,   1165
þrea ormæte,   is nu þearf mycel
þæt we wisfæstra   wordum hyran."

76 Ill seemed it tae Andro, a skaith sair tae thole,   1130
    Tae twine o his life sae saikless a loun.
    Fou ramsh wes the rangale, fleysome thair flistin,
    the campiouns crouse in bourachs cam breingin.
    Wi murther in myn luik't the kemps tae the callant;
    his heid thay wad stob; wi spear thay wad slaughter him.   1135
    But God the Halie Ane, heich abuin,
    frae the haithen ragabash beildit the haaflin.
    He bade thair wappins mowten like waux,
    sae's the ill-willie weirmen wi sherp-grunn swurds
    cuid gulliegaw nane in the brattle o bargane.   1140
    Sae wes he saufit frae malice and mavitie.
    Tae God be aa thank, for glore he will gie,
    the Lord o Lords, tae wichts wi the wyceheid
    tae seek frae him succour. Saucht ayebidin
    wi him is thare reddie for fowk at can rax til't.   1145

77 Nou rairin and greetin raise in the burgh,
    heich gowls frae the mingie, manes frae the heralds
    waementin the hunger, weariet thay stuid
    starvin and aiverie. Tuim wes the ale-house,
    the steive-gavel't haa; nae gear hed the hempies,   1150
    nae walth tae delyte in, on thon langsome day.
    Sinnert the wyce men sat tae consither
    thair dule: in thair dwallin wes nae mair o dafferie.
    Aft did ae stalwart speir at anither:
    "The wicht at hes wyceheid dern't in's hert,   1155
    or kynlie counsel, nae mair maun he smuir it!
    A time nou is come til's o teen and cummer;
    Tent we maun tak o wyce men's wirds."

78 Þa for þære dugoðe   deoful ætywde,   [45r]
    wann ond wliteleas,   hæfde weriges hiw.
    Ongan þa meldigan   morþres brytta,   1170
    hellehinca,   þone halgan wer
    wiðerhycgende,   ond þæt word gecwæð:
    "Her is gefered   ofer feorne weg
    æðelinga sum   innan ceastre,
    ellþeodigra,   þone ic Andreas   1175
    nemnan herde.   He eow neon gesceod
    ða he aferede   of fæstenne
    manncynnes ma   þonne gemet wære.
    Nu ge magon eaðe   oncyðdæda
    wrecan on gewyrhtum.   Lætað wæpnes spor   1180
    iren ecgheard,   ealdorgeard sceoran,
    fæges feorhhord.   Gað fromlice
    þæt ge wiðerfeohtend   wiges gehnægan."

79 Him þa Andreas   agef ondsware:
    "Hwæt, ðu þristlice   þeode lærest,   1185
    bældest to beadowe!   Wæst þe bæles cwealm,
    hatne in helle,   ond þu here fysest,
    feðan to gefeohte.   Eart ðu fag wið god,
    dugoða demend.   Hwæt, ðu deofles stræl,
    icest þine yrmðo.   De se ælmihtiga   1190
    heanne gehnægde,   ond on heolstor besceaf,
    þær þe cyninga cining   clamme belegde,
    ond þe syððan a   Satan nemdon,
    ða ðe dryhtnes a   deman cuðon."

80 Da gyt se wiðermeda   wordum lærde   1195
    folc to gefeohte,   feondes cræfte:
    "Nu ge gehyrað   hæleða gewinnan,
    se ðyssum herige mæst   hearma gefremede.
    Dæt is Andreas,   se me on fliteð
    wordum wrætlicum   for wera menigo."   1200

81 Da wæs beacen boden   burhsittendum.
    Ahleopon hildfrome   heriges brehtme
    ond to weallgeatum   wigend þrungon,

78   Syne cam Mahoun, and kyth't tae the mingie.
Ill-faur't and ugsome, blaik wes his blee.   1160
The makar o mavitie, hirpler o Hell,
in thir wirds wytit the halie hathill:
"Frae hyne-awa airts hes wan tae ye here
a faur-kent campioun o fremmit kin,
in the burgh nou bidin: Andro thay name him.   1165
Sairlie he skaith't ye whan out frae the shangies
mair men he led furth nor ye'd hae thocht fittin.
Vengeance ye'll hae nou on him at hes hairm'd ye:
eith can the swurd's straik, the haurd-edged airon,
lounder the lichame o the weirdit wicht.   1170
Gae bauldlie, and fell your fae in the bargane!"

79   Andro gied answer: "Hark nou, ye ill ane!
Raucle's the rede ye gie fowk tae geck thaim,
kittle thaim crouse tae gang bauld tae the bicker.
Pynin o Hell-fire ye ken, and ye come nou   1175
Tae caa thaim tae kempin. Ye're unfrein tae God,
the dempster o men. Ye flane o a feint,
ye but eik your ain ills! The Aamichty's chasteised ye,
fung'd ye tae mirk and bunn ye in chynes,
and aa thaim at's leal tae the law o the Lord,   1180
the Keing o Keings, for aye caa ye Sautan."

80   And stull he wylit the fowk tae fecht,
the ill-willie pyker, wi fient-like ploys:
"Your gainstaunder this, muckle skaith hes he duin ye,
Ye gome on him nou wha hauds malice tae your mingie: 1185
Andro it is at wad argie wi me,
Flyte wi fine wirds in the mids o the mardle."

81   This wes the sign at wes shawn tae the burghers,
and derf thay cam spangin tae the dirdum o stour.
Swythe tae the yetts the smarrach gaed thrangin,   1190

cene under cumblum,   corðre mycle   [45v]
to ðam orlege,   ordum ond bordum.   1205
Þa worde cwæð   weoroda dryhten,
meotud mihtum swið   sægde his magoþegne:
"Scealt ðu, Andreas,   ellen fremman!
Ne mið ðu for menigo,   ah þinne modsefan
staðola wið strangum!   Nis seo stund latu   1210
þæt þe wælreowe   witum belecgaþ,
cealdan clommum.   Cyð þe sylfne,
herd hige þinne,   heortan staðola,
þæt hie min on ðe   mægen oncnawan.
Ne magon hie ond ne moton   ofer mine est   1215
þinne lichoman,   lehtrum scyldige,
deaðe gedælan,   ðeah ðu drype þolige,
mirce manslaga.   Ic þe mid wunige."

82 Æfter þam wordum com   werod unmæte,
lyswe larsmeoðas,   mid lindgecrode,   1220
bolgenmode;   bæron ut hræðe
ond þam halgan þær   handa gebundon.
Siþþan geypped wæs   æðelinga wynn,
ond hie andweardne   eagum meahton
gesion sigerofne,   þær wæs sec manig   1225
on þam welwange   wiges oflysted
leoda duguðe.   Lyt sorgodon
hwylc him þæt edlean   æfter wurde.
Heton þa lædan   ofer landsceare,
ðragmælum teon,   torngeniðlan,   1230
swa hie hit frecnost   findan meahton.
Drogon deormodne   æfter dunscræfum,
ymb stanhleoðo,   stærcedferþne,
efne swa wide swa   wegas to lagon,
enta ærgeweorc,   innan burgum,   1235
stræte stanfage.   Storm upp aras
æfter ceasterhofum,   cirm unlytel
hæðnes heriges.   Wæs þæs halgan lic
sarbennum soden,   swate bestemed,
banhus abrocen.   Blod yðum weoll,   1240
hatan heolfre.   Hæfde him on innan   [46r]
ellen untweonde,   wæs þæt æðele mod

an ondeimous brangle, bauld tae the bicker,
wi brattachs abuin thaim, wi braidswurds and sheils.
Syne spak the Lord, strang in his micht,
the Wardane o weirmen gied wird tae his servan:
"Andro, bauld ye maun beir yoursel nou.   1195
Hide nocht frae the bourach, but mak your hert siccar,
and steive agin seyals. Suin comes the time
when the fell anes sall pyne ye, wi cauld fetters binn ye.
Mak yoursel kent nou, and heise up your hert,
Sae's in you my maucht sall kythe tae the mingie.   1200
Thay maunna and canna, for aa thair mavitie,
conter my will, gie ower your corp
tae pynin and daith. Tho dirds ye thole
and waesome beffs, wi ye I'll bide."

82   Efter thon wirds cam a wappin clanjamfrie,   1205
     teachers o fauset and faemen wi targes,
     thair herts fu o hatrent. Thay haik't him out swippert,
     and yirkit the hauns o the halie wicht,
     as suin's thay cuid see thon brawest o campiouns,
     behaud the stalwart in sicht o thair een.   1210
     Mony a kemp amang thon mingie
     wes mangin tae fecht on the field o slauchter.
     Little thay reck't o thair fairin tae folla!
     Thay bade him be ruggit, thon breme bangsters,
     time and again, alang the grunn: 1215
     weys fell and dispitefu thay funn tae pyne him.
     Ower heuchs thay harl't the haill-hertit wicht,
     throu weems o whunstane, ower clinty clifts,
     as faur afeild as the gaits cuid gang,
     and intil the ceitie, glentin wi jowels,   1220
     wrocht by giants. Syne raise a reird
     in the beilds o the burgh, a michty stramash
     frae the haithen host. The halie man's corp
     wes sairlie skaith't, bladdit wi bluid;
     his banes war braken; out cam buckin   1225
     the het reid bluid. But he heild in his hert
     hardiment stalwart; the saul o thon hathill
     wes twynit frae sin, tho sair war the pynes

asundrad fram synnum, þeah he sares swa feala
deopum dolgslegum   dreogan sceolde.
Swa wæs ealne dæg   oððæt æfen com   1245
sigetorht swungen.   Sar eft gewod
ymb þæs beornes breost,   oðþæt beorht gewat
sunne swegeltorht   to sete glidan.
Læddan þa leode   laðne gewinnan
to carcerne.   He wæs Criste swa þeah   1250
leof on mode.   Him wæs leoht sefa
halig heortan neh,   hige untyddre.

83   Þa se halga wæs   under heolstorscuwan,
eorl ellenheard,   ondlange niht
searoþancum beseted.   Snaw eorðan band   1255
wintergeworpum.   Weder coledon
heardum hægelscurum,   swylce hrim ond forst,
hare hildstapan,   hæleða eðel
lucon, leoda gesetu.   Land wæron freorig
cealdum cylegicelum,   clang wæteres þrym   1260
ofer eastreamas,   is brycgade
blæce brimrade.   Bliðheort wunode
eorl unforcuð,   elnes gemyndig,
þrist ond þrohtheard   in þreanedum
wintercealdan niht.   No on gewitte blon,   1265
acol for þy egesan,   þæs þe he ær ongann,
þæt he a domlicost   dryhten herede,
weorðade wordum,   oððæt wuldres gim
heofontorht onhlad.   Ða com hæleða þreat
to ðære dimman ding,   duguð unlytel,   1270
wadan wælgifre   weorodes brehtme.
Heton ut hræðe   æðeling lædan
in wraðra geweald,   wærfæstne hæleð.
Ða wæs eft swa ær   ondlangne dæg   [46v]
swungen sarslegum.   Swat yðum weoll   1275
þurh bancofan,   blodlifrum swealg,
hatan heolfre.   Hra weorces ne sann,
wundum werig.   Þa cwom wopes hring
þurh þæs beornes breost,   blat ut faran,
weoll waðuman stream,   ond he worde cwæð: 1280

he bude tae dree frae his deep-gaigit gaws.
And the haill day lang, frae daw til doungang,   1230
the derf ane wes dungin; stouns gaed stangin
the campioun's corp, or the skyrie sun,
alowe in the lift, smoul't doun tae settin.
Syne the fowk ruggit the faeman thay feared
tae the kittie. But Christ heild him fain in his hert;   1235
lichtsome his muid wes, halie his saul,
nae thocht o switherin cam til his myn.

83   The haill nicht lang, thon halie wicht
wi wycelike thochts wes rinkit roun,
as mirkness scuggit the mauchty weirman.   1240
Snaw bunn the yird wi wintry blufferts,
the lift gat cauld wi clinty hailstanes,
cranreuch and frost like lyart fechters
hapshackl't aa the hames o men.
Ice-shoggles gart the haill grunn chitter,   1245
walterin watters stuid hard and still,
the burns war bunn wi brigs o ice.
Mirkie in hert bade the maikless kemp,
aye unabaisit and bauld in his myn,
tholin aa threits the snell nicht throu.   1250
Ne'er did he dachle, for dreidour nor scar,
frae the darg he hed set til, ruisin the Lord,
wi winnersome wirds upraisin his worth,
or the warld's gowden cannle kyth't in its glore.
Syne cam a mingie, nae smaa mardle,   1255
wi the dirdum o weir tae the daurksome dungeon,
furrit thay cam, furthie for slauchter.
Swythe out thay haikit the halie hathill,
the liegeman leal, tae the faemen's danger.
Aa day he wes dungin, as wes duin afore,   1260
screingit wi straiks. His bluid cam strintlin,
walterin het ower his haill bouk.
Wi skaiths forfochen, he funn nae easement.
And the soun o a sab brist out frae his breist,
tears trintl't doun, clair 'mang the reid,   1265
and the waefu weirman spak thir wirds:

84   "Geseoh nu, dryhten god,   drohtað minne,
weoruda willgeofa!   þu wæst ond const
anra gehwylces   earfeðsiðas.
Ic gelyfe to ðe,   min liffruma,
þæt ðu mildheort me   for þinum mægenspedum,   1285
nerigend fira,   næfre wille,
ece ælmihtig,   anforlætan,
swa ic þæt gefremme,   þenden feorh leofað,
min on moldan,   þæt ic, meotud, þinum
larum leofwendum   lyt geswice.   1290
Þu eart gescyldend   wið sceaðan wæpnum,
ece eadfruma,   eallum þinum;
ne læt nu bysmrian   banan manncynnes,
facnes frumbearn,   þurh feondes cræft
leahtrum belecgan   þa þin lof berað."   1295

85   Ða ðær ætywde   se atola gast,
wrað wærloga.   Wigend lærde
for þam heremægene   helle dioful
awerged in witum,   ond þæt word gecwæð:
"Sleað synnigne   ofer seolfes muð,   1300
folces gewinnan!   Nu to feala reordaþ."
Þa wæs orlege   eft onhrered,
niwan stefne.   Nið upp aras
oþðæt sunne gewat   to sete glidan
under niflan næs.   Niht helmade,   1305
brunwann oferbræd   beorgas steape,
ond se halga wæs   to hofe læded,
deor ond domgeorn,   in þæt dimme ræced;
sceal þonne in neadcofan   nihtlangne fyrst
wærfæst wunian   wic unsyfre.   1310

86   Þa com seofona sum   to sele geongan,
atol æglæca   yfela gemyndig,   [47r]
morðres manfrea   myrce gescyrded,
deoful deaðreow   duguðum bereafod,
ongan þa þam halgan   hospword sprecan: 1315
"Hwæt hogodest ðu, Andreas,   hidercyme þinne
on wraðra geweald?   Hwæt is wuldor þin,
þe ðu oferhigdum   upp arærdest,
þa ðu goda ussa   gild gehnægdest?

84   "See hou I fare nou, Faither in Heiven,
      Wardane o airmies! Weel daes Thou ken
      the dule and the wae at aa men maun dree.
      I lippen on Thee, wha shapit my life,   1270
      Sauviour o men, aamichty, ayebidin,
      at Thou in Thy maucht and Thy mercy eternal
      will never forleit me; and aye while life bides in me
      steive will I beir mysel, scantlins misgaein
      Thy gracie counsels. Ayebidin bestower,   1275
      Thou fenns aa Thy fowk frae the wappins o faemen:
      lat na Man's murtherer, maister o mavitie,
      murgeon and pyne wi deivilish pouer
      aa thaim wha uphaud your glore and your praise."

85   Nou kyth't tae the core thon gruesome gaist,   1280
      thon dowie culroun damn't wi hatrent,
      the deil frae Hell; and he rede the rangale,
      fornenst the weirmen he spak thir wirds:
      "Gowph thon sinner richt on his grunzie:
      the ill-willie innimy's gabbin ower muckle!"   1285
      And ae mair time upraise the tuilie,
      dirdum and sturt or the sun gaed doun,
      settin ahint the heich stey ness.
      Mirkie nicht scuggit the mountains,
      the clinty craigs; and the halie hathill,   1290
      bauld and heich-bendit, wes brocht tae the biggin.
      In thon daurk dungeon, frozen and fousome,
      maun the leal wicht bide the lenth o the nicht.

86   Syne cam Mahoun, wi seiven deils mair,
      tae the haa: thon hatefu ane, mynfu o mavitie,   1295
      happit in mirk, tae aa truith tint.
      He spak tae the halie man, giein him snash:
      "Whit did ye think it wad win ye, Andro,
      pittin yoursel in the pouer o your faes?
      Whaur nou's the glore at ye gaunged o sae muckle,   1300
      whan ye thocht tae thring doun the pride o our gods?

Hafast nu þe anum　　　eall getihhad　　　　　　　1320
land ond leode,　　　swa dyde lareow þin.
Cyneþrym ahof,　　　þam wæs Crist nama,
ofer middangeard,　　　þynden hit meahte swa.
Þone Herodes　　　ealdre besnyðede,
forcom æt campe　　　cyning Iudea,　　　　　　1325
rices berædde,　　　ond hine rode befealg,
þæt he on gealgan　　　his gast onsende.
Swa ic nu bebeode　　　bearnum minum,
þegnum þryðfullum,　　　ðæt hie ðe hnægen,
gingran æt guðe.　　　Lætað gares ord,　　　　　1330
earh ættre gemæl,　　　in gedufan
in fæges ferð.　　　Gað fromlice,
ðæt ge guðfrecan　　　gylp forbegan."

87　Hie wæron reowe,　　　ræsdon on sona
gifrum grapum.　　　Hine god forstod,　　　　1335
staðulfæst steorend,　　　þurh his strangan miht.
Syððan hie oncneowon　　　Cristes rode
on his mægwlite,　　　mære tacen,
wurdon hie ða acle　　　on þam onfenge,
forhte, afærde,　　　ond on fleam numen.　　　1340
Ongan eft swa ær　　　ealdgeniðla,
helle hæftling,　　　hearmleoð galan:
"Hwæt wearð eow swa rofum,　　　rincas mine,
lindgesteallan,　　　þæt eow swa lyt gespeow?"

88　Him þa earmsceapen　　　agef ondsware,　　　1345
fah fyrnsceaþa,　　　ond his fæder oncwæð:
"Ne magan we him lungre　　　lað ætfæstan,　　　[47v]
swilt þurh searwe.　　　Ga þe sylfa to!
þær þu gegninga　　　guðe findest,
frecne feohtan,　　　gif ðu furður dearst　　　1350
to þam anhagan　　　aldre geneðan.
We ðe magon eaðe,　　　eorla leofost,
æt þam secgplegan　　　selre gelæran;
ær ðu gegninga　　　guðe fremme,
wiges woman,　　　weald, hu ðe sæle　　　1355
æt þam gegnslege.　　　Utan gangan eft,
þæt we bysmrigen　　　bendum fæstne,
oðwitan him his wræcsið.　　　Habbað word gearu
wið þam æglæcan　　　eall getrahtod!"

Nou ye hae claimed for yoursel alane
aa the kintra and fowk, as sae did your Lord
wha caa'd himsel Christ: a Keing's pouer he heistit
ower lann and sea—for as lang as he cuid. 1305
Keing Herod o Jewry pat him in jeopardie,
dung him doun, reft him o realm and life baith,
duim'd him tae dee on the Cross on Calvary,
senn furth his spreit on the tree o dule.
Sae my bairns I bid nou, my mauchty fechters 1310
and valiant weirmen, tae vanquiss ye.
Lat pynt o spear and pousion't arra
thirl the corp o the weirdit kemp:
gae crouse, and cowp the bauld ane's blawin.''

87   Bowsterous thay war; swippert thay breing't 1315
wi aiverie grups. But God stuid afore him,
the steidfast Gaird wi his michty strenth.
On his face thare schane the Cross o Christ,
a skyrie sign; and as sune's thay saw't,
comin tae set on him, scar cleikit thaim, 1320
and fleggit and feart, thay tuke thair flicht.
The auld Innimy, hauden in Hell,
yokit aince mair tae sing o sorra:
"Whit befell ye, my fechters sae bauld,
My feires in stour, at ye cam sic ill speed?'' 1325

88   A donsie deil, sen langsyne laithlie,
ran't till his faither and gied him rebat:
"Nae mair can we skaith him, nor wark him mavitie,
gaw him wi slicht. Gang til't yoursel!
Bargane frichtsome and bensil ye'll finn thare 1330
bedein, gin ye daur for aince mair ettle
tae haizart your life agin thon lane man!
Eith can we wyce ye, worthiest o wichts,
o skeilier ploys for the play o swurds,
afore tae the fecht ye rin ram-stam 1335
and raise war's reird, never heedin the affcome.
Lat's back til him nou and mak him a bauchle,
dountak his dule as he bides hapshackl't,
dunch at the warlock wi weel-thocht wirds!''

89   Þa hleoðrade   hludan stefne,   1360
      witum bewæled,   ond þæt word gecwæð:
      "Þu þe, Andreas,   aclæccræftum
      lange feredes!   Hwæt, ðu leoda feala
      forleolce ond forlærdest!   Nu leng ne miht
      gewealdan þy weorce.   Þe synd witu þæs grim   1365
      weotud be gewyrhtum.   Þu scealt werigmod,
      hean, hroðra leas,   hearm þrowigan,
      sare swyltcwale.   Secgas mine
      to þam guðplegan   gearwe sindon,
      þa þe æninga   ellenweorcum   1370
      unfyrn faca   feorh ætþringan.
      Hwylc is þæs mihtig   ofer middangeard,
      þæt he þe alyse   of leoðubendum,
      manna cynnes,   ofer mine est?"

90   Him þa Andreas   agef ondsware: 1375
      "Hwæt, me eaðe   ælmihtig god,
      niða neregend,   se ðe in niedum iu
      gefæstnode   fyrnum clommum!
      þær ðu syððan a,   susle gebunden,   [48r]
      in wræc wunne,   wuldres blunne,   1380
      syððan ðu forhogedes   heofoncyninges word.
      Þær wæs yfles or,   ende næfre
      þines wræces weorðeð.   Ðu scealt widan feorh
      ecan þine yrmðu.   Þe bið a symble
      of dæge on dæg   drohtaþ strengra."   1385
      Ða wearð on fleame   se ðe ða fæhðo iu
      wið god geara   grimme gefremede.

91   Com þa on uhtan   mid ærdæge
      hæðenra hloð   haliges neosan
      leoda weorude.   Heton lædan ut   1390
      þrohtheardne þegn   þriddan siðe,
      woldon aninga   ellenrofes
      mod gemyltan.   Hit ne mihte swa!
      ða wæs niowinga   nið onhrered,
      heard ond hetegrim.   Wæs se halga wer   1395
      sare geswungen,   searwum gebunden,
      dolgbennum þurhdrifen,   ðendon dæg lihte.

89   Syne Mahoun wi a muckle skraich   1340
        spak thir wirds throu his weirdit pynes:
        "Lang hae ye mell't wi magic ploys,
        and mony a saul hae ye swick't and mislippent.
        Andro, yon darg is duin wi and ower!
        Pynes is promiss't ye, weel-wared by your warks.   1345
        Dowie in hert, tae your dule nae easement,
        hairms ye'll dree, and the stangs o daith.
        Yare for the stour my weirmen staund,
        thay winna tak lang tae connach your life
        wi thair pauchtie ploys. Wha in this warld   1350
        'mang mankyn's bairns is o maucht sae meikle
        tae lowse ye frae chynes, gin I dinna lat it?"

90   Syne did Andro gie him this answer:
        "Wha? The Aamichty, the Sauviour o men!
        Me He'll lowse eithlie: you, langsyne   1355
        fest did He binn in fiery fetters,
        and aye hae ye bade thare, waesomelie wappit,
        gaun as a gangrel, frae glore hauden out,
        sen ye lichtlied the law o the Keing o Heiven.
        Thon wes the affset o aa ill things;   1360
        the enn o your exile ne'er sall ye see.
        Aye sall ilk day bring eiks tae your dule,
        sairer and sairer the weird ye maun dree."
        And the deil wha langsyne hed striven wi God
        in felloun bargane, gaed fleein awa.   1365

91   Syne cam at dawin, first licht o day,
        the haithen tropell, a hotter o louns
        seekin the halie man. Out thay haik't him,
        a third time ruggin the tholemuid thane.
        His douchty hert thay thocht tae daunton   1370
        eenou: but that cuid never be!
        Yae time mair wes thair hatrent up-heisit,
        ramsh and wraikfu. Sairlie the sanct
        wes dungin, derfly his banns war drauchtit,
        aa the day throu he wes thirlit wi stugs.   1375

Ongan þa geomormod   to gode cleopian,
heard of hæfte,   halgan stefne
weop werigferð,   ond þæt word gecwæð: 1400

92   "Næfre ic geferde   mid frean willan
under heofonhwealfe   heardran drohtnoð,
þær ic dryhtnes æ   deman sceolde.
Sint me leoðu tolocen,   lic sare gebrocen,
banhus blodfag,   benne weallað,   1405
seonodolg swatige.   Hwæt, ðu sigora weard,
dryhten hælend,   on dæges tide
mid Iudeum   geomor wurde
ða ðu of gealgan,   god lifigende,
fyrnweorca frea,   to fæder cleopodest,   1410
cininga wuldor,   ond cwæde ðus:
'Ic ðe, fæder engla,   frignan wille,
lifes leohtfruma,   hwæt forlætest ðu me?'
Ond ic nu þry dagas   þolian sceolde
wælgrim witu.   Bidde ic, weoroda god,   1415
þæt ic gast minne   agifan mote,   [48v]
sawla symbelgifa,   on þines sylfes hand.
Đu ðæt gehete   þurh þin halig word,
þa ðu us twelfe   trymman ongunne,
þæt us heterofra   hild ne gesceode,   1420
ne lices dæl   lungre oððeoded,
ne synu ne ban   on swaðe lagon,
ne loc of heafde   to forlore wurde,
gif we þine lare   læstan woldon.
Nu sint sionwe toslopen,   is min swat adropen,   1425
licgað æfter lande   loccas todrifene,
fex on foldan.   Is me feorhgedal
leofre mycle   þonne þeos lifcearo."

93   Him þa stefn oncwæð,   stiðhycgendum,
wuldorcyninges   word hloðrode: 1430
"Ne wep þone wræcsið,   wine leofesta,
nis þe to frecne.   Ic þe friðe healde,
minre mundbyrde   mægene besette.

Forniaw'd and forfochen, weariet and wauch,
the kempie begoud tae caa out on God.
Gracie the wirds he spak waementin:

92   "Never, aneth the vowt o Heiven,
sae dulie a weird hae I hed tae dree,   1380
throu the will o God, whase Gospel I preach!
Rax't are my liths, my lire sair riven,
bluid-tash't my body wi reid-wat wounds,
gaws rinnin gore. You, Keing o Glory,
Sauviour o men, for jist ae day's space   1385
made mane and murnin amang the Jews,
whan ye caa'd frae the Cross tae the leivin God,
the Faither o Angels, the Lord o Creation,
and spak thir wirds: "I speir o Ye,
Faither, Founer o life and licht,   1390
Whit wey hae ye forleiten me?"
Three days nou hae I hed tae thole
o deidlie dingin. Drychtin, I pray ye,
Hero o Hosts, Nourischer o Sauls,
at nou come the hour whan I gie ower my spreit   1395
intae Your haun. Your halie wird hecht us,
the Twal, whan ye gied us hertenin and hardiment,
we ne'er wad be skaith't wi the fell stour o faemen;
nae bargane wad sned the spauls frae our bouks,
nor sinnen nor bane be swapp't tae the yird,   1400
nor link nor locker be tint frae our heids,
as lang as we leiv'd in the licht o Your teachin.
My brans nou are riven, my bluid doun rinnin,
the birse o my heid gaes blawin ower the mouls.
Faur leifer I war my life tae pit bye,   1405
nor bide in sic pynes o corp and spreit."

93   Syne spak tae the stalwart the vyce o the Lord.
The wirds o the Warld's Sauviour cam stounin:
"Leifest o marras, murn-na your seyals:
for the fousion at's yours, thay arena ower fell.   1410
In sauftie I haud ye; in my strenth I bield ye.

Me is miht ofer eall,
sigorsped geseald.   Soð þæt gecyðeð   1435
mænig æt meðle   on þam myclan dæge,
þæt ðæt geweorðeð,   þæt ðeos wlitige gesceaft,
heofon ond eorðe,   hreosaþ togadore,
ær awæged sie   worda ænig
þe ic þurh minne muð   meðlan onginne.   1440
Geseoh nu seolfes swæðe,   swa þin swat aget
þurh bangebrec   blodige stige,
lices lælan.   No þe laðes ma
þurh daroða gedrep   gedon motan,
þa þe heardra mæst   hearma gefremedan."   1445

94   Þa on last beseah   leoflic cempa
        æfter wordcwidum   wuldorcyninges.
        Geseh he geblowene   bearwas standan
        blædum gehrodene,   swa he ær his blod aget.
        Ða worde cwæð   wigendra hleo: 1450
        "Sie ðe ðanc ond lof,   þeoda waldend,
        to widan feore   wuldor on heofonum,
        ðæs ðu me on sare,   sigedryhten min,   [49r]
        ellþeodigne,   an ne forlæte."

95   Swa se dædfruma   dryhten herede   1455
        halgan stefne   oððæt hador sægl
        wuldortorht gewat   under waðu scriðan.
        Þa þa folctogan   feorðan siðe,
        egle ondsacan,   æðeling læddon
        to þam carcerne,   woldon cræfta gehygd,   1460
        magorædendes   mod oncyrran
        on þære deorcan niht.   Þa com dryhten god
        in þæt hlinræced,   hæleða wuldor,
        ond þa wine synne   wordum grette
        ond frofre gecwæð,   fæder manncynnes,   1465
        lifes lareow,   heht his lichoman
        hales brucan: "Ne scealt ðu in henðum a leng
        searohæbbendra   sar þrowian."

Rule ower aa things by richt divine
is gien tae me. On the great Day o Jidgement
sall mony mak kent, and siccarlie sweir til't,
that aa this braw warld, lift and mouls baith,   1415
sall be torfelt and tint afore wird o mine,
frae my mou spoken, be sauntit awa.
See nou til the road whaur a reid-wat steid
wes bladdit wi bluid frae your banes' brakin,
frae your corp's bruisin. Nae mair can thay mittle ye   1420
wi straik o spear, tho the skaiths thay hae duin
war the sairest and snellest o aa the warld's wrangs."

94 Sae he luikit ahint him, the weel-loe'd hathill,
    obeyin the Keing o Glory's biddin,
    and saw thare growean wuids in blossom,   1425
    bricht wi flouers, whaur his bluid hed faa'n.
    And the bielder o fechters spak thir wirds:
    "Aa thanks and aa ruisins, Ruler o Nations,
    And glory ayebidin in Heiven be gien tae Thee,
    sen Thou, Lord o Victories, hesna forleiten me   1430
    alane, dreein dule amang fremmit fowk."

95 Sae did the hero, wi halie vyce,
    gie hailsin tae God, or the sun glaide doun,
    skyrilie glentin, aneth the swaws.
    And nou cam the heidsmen, felloun hempies: 1435
    a fowert time the hathill thay haik't tae the kittie.
    Wi mauchty ettle, thay thocht tae confoun
    the myn o the kemp in the mirk o nicht.
    Nou God the Drychtin cam tae the dungeon,
    the Lord and Faither, the Founer o life,   1440
    the Wardane o weirmen, and spak thir wirds
    tae hailse his feire wi a hecht o solace,
    biddin him bruik his bouk in heill:
    "Nevermair, nou, maun ye dree the pynes,
    the skaithins sair frae the stangs o faemen."   1445

96   Aras þa mægene rof,   sægde meotude þanc,
      hal of hæfte   heardra wita.   1470
      Næs him gewemmed wlite,   ne wloh of hrægle
      lungre alysed,   ne loc of heafde,
      ne ban gebrocen,   ne blodig wund
      lice gelenge,   ne laðes dæl,
      þurh dolgslege   dreore bestemed,   1475
      ac wæs eft swa ær   þurh þa æðelan miht
      lof lædende,   ond on his lice trum.

97   Hwæt, ic hwile nu   haliges lare,
      leoðgiddinga,   lof þæs þe worhte,
      wordum wemde,   wyrd undyrne   1480
      ofer min gemet.   Mycel is to secganne,
      langsum leornung,   þæt he in life adreag,
      eall æfter orde.   Þæt scell æglæwra
      mann on moldan   þonne ic me tælige
      findan on ferðe,   þæt fram fruman cunne   1485
      eall þa earfeðo   þe he mid elne adreah,
      grimra guða.   Hwæðre git sceolon   [49v]
      lytlum sticcum   leoðworda dæl
      furður reccan.   Þæt is fyrnsægen,
      hu he weorna feala   wita geðolode,   1490
      heardra hilda,   in þære hæðenan byrig.

98   He be wealle geseah   wundrum fæste
      under sælwage   sweras unlytle,
      stapulas standan,   storme bedrifene,
      eald enta geweorc.   He wið anne þæra,   1495
      mihtig ond modrof,   mæðel gehede,
      wis, wundrum gleaw,   word stunde ahof:
      "Geher ðu, marmanstan,   meotudes rædum,
      fore þæs onsyne   ealle gesceafte
      forhte geweorðað,   þonne hie fæder geseoð   1500
      heofonas ond eorðan   herigea mæste
      on middangeard   mancynn secan.
      Læt nu of þinum staþole   streamas weallan,
      ea inflede,   nu ðe ælmihtig
      hateð, heofona cyning,   þæt ðu hrædlice   1505
      on þis fræte folc   forð onsende

96   Up syne raise Andro, apert and pauchtie:
        sain't o his gaws, tae God he gied thank.
        Nae fylin o's fairheid; the selvedge o's sark
        wes on-ruggit, nae a locker wes riven frae's heid,
        nae bane wes braken, nae bluidy gulliegaw   1450
        kyth't on his corp; nae kyn o skaith
        frae warlock straik wes wat wi reid,
        but hale and feire he wes, nou as afore,
        and giein praise throu the pouer o the Lord.

97   Hark! For a while ye hae hard me set furth   1455
        in bardrie braw the Sang o Sanct Andro,
        and ruise his warks—a weel-kent tale.
        Thare muckle tae say: tae tell aa frae the affset
        o his lang-bidin lear, and his life's skair o seyals,
        my skeil wad owergang. Some man on the mouls   1460
        mair learit nor me in the law o the Lord
        sall finn in his hert at he kens the fou story
        o aa the skaiths, the fell strauchles
        at Andro dreed, sae derf and douchty.
        Houbeit, thare a bittock at bude be telt yet;   1465
        a tae's lenth mair maun my musardrie tak ye.

98   Auld is the tale o Andro's pynes,
        o the swarrach o skaiths and bowsterous stours
        at he bude tae dree in thon haithen burgh.
        He saw, staundin thare steive by the waa,   1470
        gawsey columns, pellars sae wechty,
        dung by the wather, auld wark o giants.
        Wyce and wylie, mauchty and mettlesome,
        he spak tae ane o thaim, straucht he said furth:
        "Ye marmor, tak tent o a tellin frae God!   1475
        The haill o Creation sall courie in fricht
        frae the face o the Faither o Heiven and Earth,
        whan thay see him comin tae seek mankyn
        on the mouls, wi his mingie skyrie and splendant.
        Gar a flude brist furth frae your siccar foun,   1480
        walterin watters! Sae the Lord bids ye,

wæter widrynig   to wera cwealme,
geofon geotende.   Hwæt, ðu golde eart,
sincgife, sylla!   On ðe sylf cyning
wrat, wuldres god,   wordum cyðde   1510
recene geryno,   ond ryhte æ
getacnode   on tyn wordum,
meotud mihtum swið.   Moyse sealde,
swa hit soðfæste   syðþan heoldon,
modige magoþegnas,   magas sine,   1515
godfyrhte guman,   Iosua ond Tobias.
Nu ðu miht gecnawan   þæt þe cyning engla
gefrætwode   furður mycle
giofum geardagum   þonne eall gimma cynn.
Þurh his halige hæs   þu scealt hræðe cyðan   1520
gif ðu his ondgitan   ænige hæbbe."

99   Næs þa wordlatu   wihte þon mare
      þæt se stan togan.   Stream ut aweoll,   [50r]
      fleow ofer foldan.   Famige walcan
      mid ærdæge   eorðan þehton,   1525
      myclade mereflod.   Meoduscerwen wearð
      æfter symbeldæge,   slæpe tobrugdon
      searuhæbbende.   Sund grunde onfeng,
      deope gedrefed.   Duguð wearð afyrhted
      þurh þæs flodes fær.   Fæge swulton,   1530
      geonge on geofene   guðræs fornam
      þurh sealtne weg.   Þæt wæs sorgbyrþen,
      biter beorþegu.   Byrlas ne gældon,
      ombehtþegnas.   Þær wæs ælcum genog
      fram dæges orde   drync sona gearu.   1535
      Weox wæteres þrym.   Weras cwanedon,
      ealde æscberend.   Wæs him ut myne
      fleon fealone stream,   woldon feore beorgan,
      to dunscræfum   drohtað secan,
      eorðan ondwist.   Him þæt engel forstod,   1540
      se ða burh oferbrægd   blacan lige,
      hatan heaðowælme.   Hreoh wæs þær inne
      beatende brim.   Ne mihte beorna hloð

the Keing o Heiven. Haste ye tae tuim
a wide-spreidin spate, and owerfleitin sea,
tae connach thir felloun fowk's haill clanjamfrie.
Aye, gretter are ye nor fair gifts o gowd,   1485
for on siccan a stane screivit the Keing,
the God o glore, and gied furth the wird,
the winnersome saicret. In sentences ten
his law maist true the Lord gart kythe,
the michty Keing tae Moses gied it;   1490
and aa His marras and mauchty weirmen
hae heild it suitfastlie ever sinsyne,
God-fearin backmen: Joshua, Tobias.
Nou maun ye ken at the Keing o Angels
by His halie biddin, in hyne-awa days   1495
buskit ye brawer, fairer by far,
nor jowel or gemstane. Nou swippertlie shaw
whit kennin ye hae o the Halie Ane's pouer!"

99   Nae affpit ava! The stane sinnert,
      the spate cam gurgein, fluidin the grunn;   1500
      the faemin swaws smuirit the yird
      at the dawin o day, and aye the surge spreid.
      Efter the feast day syne cam a fear-day;
      men graith't in thair gear awauk't wi a gliff.
      The walterin watters, steir't up frae the deeps,   1505
      dernit the warld; frichtit and fey
      wi the flude's onding, the weirmen died.
      The callants war connacht, swurl't awa
      tae the sauty spase. A sorrafu waucht,
      an attery ale-sowp, hed the haithen thon day.   1510
      Swythe cam the sumlars, servans war yare,
      fae the dawin, aa men hed drink enew.
      Mair and mair strang wox the micht o the watters.
      Sair wes the mane o the auld spear-beirars,
      fain wad thay flicht frae the fell broun spate;   1515
      ettlin aiverie tae bide on life
      thay socht for a beild 'mang weems in the bens,
      or a sauf steid tae bide in ablow the mouls.
      An angel, owerspreidin the burgh wi bleeze,
      wi leamin lowe and gurgein glame,   1520

of þam fæstenne   fleame spowan.
Wægas weoxon,   wadu hlynsodon,   1545
flugon fyrgnastas,   flod yðum weoll.
Ðær wæs yðfynde   innan burgum
geomorgidd wrecen.   Gehðo mændan
forhtferð manig,   fusleoð golon.
Egeslic æled   eagsyne wearð,   1550
heardlic hereteam,   hleoðor gryrelic.
Þurh lyftgelac   leges blæstas
weallas ymbwurpon,   wæter mycladon.

100   Þær wæs wop wera   wide gehyred,
      earmlic ylda gedræg.   Þa þær an ongann,   1555
      feasceaft hæleð,   folc gadorigean,
      hean, hygegeomor,   heofende spræc:
      "Nu ge magon sylfe   soð gecnawan,
      þæt we mid unrihte   ellþeodigne
      on carcerne   clommum belegdon,   1560
      witebendum.   Us seo wyrd scyðeð,   [50v]
      heard ond hetegrim.   Þæt is her swa cuð,
      is hit mycle selre,   þæs þe ic soð talige,
      þæt we hine alysan   of leoðobendum,
      ealle anmode,   (ofost is selost),   1565
      ond us þone halgan   helpe biddan,
      geoce ond frofre.   Us bið gearu sona
      sybb æfter sorge,   gif we secaþ to him."

101   Þa þær Andrea   orgete wearð
      on fyrhðlocan   folces gebæro,   1570
      þær wæs modigra   mægen forbeged,
      wigendra þrym.   Wæter fæðmedon,
      fleow firgendstream,   flod wæs on luste,
      oþþæt breost oferstag,   brim weallende,
      eorlum oð exle.   Þa se æðeling het   1575
      streamfare stillan,   stormas restan
      ymbe stanhleoðu.   Stop ut hræðe
      cene collenferð,   carcern ageaf,

heild thaim awa frae't. Derf-like dunch't
the walterin sweel. The tropell o weirmen
cuid naeweys manage tae jouk frae the massymore.
The swaws gaed spreidin, rummlin and reirdin;
fire-gleids war fleein, flude-rugs roilin.   1525
Eith tae hear, aa throu the burgh,
war dowie dirgies, sairie daith-sangs;
mony a man in dout and dreidour
sair waementit his wanfortune.

100   The frichtsome firelicht leam't in thair een,   1530
      waesome wastage, dreidfu dindeirie;
      blawn throu the lift, the blast o the lowes
      girdit the waas, and mair grew the watters.
      Faur and wide war waements tae hear,
      men's dowie murnin. Ae sairie wicht   1535
      syne begoud thare tae gether the fowk;
      gramefu in hert he spak throu his greetin:
      "Weel, nou, the suith ye can see and ken it:
      wrangouslie flung we thon fremmit cheil
      intae the kittie and cummer't him wi chynes,   1540
      wi felloun fetters. Weird maks us wae,
      derf and demainin: apert is't nou!
      Suithlie I say tae ye, siccar't war better
      gin we lowse his limbs belyve frae the banns.
      'T war guid tae dae't swippert and aa o us greein,   1545
      and fleitch o the halie ane help tae gie us,
      concilement and confort. Seil efter sorra
      suin will come til's, gin we seek it frae him."

101   Nou Andro kent, clair in his hert,
      hou the fowk war farin and whit wes thair ettle.   1550
      The pauchtie anes' pride, the kempies' crouseness
      wes aa cuissen doun. The watters spreid wide,
      the swaws war jowein in aiverie spate,
      till the roilach watters raise tae the breists
      and abuin, tae the shouthers, o the bauld fechters.   1555
      And the hathill bade the bullerin fludes
      tae dill doun, and the dysters tae lown
      roun the clinty craigs. Stalwart, stout-hertit,

gleawmod, gode leof.   Him wæs gearu sona
þurh streamræce   stræt gerymed.   1580
Smeolt wæs se sigewang,   symble wæs dryge
folde fram flode,   swa his fot gestop.
Wurdon burgware   bliðe on mode,
ferhðgefeonde.   Þa wæs forð cumen
geoc æfter gyrne.   Geofon swaðrode   1585
þurh haliges hæs,   hlyst yst forgeaf,
brimrad gebad.   Þa se beorg tohlad,
eorðscræf egeslic,   ond þær in forlet
flod fæðmian,   fealewe wægas,
geotende gegrind   grund eall forswealg.   1590
Nalas he þær yðe   ane bisencte,
ach þæs weorodes eac   ða wyrrestan,
faa folcsceaðan,   feowertyne
gewiton mid þy wæge   in forwyrd sceacan
under eorþan grund.   Þa wearð acolmod,   1595
forhtferð manig   folces on laste.
Wendan hie wifa   ond wera cwealmes,
þearlra geþinga   ðrage hnagran,   [51r]
syððan mane faa,   morðorscyldige,
guðgelacan   under grund hruron.   1600

102   Hie ða anmode   ealle cwædon:
      "Nu is gesyne   ðæt þe soð meotud,
      cyning eallwihta,   cræftum wealdeð,
      se ðisne ar   hider onsende
      þeodum to helpe.   Is nu þearf mycel   1605
      þæt we gumcystum   georne hyran."

103   Þa se halga ongann   hæleð blissigean,
      wigendra þreat   wordum retan:
      "Ne beoð ge to forhte,   þeh þe fell curen
      synnigra cynn.   Swylt þrowode,   1610
      witu be gewyrhtum.   Eow is wuldres leoht
      torht ontyned,   gif ge teala hycgað."

104   Sende þa his bene   fore bearn godes,
      bæd haligne   helpe gefremman

wyce in his wits and dear tae the Drychtin,
swythe he cam stappin out frae the kittie.   1560
A gait 'mang the lippers apen't belyve;
fouthie and fair wes the field o his conquis:
efter the flude the grunn gaed tae drouth
whaure'er Sanct Andro set his fit furrit.
And the burghers war blythe, lichtsome in hert;   1565
easement hed come tae thaim efter thair cownin.
The sea-waas swadg't at the wird o the sanct,
the howderin storm dwined out o hearin,
the current wes quaet. And the braeside brak apen
tae a dreidsome cleuch, and the drumlie watters   1570
in splairgin spate gaed walterin doun;
the dern howe swalla'd the sworlin flude.
And it wesna the watters alane he gart sink:
the warst o the bourach, brim faes fowerteen,
gaed sworlin ramstam wi the swaws, tae thair wrack   1575
in the deeps o the yird. Doutsome war mony,
fleggit in hert, o the lave o the fowk;
fley't tae see men fell't and wemen forbye,
a time mair ourie o murnfu ongauns,
sen the ill-willie weirmen, bruikit wi bludewyte,   1580
hed faa'n tae thair daith deep doun in the mouls.

102   And wi ae accord thay aa said thegither:
       "Eith is't tae see nou at the suithfast Lord,
       the Keing o Creation, is meikle o maucht!
       He hes sent this messenger tae succour the fowk: 1585
       Great need hae we nou tae harken and hear,
       Willin and aiverie, this worthie wicht."

103   Syne the sanct begoud tae gledden the bourach,
       tae heise up the herts o the weirmen wi's wirds:
       "Binna ower feart, tho thon fowk fu o sin   1590
       hae cheisit daith and dreed thair connachin,
       dule for thair deeds. The glister o glore
       sall kythe tae ye splendant, gin ye richtlie consither."

104   Syne sent he his prayer tae the Son o God,
       priggit for help frae the Halie Ane   1595

gumena geogoðe,	þe on geofene ær	1615
þurh flodes fæðm	feorh gesealdon,	
ðæt þa gastas,	gode orfeorme,	
in wita forwyrd,	wuldre bescyrede,	
in feonda geweald	gefered ne wurdan.	
Þa ðæt ærende	ealwealdan gode	1620
æfter hleoðorcwidum	haliges gastes	
wæs on þanc sprecen,	ðeoda ræswan.	
Het þa onsunde	ealle arisan,	
geonge of greote,	þa ær geofon cwealde.	
Þa þær ofostlice	upp astodon	1625
manige on meðle,	mine gefrege,	
eaforan unweaxne,	ða wæs eall eador	
leoðolic ond gastlic,	þeah hie lungre ær	
þurh flodes fær	feorh aleton.	
Onfengon fulwihte	ond freoðuwære,	1630
wuldres wedde	witum aspedde,	
mundbyrd meotudes.	Þa se modiga het,	[51v]
cyninges cræftiga,	ciricean getimbran,	
gerwan godes tempel,	þær sio geogoð aras	
þurh fæder fulwiht	ond se flod onsprang.	1635

105	Þa gesamnodon	secga þreate	
	weras geond þa winburg	wide ond side,	
	eorlas anmode,	ond hira idesa mid,	
	cwædon holdlice	hyran woldon,	
	onfon fromlice	fullwihtes bæð	1640
	dryhtne to willan,	ond diofolgild,	
	ealde eolhstedas,	anforlætan.	
	Þa wæs mid þy folce	fulwiht hæfen,	
	æðele mid eorlum,	ond æ godes	
	riht aræred,	ræd on lande	1645
	mid þam ceasterwarum,	cirice gehalgod.	
	Þær se ar godes	anne gesette,	
	wisfæstne wer,	wordes gleawne,	
	in þære beorhtan byrig	bisceop þam leodum,	
	ond gehalgode	fore þam heremægene	1650
	þurh apostolhad,	Platan nemned,	
	þeodum on þearfe,	ond þriste bebead	
	þæt hie his lare	læston georne,	

for the younkers wha, yarkit awa in the flude,
hed gien up thair lives tae the glaum o the watters,
sae at thair sauls, twynit frae seil,
tint tae aa glore, shid no be gien ower
tae the maucht o Mahoun, and periss in pynes.   1600
And the wird gaed up tae God Aamichty,
the Ruler o men; richt wes it spoken
in the clair-sounin caa o the halie incomer;
and God bade thaim rise skaith-free frae the grunn,
ilkane o the callants at the sea hed slauchter't.   1605
Swythe thay stuid up, siccar I am o't,
mony a gilpie amang the getherin,
halflin sons. Thair corps and thair sauls
war souther't again, tho the sweel o the swaws
hed taen thair lifes nae lang while syne.   1610
Kirsenin thay gat, and the covenant o saucht,
God's ain hecht o hainin and glore.
Syne the bauld wicht wha wrocht the Keing's wark
gart bigg a kirk, graith a temple tae God,
on the steid whaur the fludes sprang furth, and the louns   1615
brentit up frae the deid, throu the Faither's bapteisin.

105 And frae aa the airts, throu the blythesome burgh
forgether't a muckle mingie o men,
weirmen accordant, thair wemen forbye;
and wi bauldness o spreit thay swure tae obey,   1620
accep bapteisin as the Sauviour wad hae't,
hae nae mair adae wi the wirship o deils,
and forhou the auld altars o haithen gods.
And the kemps gat kirsen't; fair 'mang the fowk
bapteisin wes gien, and the law o God,   1625
wes heich uphauden richt as wes fittin,
for the fowk tae folla aa throu the lann;
and belyve in the burgh a kirk wes consecrate.
And Andro, God's messenger, set up a man
throu his pouer as an apostle. Plato his name wes,   1630
wyce and weel-learit, skeilie o wird;
and sainit him thare for the tropell tae see
as bishop tae the burghers o thon skyrie ceitie,
for the guid o the fowk. And he gied thaim this wycin,

feorhræd fremedon.   Sægde his fusne hige,
þæt he þa goldburg   ofgifan wolde,   1655
secga seledream   ond sincgestreon,
beorht beagselu,   ond him brimþisan
æt sæs faroðe   secan wolde.
Þæt wæs þam weorode   weorc to geþoligenne,
þæt hie se leodfruma   leng ne wolde   1660
wihte gewunian.   Þa him wuldres god
on þam siðfæte   sylfum ætywde,
ond þæt word gecwæð,   weoruda dryhten:
.   .   .   .

"folc of firenum?   Is him fus hyge
gað geomriende,   geohðo mænað   1665
weras wif samod.   Hira wop becom,
murnende mod
    fore sneowan.
Ne scealt ðu þæt eowde   anforlætan
on swa niowan gefean,   ah him naman minne   [52r] 1670
on ferðlocan   fæste getimbre.
Wuna in þære winbyrig,   wigendra hleo,
salu sinchroden,   seofon nihta fyrst.
Syððan ðu mid mildse   minre ferest."

106   Þa eft gewat   oðre siðe   1675
modig, mægene rof,   Marmedonia
ceastre secan.   Cristenra weox
word ond wisdom,   syððan wuldres þegn,
æþelcyninges ar,   eagum sawon.
Lærde þa þa leode   on geleafan weg,   1680
trymede torhtlice,   tireadigra
wenede to wuldre   weorod unmæte,
to þam halgan ham   heofona rices,
þær fæder ond sunu   ond frofre gast
in þrinnesse   þrymme wealdeð   1685
in woruld worulda   wuldorgestealda.
Swylce se halga   herigeas þreade,
deofulgild todraf   ond gedwolan fylde.
Þæt wæs Satane   sar to geþolienne,

at wi willin herts thay shid list tae his lairnin   1635
and win tae salvation.
                    Nou Andro's steive ettle,
he said, wes tae tak a fareweel o thon ceitie,
wi'ts blythe gilravages, bonnie gowdies
and haas fou o siller, and seek for a ship   1640
tae sail awa on the walterin swaws.
A sair dule wes thon for the mingie tae dree,
at thair frein and leader nae langer wad bide wi thaim.
But the Keing o Glory kyth't as he gaed,
and sae spak the Lord o Hosts tae his liegeman: 1645
"Whit wey nou, Andro, forleit ye your fowk,
and forfenn the forderin o the darg ye hae duin,
sen nou your guid will hes wyc't thaim awa
frae thair sins? Thair herts nou are stounin sair,
murnin thay gae and makin mane,   1650
menfowk and wemen. Wae hes come ower thaim;
sairie in myn, tae me thay come swippert.
Andro, your hirsel ye maunna forhou
in thair new-funn fainness, but stey and mak siccar
at my name in thair herts is steivelie sneckit.   1655
Bide, gaird o wichts, in the blythesome burgh
wi'ts splendant haas, a sennicht mair;
syne gang ye furth; my fauvour gang wi ye."

106   Tae the Mermedonians again he gaed;
      douchty and derf, he socht thair ceitie.   1660
      The wirds and wyceheid o the Christian core
      wes cantl't up, when kyth't tae thair een
      the haill-hertit kemp, the great Keing's herald.
      And he lairnit the fowk in the gaits o faith,
      gied thaim skyrie upsteirin. An ondeimous smarrach   1665
      o sauls wi God's blessin he guidit tae glore,
      tae thair halie hame, the Keingdom o Heiven,
      whaur the Faither, the Son and the Speirit o confort
      in the micht o the Treinitie, hauds domain
      ower the splendant steid, aye and ayebidinlie.   1670
      And the halie man dang doun the kirks o the haithens,
      drave out the deils and pit fauset tae flicht.
      A sair thing wes this for Sautan tae thole,

mycel modes sorg,   þæt he ða menigeo geseah   1690
hweorfan higebliðe   fram helltrafum
þurh Andreas   este lare
to fægeran gefean,   þær næfre feondes ne bið,
gastes gramhydiges,   gang on lande.

107 Þa wæron gefylde   æfter frean dome   1695
dagas on rime,   swa him dryhten bebead,
þæt he þa wederburg   wunian sceolde.
Ongan hine þa fysan   ond to flote gyrwan,
blissum hremig,   wolde on brimþisan
Achaie   oðre siðe   1700
sylfa gesecan,   þær he sawulgedal,
beaducwealm gebad.   Þæt þam banan ne wearð
hleahtre behworfen,   ah in helle ceafl
sið asette,   ond syððan no,
fah, freonda leas,   frofre benohte.   1705

108 Ða ic lædan gefrægn   leoda weorode
leofne lareow   to lides stefnan,
mæcgas modgeomre.   Þær manegum wæs   [52v]
hat æt heortan   hyge weallende.
Hie ða gebrohton   æt brimes næsse   1710
on wægþele   wigan unslawne.
Stodon him ða on ofre   æfter reotan
þendon hie on yðum   æðelinga wunn
ofer seolhpaðu   geseon mihton,
ond þa weorðedon   wuldres agend,   1715
cleopodon on corðre,   ond cwædon þus:
"An is ece god   eallra gesceafta!
Is his miht ond his æht   ofer middangeard
breme gebledsod,   ond his blæd ofer eall
in heofonþrymme   halgum scineð,   1720
wlitige on wuldre   to widan ealdre,
ece mid englum.   Þæt is æðele cyning!"

muckle mane tae his hert, whan the mingie he saw
jinkin joco frae the kirk-haas o Hell   1675
tae fainness sae fair, throu Andro's guid airtin:
tae the kintra whaur never a deil sall come,
nor snell-like speirit o ill-willie ettle.

107   Syne the count o the days wes come tae the full,
whan Andro maun bide, as the Lord hed bidden,   1680
in the seilfu ceitie. Gledsome he gaed
tae graith and busk himsel boun for the sea,
mynit aince mair tae tak ship for Achaia.
Efterhins, thare his spreit he sent furth:
he dreed the deid-straik. Nae mirth did his murtherer   1685
win frae his mavitie: wantin aa maiks,
a gangrel he gaed, finnin nae confort,
and the fang o Hell wes his farin's feinish.

108   Syne the tropell (sae I hear tell)
wi waesome herts, thair weel-loe'd learar   1690
conveyit, for his viage, tae the ship's steven.
Mony a cheil o the muckle mingie
funn swallin sorra het at his hert.
Tae the bait thay brocht him, the crouse campioun,
tether't on the tide at the neb o the ness,   1695
and thay stuid on the strann, gomin and greitin,
for as lang's thay cuid see the leifest o sancts
stravaigin the swaws on the gait o the selkies.
Honour thay gied tae the Lord o Glory,
liltin thegither, ilk vyce wi the lave: 1700
"Ane and ayebidin is Creation's ae God!
Wide ower the warld His micht and His pouer
is ruisit and reverenc't, and the Heivenlie Rewme
leams aa aroun wi the licht o His halieness
for angels and sancts, aye and ayebidinlie,   1705
skyrie and splendant. He is a hathill Keing!"

2.3 ÞA WYRDA ÞARA APOSTOLA

1 Hwæt! Ic þysne sang　　siðgeomor fand　　　　　　　　[52v]
　on seocum sefan,　　　samnode wide
　hu þa æðelingas　　　　ellen cyðdon,
　torhte ond tireadige.　　Twelfe wæron,
　dædum domfæste,　　　dryhtne gecorene,　　　　　　　5
　leofe on life.　　Lof wide sprang,
　miht ond mærðo,　　　ofer middangeard,
　þeodnes þegna,　　　þrym unlytel.
　Halgan heape　　　hlyt wisode
　þær hie dryhtnes æ　　deman sceoldon,　　　　　　　10
　reccan fore rincum.　　Sume on Romebyrig,
　frame, fyrdhwate,　　feorh ofgefon
　þurg Nerones　　　nearwe searwe,
　Petrus ond Paulus.　　Is se apostolhad
　wide geweorðod　　ofer werþeoda!　　　　　　　　15

2 Swylce Andreas　　in Achagia
　for Egias　　　aldre geneðde.
　Ne þreodode he fore þrymme　　　ðeodcyninges,
　æniges on eorðan,　　ac him ece geceas
　langsumre lif,　　leoht unhwilen,　　　　　　　　20
　syþþan hildeheard,　　heriges byrhtme,
　æfter guðplegan　　gealgan þehte.　　　　　　　[53r]

3 Hwæt, we eac gehyrdon　　be Iohanne
　æglæawe menn　　æðelo reccan!
　Se manna wæs,　　mine gefrege,　　　　　　　　25
　þurh cneorisse　　Criste leofast
　on weres hade,　　syððan wuldres cyning,
　engla ordfruma,　　eorðan sohte
　þurh fæmnan hrif,　　fæder manncynnes.
　He in Effessia　　ealle þrage　　　　　　　　　30
　leode lærde,　　þanon lifes weg
　siðe gesohte,　　swegle dreamas,
　beorhtne boldwelan.　　Næs his broðor læt,
　siðes sæne,　　ac ðurh sweordes bite
　mid Iudeum　　Iacob sceolde　　　　　　　　35

2.4 *THE WEIRDS O THE APOSTLES*

1   Hark! Sair-hertit and weari't o wannerin,
       I screivit this sang. Frae faur hyne I funn
       hou the hathills' hardiment shawed skyrie and splendant.
       Twal wes thair nummer, namely for deeds,
       the Lord's chosen, loe'd in thair life.   5
       Wide ower the warld gaed thair glory,
       the richteous renoun o thair pouer and pyssance,
       the Sauviour's servants. Nae sma gree thairs!
       Weird it wes wycit the halie tropell
       tae gang tae aa airts and tell furth the Gospel,   10
       preach it tae the people. Some raik't tae Rome,
       derf and douchty; and laid doun thair lifes
       thro the felloun fauset o notour Nero—
       Peter and Paul. The twal Apostles
       hae ruisin and honour aa ower the warld.   15

2   In Achaia, Andro his life pit at haizart
       afore Egeas; he swey't nane nor swither't
       for the maucht o nae keing croun't on the mouls,
       but lestin life and licht ayebidin
       wes the bauld ane's wale, whan efter the bargane   20
       'mang the reirds o the haithen, he hung on the ruid.

3   Hark! We hae hard o John forbye;
       men lear't in the law hae tauld o his lineage.
       Tae my suir kennin, he wes amang men
       the dearest tae Christ, throu the mense o his kindred,   25
       whan the Keing o Glory, the Gaird o angels,
       the Faither o fowk, tuik the form o a man,
       and cam intae the warld throu a wumman's wame.
       Eident in Ephesus, aa times and tides
       he taucht the fowk; and farin frae thonder,   30
       he socht life's gait, skyrie gledness,
       bricht beild o bliss. Nor blate wes his brither,
       nor slaw tae set furth; but the stang o the swurd
       gart Jeames, 'mang the Jews, gie up his life;

fore Herode　　　　ealdre gedælan,
feorh wið flæsce.　　　　Philipus wæs
mid Asseum,　　　þanon ece lif
þurh rode cwealm　　　　ricene gesohte,
syððan on galgan　　　in Gearapolim　　　　　　　　40
ahangen wæs　　　hildecorðre.

4　　Huru, wide wearð　　　wurd undyrne
þæt to Indeum　　　aldre gelædde
beaducræftig beorn,　　　Bartholameus!
þone heht Astrias　　　in Albano,　　　　　　　　　45
hæðen ond hygeblind,　　　heafde beneotan,
forþan he ða hæðengild　　　hyran ne wolde,
wig weorðian.　　　Him wæs wuldres dream,
lifwela leofra　　　þonne þas leasan godu.

5　　Swylce Thomas eac　　　þriste geneðde　　　　　　50
on Indea　　　oðre dælas,
þær manegum wearð　　　mod onlihted,
hige onhyrded,　　　þurh his halig word.
Syððan collenferð　　　cyninges broðor
awehte for weorodum,　　　wundorcræfte,　　　　　　55
þurh dryhtnes miht,　　　þæt he of deaðe aras,
geong ond guðhwæt,　　　ond him wæs Gad nama,
ond ða þæm folce　　　feorg gesealde,
sin æt sæcce.　　　Sweordræs fornam　　　　　　　[53v]
þurh hæðene hand,　　　þær se halga gecrang,　　　　60
wund for weorudum,　　　þonon wuldres leoht
sawle gesohte　　　sigores to leane.

6　　Hwæt, we þæt gehyrdon　　　þurg halige bec,
þæt mid Sigelwarum　　　soð yppe wearð,
dryhtlic dom godes!　　　Dæges or onwoc,　　　　　65
leohtes geleafan,　　　land wæs gefælsod
þurh Matheus　　　mære lare.
Þone het Irtacus　　　ðurh yrne hyge,
wælreow cyning,　　　wæpnum aswebban.

afore Herod the keing, the braith frae his corp 35
wes twynit and tint. Tae tell nou o Philip,
frae the lanns o Asia, the life ayebidin
he swippertlie socht throu slaucht on the ruid
whan a weirlike tropel o wappin'd kemps
gart him hing on the cross hyne in Hierapolis. 40

4 Atweel, wide wes the wird apert
hou thon wicht weirman, bauld Bartholomew,
pit his life tae haizart on the heigait tae India.
In Armenia, Astrages, thon boulie-horn't haithen,
gied hecht tae the hangie tae hag aff his heid, 45
sen he wadna tak heed o the haithens' pratticks
and honour thair idols. His gledsome glore
wes a life-treisur leifer nor bruckle gear.

5 And Tammas forbye bauldlie aunter't
in India tae, but ither pairts o't, 50
whaur his laubours lichtent the myns o mony,
and his halie wirds upheisit thair herts.
The keing's ain brither the keen-hertit kemp
wauken't 'mang the mingie wi winnersome skeil
throu the pouer o the Drychtin; and he raise frae the deid, 55
a weir-wicht gilpie; his name wes Gad,
and he gied up his life for the people he led
in the stour. And syne the stang o the swurd
in a haithen haun brocht doun Sanct Tammas,
founert 'mang the fowk; and his saul gaed tae seek 60
the licht o glory at his victory gained him.

6 Hark! We hae hard throu halie beuks
hou true kennin kyth't 'mang the Ethiopians
o the glory o God. The day's dawin cam
o loesome belief: the kintra wes clengit 65
wi Mattha Levi's mensefu lear.
Thon fell keing Irtacus, attery o hert,
bade him be slauchter't wi the stang o bleds.

7   Hyrde we þæt Iacob   in Ierusalem   70
        fore sacerdum   swilt þrowode.
        Đurg stenges sweng   stiðmod gecrang,
        eadig for æfestum.   Hafað nu ece lif
        mid wuldorcining,   wiges to leane.

8   Næron ða twegen   tohtan sæne,   75
        lindgelaces,   land Persea
        sohton siðfrome,   Simon ond Thaddeus,
        beornas beadorofe!   Him wearð bam samod
        an endedæg.   Æðele sceoldon
        ðurh wæpenhete   weorc þrowigan,   80
        sigelean secan,   ond þone soðan gefean,
        dream æfter deaðe,   þa gedæled wearð
        lif wið lice,   ond þas lænan gestreon,
        idle æhtwelan,   ealle forhogodan.

9   Đus ða æðelingas   ende gesealdon,   85
        twelfe tilmodige.   Tir unbræcne
        wegan on gewitte   wuldres þegnas.

10   Nu ic þonne bidde   beorn se ðe lufige
        þysses giddes begang   þæt he geomrum me
        þone halgan heap   helpe bidde,   90
        friðes ond fultomes.   Hu, ic freonda beþearf
        liðra on lade,   þonne ic sceal langne ham,
        eardwic uncuð,   ana gesecan,
        lætan me on laste   lic, eorðan dæl,
        wælreaf wunigean   weormum to hroðre.   95

7   Forbye we hae hard hou Jeames in Jerusalem
     wes pitten tae daith afore the priests.   70
     Stalward he fell tae the straik o a staff,
     bale doun't the blessit. Nou his weir is rewairdit:
     he hes ayebidin life wi the Lord o Glore.

8   And twa at in bruilies never war blate
     whan tairges gat thrungen war Simon and Thaddeus.   75
     Stalward in stour, aiverie tae viage,
     tae Persia thay gaed. And baith thegither
     funn ae daith-day: the duim o thon douchty anes
     wes skaith tae dree fae the swurds o faemen:
     and tae win the rewaird o true bliss for thair triumph,   80
     delyte efter daith, whan life frae thair lykes
     wes twynit and tint. Aa bruckle treisurs,
     aa walth at wallas, thay heild o nae worth.

9   Sae did thon campiouns come tae thair enn,
     the true-hertit twal. Renoun ayebidin   85
     the thanes o glory heild in thair thochts.

10   Nou sall I speir o the loun wha loes
     the sense o my sang, at he pray for succour,
     for saucht and stuit tae me in my sorra,
     frae the halie tropell. Trowth, I hae need   90
     o feires on my farin, whan the lest lang hame,
     thon kintra onkent, my lane I maun seek,
     leain ahint me my corp o clay,
     a tramort tae wait as maet for worms.

11   Her mæg findan   foreþances gleaw,   [54r]
      se ðe hine lysteð   leoðgiddunga,
      hwa þas fitte fegde.*   ·ᚠ· þær on ende standeþ,
      eorlas þæs on eorðan brucaþ.   Ne moton hie awa ætsomne,
      woruldwunigende;   ·ᚹ· sceal gedreosan,   100
      ·ᚢ· on eðle,   æfter tohreosan
      læne lices frætewa,   efne swa ·ᛚ· toglideð.
      Þonne ·ᚳ· ond ·ᚣ·   cræftes neosað
      nihtes nearowe,   on him ·ᚾ· ligeð,
      cyninges þeodom.   Nu ðu cunnon miht   105
      hwa on þam wordum wæs   werum oncyðig.

12   Sie þæs gemyndig,   mann se ðe lufige
      þisses galdres begang,   þæt he geoce me
      ond frofre fricle.   Ic sceall feor heonan,
      an elles forð,   eardes neosan,   110
      sið asettan,   nat ic sylfa hwær,
      of þisse worulde.   Wic sindon uncuð,
      eard ond eðel,   swa bið ælcum menn
      nemþe he godcundes   gastes bruce.

13   Ah utu we þe geornor   to gode cleopigan,   115
      sendan usse bene   on þa beorhtan gesceaft,
      þæt we þæs botles   brucan motan,
      hames in hehðo,   þær is hihta mæst,
      þær cyning engla   clænum gildeð
      lean unhwilen.   Nu a his lof standeð,   120
      mycel ond mære,   ond his miht seomaþ,
      ece ond edgiong,   ofer ealle gesceaft.

---

*   The letters o the Runic alphabet (caa'd the *Fuþorc* or *Futhorc*, sen it began wi letters at stuid for the samen souns as the Laitin letters F, U, Þ, O, R, and C), forbye thair soun-beirin, stuid for wirds: houbeit, the meanins o the runes wesna aye sel and same; and whiles Cynewulf's uiss o thaim is doutsome. In the lines abuin, the Runic letters ᚠ, ᚹ, ᚢ, ᚱ, ᚳ, ᚣ, ᚾ staund for F, W, U, L, C, Y, N. It is eith tae see at this is a jurmummelt screivin o the name ᚳᚣᚾᚹᚢᛚᚠ CYNWULF (in ithers o his sangs, he uises the runes for ᚳᚣᚾᛖᚹᚢᛚᚠ CYNEWULF); but thare

11   Here micht the man o forethochtfu mense,   95
      wha finns his blytheheid in bardrie and sang,
      jalouse wha wrocht this leid.* Lest o the letters is Ⱦ:
      kemps on the mouls can claim it, but canna bide thegither
      while wonnin in the warld. ⱦ maun eelie awa
      tho ⱦ it is on the yird; the body's bruckle buskins   100
      efterhins aa maun flee, as ⱦ gaes flowein bye.
      Syne the ⱦ and the ⱦ baith maun bruik thair skeil
      in the skaith o nicht: the ✝ liggs onen him
      o sairin the Keing. Nou micht ye ken
      wha in thir wirds wes kythit tae weirmen.   105

12   Lat the man haud in myn, wha loes in his hert
      whit this sang bodes, at he bude tae speir for me
      saucht and solace. Faur hyne maun I fare
      my lane, tae finn leivin in ither airts;
      I ken na whaur, but out o this warld   110
      is the gait I maun gang. Onkent is the kintra,
      its lann and its ludgins. Sae is't for ilkane,
      binna he haud tae the Halie Speirit.

13   Aye mair keen-hertit on God maun we caa,
      senn up our prayers tae the skyrie kingrik,   115
      sae's we micht win at lest til thon wonin,
      our hame heich abuin wi the gretest o bliss,
      whaur the Keing o Angels gies tae the guid
      rewaird ayebidin. His ruisin sall lest
      aye grann and glorious, and His maucht sall remain   120
      ayebidin, ondeein, ower aa Creation.

---

nae greement amang scolars on whit wird-meanins the auld bard wes ettlin
at: it canna be hauden for siccar een whitna runes he walit, for the haunscrift
is bladdit. I hae folla'd R. K. Gordon in takin thaim tae mean, in this orderin,
walth, *pleisur*, *ours*, *watter*, *bauld*, *donsie*, and *need*. The names o the letters, at wad
be sounit whan the poem wes ranit aloud, war *feoh*, *wynn*, *úr*, *lagu*, *cén*, *ýr*, *nýd*.
(Ⱦ E staunds for *eh*, meanin *steid*, *cursour*.*)

3
INDEXES

3.1 GENERAL COMMENTS

The indexes gien aneth wull aiblins be uissfu tae fowk lairnin tae read Auld English, forbye aabody at ettles tae forder thair unnerstaunin o the Scots tung.

3.2 *ANDREAS*
3.2.1 Index verborum

Thare 3636 wird-forms at kythes in *Andreas* and nae ither airt, houbeit (as ye wad expec) a wheen o thaim is jist different spellins o the samen wird. 264 o thir sterts wi a capital letter in this edeition, the whilk uises capitals at the sterts o sentences and for names o fowk and places; *god* hesna a capital, for it hesna in the haunscreive. The feigur gien in the square brackets aneth is the nummer o times the wird kythes in the text; the nummers at follas affeirs tae the lines whaur the wirds kythe. The list gien here follas the modren alphabetical sortin for Auld English, wi semicolons twynin ilka letter and commas pitten atweesh letters hauden for variants (*æ* sortit as *ae*, *ð* as a variant o *þ*).

$$a, \ æ; \ b; \ c; \ d; \ e; f; \ g; \ h; \ i; \ l; \ m; \ n; \ o; \ p; \ r; \ s; \ t; \ þ, \ ð; \ u; \ w; \ x; y$$

A [2] 64, 541

a [9] 203, 569, 959, 1193, 1194, 1267, 1379, 1384, 1467

abead [1] 96

aber [1] 956

ablended [1] 78

aboden [1] 231

Abrahame [1] 753

abrecan [1] 150

abreoton [1] 51

abrocen [1] 1240

abrugdon [1] 865

ac [5] 38, 634, 637, 736, 1476

acenned [2] 566, 685

ach [1] 1592

Achaia [2] 169, 927

Achaie [1] 1700

aclæccræftum [1] 1362

acle [1] 1339

acol [1] 1266

acolmod [1] 1595

acolmode [1] 377

acsigan [1] 1134

adreag [1] 1482

adreah [2] 969, 1486

adreg [1] 164

adreogan [1] 369

adreoganne [1] 73

adropen [1] 1425
æ [3] 1403, 1511, 1644
Ædre [1] 189
ædre [3] 110, 803, 936
æfen [1] 1245
Æfre [1] 360
æfre [5] 493, 499, 553, 1012, 1057
æfstum [1] 610
Æfter [4] 88, 761, 1026, 1219
æfter [27] 37, 78, 124, 133, 156, 182, 229, 335, 468, 581, 593, 600, 620, 738, 904, 1228, 1232, 1237, 1426, 1447, 1483, 1527, 1568, 1585, 1621, 1695, 1712
ægflotan [1] 258
æghwam [1] 320
Æghwæðer [1] 1015
Æghwylces [1] 508
æghwylcne [1] 26
æghwylcum [1] 350
æglæca [1] 1312
æglæcan [2] 1131, 1359
æglæwra [1] 1483
Ægðer [1] 1051
æht [3] 410, 608, 1718
æhtgeweald [1] 1110
ælcum [1] 1534
æled [1] 1550
ælfæle [1] 770
ælmihti [1] 260
Ælmihtig [1] 445
ælmihtig [7] 76, 249, 365, 902, 1287, 1376, 1504
ælmihtiga [1] 1190
ælmyrcna [1] 432
ælwihta [1] 118
ængum [1] 178
Ænig [1] 377
ænig [2] 15, 1439
ænige [1] 1521
æniges [1] 199

ænigne [3] 493, 517, 1081
ænigum [1] 888
æninga [3] 220, 1141, 1370
ænne [1] 1104
ær [16] 188, 695, 949, 1031, 1050, 1070, 1266, 1274, 1341, 1354, 1439, 1449, 1476, 1615, 1624, 1628
ærdæge [4] 220, 235, 1388, 1525
ærende [2] 230, 1620
ærendes [1] 215
ærendu [1] 776
ærenne [1] 1062
ærest [6] 12, 132, 756, 780, 1020, 1100
ærgeweorc [1] 1235
æscberend [3] 47, 1076, 1537
æscum [1] 1097
æt [17] 221, 403, 412, 414, 553, 797, 908, 1073, 1130, 1325, 1330, 1353, 1356, 1436, 1658, 1709, 1710
æte [1] 132
ætfæstan [1] 1347
ætgædere [1] 992
ætsomne [2] 994, 1091
ættre [1] 1331
ætþringan [1] 1371
ætywan [1] 729
ætywde [3] 1168, 1296, 1662
æðelan [2] 642, 1476
æþelcyninges [1] 1679
æðele [4] 360, 1242, 1644, 1722
æðeles [1] 756
æðelic [1] 888
æðeling [8] 680, 793, 853, 911, 990, 1272, 1459, 1575
æðelinga [6] 277, 623, 655, 1174, 1223, 1713
æðelingas [2] 805, 857
Æþelinge [1] 568

æðelinges [2] 44, 649
æðelne [2] 871, 1020
æðelo [1] 734
æðelu [1] 683
æðelum [5] 230, 360, 636, 689, 882
afærde [1] 1340
afedde [1] 589
afeded [1] 684
aferede [1] 1177
afrefred [1] 638
afyrhted [1] 1529
agan [1] 147
ageaf [1] 1578
agef [9] 189, 285, 572, 617, 628, 643, 1184, 1345, 1375
agefan [1] 401
agend [3] 210, 760, 1715
agenne [1] 339
aget [2] 1441, 1449
agetan [1] 1143
agetton [1] 32
agifan [1] 1416
agifen [1] 296
agræfene [1] 712
ah [9] 23, 232, 281, 518, 569, 1083, 1209, 1670, 1703
ahleop [1] 736
Ahleopon [1] 1202
ahloh [1] 454
ahof [7] 344, 416, 521, 561, 674, 1322, 1497
ahweorfan [1] 957
ahwettan [1] 303
ahwette [1] 339
alæg [1] 3
aldor [6] 55, 70, 354, 708, 806, 913
aldre [2] 938, 1351
aleton [1] 1629
alysan [2] 944, 1564
alyse [2] 100, 1373

alysed [2] 1149, 1472
alyseð [1] 112
amearcod [1] 724
amearcode [1] 750
An [1] 1717
an [4] 326, 703, 1454, 1555
ana [3] 68, 636, 1007
andgit [1] 509
Andrea [2] 1135, 1569
Andreas [29] 110, 169, 189, 203, 270, 285, 299, 315, 352, 379, 383, 572, 617, 628, 643, 818, 859, 914, 950, 1020, 1058, 1175, 1184, 1199, 1208, 1316, 1362, 1375, 1692
andsware [2] 189, 572
andswarode [1] 925
andweard [1] 783
andweardne [1] 1224
ane [4] 258, 492, 1091, 1591
anes [4] 327, 483, 525, 1040
anforlætan [3] 1287, 1642, 1669
anhagan [1] 1351
aninga [1] 1392
anlicnes [1] 717
anlicnesse [1] 713
anmode [3] 1565, 1601, 1638
anne [2] 1495, 1647
anra [2] 933, 1283
anræd [2] 232, 983
anre [1] 475
anum [2] 81, 1320
apostolhad [1] 1651
ar [4] 979, 1604, 1647, 1679
aræfnan [1] 816
arærdest [1] 1318
aræred [2] 967, 1645
Aras [2] 1011, 1469
aras [8] 298, 400, 450, 695, 829, 1236, 1303, 1634
are [2] 76, 1129
areccan [1] 546

argeblond [1] 383
Aris [1] 936
arisan [1] 1623
arleasan [1] 559
arwelan [1] 853
aryða [1] 532
aseted [1] 208
asette [1] 1704
aspedde [1] 1631
astag [1] 708
astah [1] 1125
astandan [1] 792
astod [1] 443
astodon [1] 1625
asundrad [1] 1243
aswebban [1] 72
atol [1] 1312
atola [1] 1296
atres [1] 53
attor [1] 770
atulne [1] 53
awæged [1] 1439
awecgan [1] 503
awehte [1] 584
awelled [1] 1019
aweoll [1] 1523
awerged [1] 1299
awriten [3] 135, 149, 726
bad [1] 261
bæd [2] 1030, 1614
bældest [1] 1186
bæles [1] 1186
bær [1] 265
bæron [1] 1221
bæð [2] 293, 1640
bæðweg [2] 223, 513
baldor [1] 547
bam [1] 1014
ban [2] 1422, 1473
banan [3] 616, 1293, 1702
bancofan [1] 1276

band [1] 1255
bangebrec [1] 1442
banhringas [1] 150
banhus [2] 1240, 1405
bannan [1] 1094
basnode [2] 447, 1065
bat [1] 496
bates [1] 444
be [9] 360, 465, 558, 831, 1061,
    1063, 1366, 1492, 1611
beacen [2] 729, 1201
beacna [1] 242
bead [1] 346
beadowe [1] 1186
beaducræft [1] 219
beaducwealm [1] 1702
beadulace [1] 1118
beadurofe [1] 848
beadurofne [1] 145
beadurofum [1] 96
beaduwange [1] 413
beaduwe [1] 982
beaga [3] 271, 303, 476
beagselu [1] 1657
beald [1] 602
bealuwe [1] 947
bearn [5] 409, 576, 747, 1028,
    1613
bearne [1] 560
bearnum [1] 1328
bearwas [1] 1448
beatende [1] 1543
beateþ [1] 496
bebead [7] 322, 773, 789, 845,
    1045, 1652, 1696
bebeode [2] 729, 1328
bebod [1] 735
bebugeð [1] 333
becom [2] 788, 1666
becomon [1] 666
becuman [1] 929

becwist [3] 193, 304, 418
becwið [1] 210
becwom [1] 827
bedæled [1] 309
bedrifene [1] 1494
befangen [1] 1057
befealg [1] 1326
befehð [1] 327
beforan [3] 571, 606, 619
begang [2] 195, 530
begen [2] 1016, 1027
begete [1] 378
begitan [1] 480
behabban [1] 817
beheled [1] 791
behworfen [1] 1703
belecgan [1] 1295
belecgaþ [1] 1211
belegde [1] 1192
belegdon [1] 1560
belidenan [1] 1089
belocen [1] 164
belorene [1] 1079
bemiðen [1] 856
bemurndan [1] 154
benan [1] 348
bendum [2] 184, 1357
bene [3] 476, 1028, 1613
benne [1] 1405
bennum [2] 962, 1038
benohte [1] 1705
benohton [1] 1159
Beo [1] 214
beo [2] 72, 98
beodan [1] 779
beodgastes [1] 1088
beorg [1] 1587
beorgan [1] 1538
Beorgas [1] 840
beorgas [1] 1306

beorht [8] 84, 145, 447, 656, 903, 937, 1247, 1657
beorhtan [2] 96, 1649
beorhte [2] 789, 867
beorhtne [2] 335, 524
beorhtost [2] 103, 242
beorhtre [1] 647
beorn [4] 239, 602, 937, 982
beorna [4] 219, 305, 768, 1543
Beornas [2] 447, 1094
beornas [5] 399, 660, 690, 848, 1160
beorne [1] 1120
beornes [2] 1247, 1279
beornum [1] 588
beorþegu [1] 1533
beoton [2] 239, 442
beoð [1] 1609
berædan [1] 133
berædde [1] 1326
beran [2] 216, 1079
berað [1] 1295
bereafod [1] 1314
berofene [1] 1084
besæton [2] 608, 627
besceaf [1] 1191
bescyrede [1] 1618
beseah [1] 1446
beseted [2] 943, 1255
besette [1] 1433
besittaþ [1] 410
besnyðede [1] 1324
bestemdon [1] 487
bestemed [2] 1239, 1475
beswac [1] 613
beswicene [1] 745
beteran [2] 588, 1088
betolden [1] 988
betweonum [1] 1099
betwinum [1] 1103
beþehte [2] 1015, 1046

bewæled [1] 1361
bewrecene [1] 269
bewunden [5] 19, 58, 267, 535, 772
bidan [2] 145, 833
biddan [5] 84, 271, 353, 476, 1566
Bidde [1] 1415
bidon [1] 1042
billes [1] 51
billhete [1] 78
billum [1] 413
bilwytne [1] 997
bindeð [1] 519
bioð [1] 408
biryhte [1] 848
bisceop [1] 1649
bisceopas [1] 607
bisencte [1] 1591
biter [1] 1533
bitere [1] 33
biterne [1] 616
bitran [1] 1160
Bið [1] 275
bið [11] 185, 320, 637, 885, 889, 935, 1056, 1153, 1384, 1567, 1693
blac [1] 243
blacan [1] 1541
blæce [1] 1262
blæd [3] 356, 535, 1719
blæda [1] 103
blædes [1] 17
blædgifa [2] 84, 656
blædum [2] 769, 1449
blæst [1] 837
blæstas [1] 1552
blat [1] 1279
blates [1] 1088
bleað [1] 231
bletsunge [1] 223
blican [2] 789, 838
blinde [1] 581

blis [1] 1014
blissa [1] 886
blissað [1] 634
blisse [3] 588, 647, 1064
blissigean [1] 1607
blissode [1] 578
blissum [1] 1699
bliðe [3] 867, 903, 1583
Bliðheort [1] 1262
bliðheorte [1] 660
bliðne [2] 833, 971
Blod [1] 1240
blod [3] 23, 954, 1449
blodfag [1] 1405
blodig [1] 1473
blodige [1] 1442
blodigum [1] 159
blodlifrum [1] 1276
blon [1] 1265
bloweð [1] 646
blunne [1] 1380
boceras [1] 607
bodad [1] 1120
boden [1] 1201
Bodiað [1] 335
bolcan [2] 305, 602
bold [1] 656
boldwela [1] 103
boldwelan [1] 524
bolgenmode [2] 128, 1221
bonena [1] 17
bordhreoðan [1] 128
bordstæðu [1] 442
bordum [1] 1205
bosme [1] 444
bot [1] 947
brandhata [1] 768
brante [1] 273
brecan [2] 223, 504
brecað [1] 513
brego [2] 61, 540

brehtme [2] 1202, 1271
brehtmum [1] 867
breme [2] 209, 1719
bremestan [1] 718
breogo [1] 305
breogostol [1] 209
breomo [1] 242
breost [5] 647, 768, 1247, 1279, 1574
breostgehygdum [1] 997
breostum [2] 51, 1118
brim [4] 442, 504, 1543, 1574
brimes [2] 444, 1710
brimhengestum [1] 513
brimrad [1] 1587
brimrade [1] 1262
brimstæðo [1] 496
brimstreamas [2] 239, 348
brimstreame [1] 903
brimþisan [2] 1657, 1699
brimu [1] 519
brohte [1] 259
brondstæfne [1] 504
broðor [1] 940
broðorsybbum [1] 690
brucan [5] 17, 106, 229, 886, 1467
brucanne [1] 1160
brucað [1] 280
bruconne [1] 23
brune [1] 519
brunwann [1] 1306
brycgade [1] 1261
bryne [1] 616
brytta [2] 822, 1170
bryttode [1] 754
burg [1] 111
burggeatum [1] 840
burglocan [2] 940, 1038
burgum [6] 78, 231, 335, 1155, 1235, 1547
burgware [1] 1583

burgwaru [1] 1094
burgwarum [3] 184, 209, 718
burh [3] 982, 1120, 1541
burhlocan [1] 1065
burhsittendum [1] 1201
burhstedum [1] 581
burhwealle [1] 833
burhweardes [1] 660
butan [3] 148, 188, 679
byrig [5] 40, 287, 973, 1491, 1649
Byrlas [1] 1533
bysmredon [1] 962
bysmrian [1] 1293
bysmrigen [1] 1357
bysne [1] 971
cald [4] 201, 222, 253, 310
caldheorte [1] 138
campe [2] 234, 1325
camprædenne [1] 4
cann [2] 980, 1154
canst [2] 68, 508
carcern [1] 1578
carcerne [8] 57, 90, 130, 991, 1082, 1250, 1460, 1560
carcernes [1] 1075
ceafl [1] 1703
ceaflum [1] 159
cealdan [1] 1212
cealdum [1] 1260
cearegan [1] 1108
ceaster [1] 207
ceasterhofum [1] 1237
ceasterwarum [1] 1646
ceastre [9] 41, 281, 719, 828, 929, 939, 1058, 1174, 1677
ceastrewarena [1] 1125
cempa [4] 461, 538, 991, 1446
cempan [2] 230, 1055
cempum [1] 324
cene [2] 1204, 1578
cenned [1] 757

ceol [5] 222, 349, 361, 380, 899
ceole [4] 273, 450, 555, 854
ceoles [1] 310
ceolum [2] 253, 256
Channaneum [1] 778
Cheruphim [1] 719
cigað [1] 746
cildgeong [1] 685
cining [6] 416, 828, 880, 912, 978, 1192
cininga [2] 171, 1411
cirebaldum [1] 171
cirice [1] 1646
ciricean [1] 1633
cirm [2] 41, 1237
Cirmdon [1] 138
clænan [1] 978
clamme [1] 1192
clang [1] 1260
cleofu [1] 310
cleopian [1] 1398
Cleopode [1] 1108
cleopodest [1] 1410
cleopodon [1] 1716
clommum [4] 130, 1212, 1378, 1560
clustorcleofan [1] 1021
clypian [1] 450
clypton [1] 1016
cneomagum [1] 685
cneorisse [1] 207
cnihtes [2] 912, 1121
coledon [1] 1256
collenferhð [2] 538, 1108
collenferð [1] 1578
collenfyrhðe [1] 349
Com [1] 1388
com [9] 88, 124, 241, 837, 1219, 1245, 1269, 1311, 1462
comon [7] 247, 256, 658, 863, 1047, 1069, 1094

con [1] 195
const [1] 1282
corðor [1] 138
corðre [4] 1075, 1121, 1204, 1716
coste [1] 1055
cræft [3] 500, 631, 1294
cræfta [2] 700, 1460
cræfte [4] 49, 327, 939, 1196
cræftes [2] 484, 585
cræftiga [1] 1633
cræftum [1] 1603
Crist [3] 322, 880, 1322
Criste [2] 1016, 1250
Cristenra [1] 1677
Cristes [3] 57, 991, 1337
crunge [1] 1031
cuman [1] 783
cumblum [1] 1204
cumbol [1] 4
cumen [4] 41, 880, 1165, 1584
cunnan [1] 341
cunnaþ [1] 314
cunne [2] 557, 1485
cunnedan [1] 439
cunnian [1] 129
curen [1] 1609
curon [1] 404
cuð [4] 380, 527, 682, 1562
cuðe [4] 198, 201, 901, 928
cuðlice [1] 322
cuðon [2] 752, 1194
cwæde [1] 1411
cwædon [3] 1601, 1639, 1716
cwæð [14] 62, 173, 329, 354, 539, 716, 727, 743, 850, 913, 1109, 1206, 1280, 1450
cwanedon [1] 1536
cwealde [1] 1624
cwealm [4] 182, 281, 1121, 1186
cwealme [1] 1507
cwealmes [1] 1597

cwice [1] 129
cwicera [1] 912
cwicne [1] 1082
cwide [1] 1021
cwom [2] 738, 1278
cylegicelum [1] 1260
cyme [3] 188, 400, 660
cymeð [1] 512
cymlicor [1] 361
cynebearn [1] 566
cynerof [2] 484, 585
cynestole [1] 666
Cyneþrym [1] 1322
cyning [15] 120, 145, 324, 450, 485, 538, 700, 903, 1055, 1325, 1505, 1509, 1517, 1603, 1722
cyninga [5] 555, 854, 899, 978, 1192
cyninges [3] 527, 778, 1633
cynn [3] 560, 1519, 1610
cynne [3] 567, 757, 907
cynnes [4] 545, 582, 590, 1374
Cyrm [1] 1125
cyrm [1] 1156
cyston [1] 1016
Cyð [1] 1212
cyðan [1] 1520
cyðað [1] 680
cyðde [8] 571, 575, 585, 606, 625, 704, 812, 1510
cyððe [1] 734
dæde [1] 67
dædfruma [2] 75, 1455
dædum [1] 596
dæg [5] 818, 1245, 1274, 1385, 1397
dægcandelle [1] 835
dæge [2] 1385, 1436
dæges [2] 1407, 1535
dæghwæmlice [1] 682
dægredwoma [1] 125

dæl [5] 570, 1122, 1421, 1474, 1488
dæled [1] 952
dælest [1] 548
dagas [2] 1414, 1696
daroða [1] 1444
Dauid [1] 878
deade [2] 1077, 1090a
deafe [1] 577
deah [1] 460
dealle [1] 1097
dearst [1] 1350
deað [2] 87, 431
deaðe [4] 583, 600, 955, 1217
Deaðræs [1] 995
deaðreow [1] 1314
deaðwang [1] 1003
deman [3] 75, 1194, 1403
demend [2] 87, 1189
Deofles [1] 611
deofles [3] 43, 141, 1189
deoful [2] 1168, 1314
deofulgild [1] 1688
deogollice [1] 621
deop [1] 190
deope [2] 394, 1529
deopne [1] 611
deopum [1] 1244
deor [1] 1308
deorcan [1] 1462
deormod [1] 626
deormodne [1] 1232
digle [1] 626
digol [1] 698
dimman [1] 1270
dimme [1] 1308
dimscuan [1] 141
ding [1] 1270
diofolgild [1] 1641
dioful [1] 1298
dolgbennum [1] 1397

dolgslege [1] 1475
dolgslegum [1] 1244
dom [3] 339, 541, 1151
domagende [1] 570
dome [3] 653, 796, 1695
domes [1] 959
domgeorn [1] 1308
domgeorne [2] 693, 878
domlease [1] 995
domlicost [1] 1267
domweorðinga [1] 1006
domweorðunga [1] 355
dorste [1] 735
dorston [1] 800
Dream [1] 874
dreamas [2] 641, 809
dreogan [1] 1244
dreor [1] 969
dreore [2] 1003, 1475
drihten [3] 73, 173, 248
Drogon [1] 1232
drohtaþ [2] 369, 1385
drohtað [3] 313, 1281, 1539
drohtigen [1] 682
drohtnoð [1] 1402
druncne [1] 1003
druron [1] 995
dryas [1] 34
drycræftum [1] 765
dryge [1] 1581
dryhten [25] 5, 190, 202, 317, 343, 355, 435, 510, 541, 600, 621, 626, 698, 727, 835, 874, 897, 1206, 1267, 1281, 1407, 1455, 1462, 1663, 1696
dryhtendom [1] 999
dryhtna [2] 874, 1151
dryhtne [4] 959, 1006, 1151, 1641
dryhtnes [6] 431, 667, 721, 1034, 1194, 1403
drync [5] 22, 34, 53, 313, 1535

drype [2] 955, 1217
dugeða [3] 75, 248, 698
dugoð [2] 693, 878
dugoða [2] 87, 1189
dugoðe [3] 313, 1105, 1168
Duguð [2] 125, 1529
duguð [2] 394, 1270
duguðe [3] 152, 1122, 1227
duguðum [3] 342, 682, 1314
dumban [1] 67
dumbum [1] 577
dunscræfum [2] 1232, 1539
Duru [1] 999
duru [1] 1075
Duruþegnum [1] 1090b
dwolcræft [1] 34
dydan [1] 27
dyde [1] 1321
dydest [1] 927
dynede [1] 739
dyrnan [1] 693
ea [1] 1504
eac [2] 584, 1592
eacan [1] 1039
eadfruma [1] 1292
eadgifa [2] 74, 451
Eadig [1] 54
eadig [2] 463, 879
eadige [2] 599, 830
eadiges [1] 680
eador [1] 1627
eadwelan [1] 808
eafeðum [1] 142
eaforan [2] 1110, 1627
eaforum [1] 779
eafoð [1] 30
eagena [1] 30
eagorstream [2] 258, 379
Eagorstreamas [1] 441
eagorstreamas [1] 492
eagsyne [1] 1550

eagum [4] 759, 910, 1224, 1679
eahtigan [1] 1162
Eal [1] 19
eal [1] 945
Eala [1] 203
ealada [1] 441
ealand [1] 28
eald [1] 1495
ealde [2] 1537, 1642
ealdgeniðla [1] 1341
ealdgeniðlan [1] 1048
ealdgesiða [1] 1104
ealdorgeard [1] 1181
ealdormenn [1] 608
ealdorsacerd [1] 670
ealdre [3] 1137, 1324, 1721
ealdres [1] 1131
ealgodon [1] 10
ealiðendum [1] 251
eall [11] 1097, 1146, 1320, 1359, 1434, 1483, 1486, 1519, 1590, 1627, 1719
Ealle [1] 994
ealle [10] 101, 327, 332, 676, 762, 895, 1499, 1565, 1601, 1623
ealles [1] 1150
eallgrene [1] 798
eallra [4] 326, 703, 978, 1717
eallum [3] 568, 1091, 1292
eallwealdan [1] 205
eallwihta [1] 1603
ealne [1] 1245
ealra [1] 68
ealwalda [2] 751, 925
ealwealdan [1] 1620
eard [2] 176, 599
earde [1] 400
eardes [2] 280, 1025
earfeðo [1] 1486
earfeðsiðas [1] 1283
earfoðlice [1] 514

earfoðsiða [1] 678
earh [1] 1331
earhfare [1] 1048
earme [2] 676, 1015
earmlic [3] 182, 1135, 1555
earmra [1] 744
earmsceapen [2] 1129, 1345
earnas [1] 863
Eart [1] 1188
eart [4] 505, 527, 1291, 1508
eastreamas [1] 1261
eað [2] 194, 368
eaðe [6] 425, 859, 933, 1179, 1352, 1376
eaðmedum [2] 321, 979
eaðmod [1] 270
Ebreum [1] 165
ecan [2] 721, 1384
ece [13] 202, 249, 326, 343, 365, 510, 703, 747, 1064, 1287, 1292, 1717, 1722
ecg [1] 1132
ecga [1] 1148
ecge [1] 51
ecgheard [1] 1181
ecgum [1] 71
ecne [2] 636, 882
edlean [1] 1228
edniwe [1] 1014
edniwinga [1] 783
Edre [2] 401, 643
edre [1] 950
edwitspræce [1] 81
efenealdum [1] 553
efne [3] 294, 1104, 1234
Eft [1] 277
eft [16] 400, 466, 531, 655, 694, 706, 763, 829, 1078, 1246, 1274, 1302, 1341, 1356, 1476, 1675
Egesa [1] 532
egesa [1] 445

egesan [3] 457, 805, 1266
Egeslic [1] 1550
egeslic [1] 1588
egle [3] 441, 1148, 1459
eldum [1] 1057
ellefne [1] 664
ellen [3] 460, 1208, 1242
ellenheard [1] 1254
ellenrofe [3] 350, 410, 1141
ellenrofes [1] 1392
ellenweorces [1] 232
ellenweorcum [1] 1370
ellorfusne [2] 188, 321
ellreordigra [1] 1081
ellþeode [1] 972
ellþeodiges [1] 678
ellþeodigne [2] 1454, 1559
ellþeodigra [2] 16, 1175
ellðeodigra [1] 26
ellþeodigum [1] 163
elne [3] 54, 983, 1486
elnes [2] 1001, 1263
elþeodige [3] 63, 199, 280
elþeodigra [1] 946
elþeodigum [1] 1073
emne [3] 114, 221, 333
ende [5] 221, 556, 649, 1057, 1382
endeleas [1] 695
endestæf [1] 135
engel [3] 194, 365, 1540
engelcynna [1] 717
engla [17] 74, 83, 119, 146, 278, 290, 434, 451, 525, 642, 713, 828, 900, 1007, 1064, 1412, 1517
englas [2] 823, 871
englum [3] 249, 599, 1722
enta [2] 1235, 1495
eode [2] 982, 1001
Eodon [1] 45
eogoðe [1] 1122
eolhstedas [1] 1642

eom [1] 636
eorl [4] 460, 475, 1254, 1263
eorla [3] 1051, 1105, 1352
eorlas [6] 199, 251, 401, 463, 734, 1638
eorles [1] 508
eorlum [2] 1575, 1644
eorre [2] 47, 1076
eorþan [1] 1595
eorðan [14] 7, 87, 328, 332, 460, 604, 731, 748, 798, 970, 1255, 1501, 1525, 1540
eorðe [1] 1438
eorðscræf [1] 1588
eorðscræfe [1] 780
eorðscræfu [1] 803
eorðwarum [1] 568
Eow [2] 884, 1611
eow [12] 297, 336, 338, 346, 347, 458, 758, 851, 970, 1176, 1343, 1344
eowde [1] 1669
eowerne [1] 339
eowic [2] 259, 882
eowre [1] 295
ermðu [1] 1162
Essages [1] 879
est [4] 339, 517, 1215, 1374
este [2] 483, 1692
estlice [1] 292
et [1] 719
eðel [7] 21, 176, 226, 274, 525, 642, 1258
eðelleasum [1] 74
eðelrice [2] 120, 432
eðle [1] 1162
eðles [2] 16, 830
exle [1] 1575
faa [2] 1593, 1599
faca [1] 1371
facne [1] 20

facnes [1] 1294
fæder [15] 83, 330, 687, 804, 824, 846, 937, 997, 1346, 1410, 1412, 1465, 1500, 1635, 1684
fæderas [1] 752
Fæge [1] 1530
Fægen [1] 1041
fægeran [2] 598, 1693
fæges [3] 154, 1182, 1332
fægn [1] 255
fægra [1] 1085
fægrost [1] 103
fægðe [1] 284
fæhðo [1] 1386
fær [2] 1530, 1629
færeð [1] 497
færspelle [1] 1086
fæst [1] 1107
fæstan [1] 795
fæste [5] 58, 83, 130, 1492, 1671
fæstenne [4] 1034, 1068, 1177, 1544
fæstne [4] 184, 962, 1038, 1357
fæstnodon [1] 49
fæted [1] 301
fætedsinces [1] 478
fæðm [4] 252, 336, 444, 1616
fæðme [1] 616
fæðmedon [1] 1572
fæðmian [1] 1589
fæðmum [1] 824
fag [3] 769, 1134, 1188
fah [2] 1346, 1705
Famige [1] 1524
famigheals [1] 497
fara [3] 430, 1023, 1060
faran [5] 773, 796, 864, 954, 1279
Farað [1] 332
faroðe [2] 255, 1658
faroðlacende [1] 507
faroðridende [1] 440

faroðstræte [2] 311, 898
faruðe [1] 236
feala [11] 564, 584, 699, 710, 961, 969, 975, 1243, 1301, 1363, 1490
fealewe [1] 1589
fealone [1] 1538
fealuwne [1] 421
feam [1] 605
feasceaft [2] 1128, 1556
feasceafte [1] 367
feasceaftne [1] 181
fel [1] 23
fell [1] 1609
feohgestreon [1] 301
feohtan [2] 1023, 1350
Feoll [1] 918
feonda [1] 1619
feondes [5] 20, 49, 1196, 1294, 1693
feor [3] 542, 638, 898
feore [5] 106, 284, 810, 1452, 1538
feores [5] 133, 179, 1101, 1107, 1130
Feorh [1] 154
feorh [11] 216, 282, 430, 954, 1117, 1134, 1288, 1371, 1383, 1616, 1629
feorhgedal [2] 181, 1427
feorhhord [1] 1182
feorhræd [1] 1654
feorne [3] 191, 252, 1173
feorr [1] 423
feorran [2] 265, 282
feorrancumenra [1] 24
feorrcundra [1] 1080
feorðan [1] 1458
feorwegas [1] 928
feowertig [1] 1036
feowertyne [1] 1593
feran [5] 174, 330, 786, 928, 931
ferde [1] 662

fere [1] 224
ferede [2] 853, 906
feredes [1] 1363
feredon [1] 866
ferest [1] 1674
ferhðgefeonde [1] 1584
ferian [1] 347
ferigan [1] 293
ferigean [1] 824
ferð [1] 1332
ferðe [1] 1485
ferðgefeonde [1] 915
ferðlocan [1] 1671
fetorwrasnum [1] 1107
Feðan [1] 591
feðan [1] 1188
feðerum [1] 864
fex [1] 1427
fif [2] 590, 591
fiftig [1] 1040
findan [5] 980, 1129, 1154, 1231, 1485
findest [1] 1349
fira [9] 24, 160, 291, 409, 590, 920, 961, 980, 1286
firenum [1] 1664
firgendstream [1] 1573
firigendstream [1] 390
first [1] 147
fisces [1] 293
fixum [1] 589
flæschaman [1] 1085
flæschoman [3] 24, 154, 160
fleam [1] 1340
fleame [2] 1386, 1544
fleon [1] 1538
fleow [2] 1524, 1573
fliteð [1] 1199
flod [5] 421, 1546, 1573, 1589, 1635
flodas [1] 906

flode [3] 265, 954, 1582
flodes [5] 252, 367, 1530, 1616, 1629
Flodwylm [1] 516
flotan [1] 397
flote [1] 1698
flugon [1] 1546
flyhte [2] 864, 866
foddorþege [1] 160
foddurþege [1] 1101
folc [8] 430, 653, 804, 1023, 1196, 1506, 1556, 1664
folca [1] 330
folce [6] 784, 796, 1080, 1130, 1144, 1643
folces [8] 29, 619, 662, 1068, 1086, 1301, 1570, 1596
folcmægen [1] 1060
folcræd [1] 622
folcsceare [1] 684
folcsceaðan [1] 1593
folcstede [2] 20, 179
folctogan [2] 8, 1458
folcum [2] 409, 606
foldan [6] 336, 737, 918, 969, 1427, 1524
folde [1] 1582
foldweg [1] 775
foldwege [1] 206
folgodon [1] 673
folme [1] 1133
folmum [1] 522
for [20] 39, 165, 431, 457, 509, 586, 610, 633, 767, 880, 881, 924, 1086, 1127, 1168, 1200, 1209, 1266, 1285, 1298
forbegan [1] 1333
forbeged [1] 1571
forcom [1] 1325
fordenera [1] 43
fordraf [1] 269

Fore [1] 721
fore [17] 185, 186, 191, 216, 337, 728, 736, 840, 846, 910, 993, 1028, 1032, 1499, 1613, 1650, 1668
forfeng [1] 995
forgeaf [1] 1586
forgef [1] 486
Forgif [1] 76
Forgife [1] 355
forgilde [1] 387
forgrunden [1] 413
forhogedes [1] 1381
forht [2] 98, 1085
forhte [6] 448, 457, 1041, 1340, 1500, 1609
forhtferð [2] 1549, 1596
forhylman [1] 735
forlærde [1] 614
forlærdest [1] 1364
Forlætan [1] 802
forlæte [1] 1454
forlætest [1] 1413
forlæteð [1] 459
forleolc [1] 614
forleolce [1] 1364
forlet [4] 835, 968, 1037, 1588
forleton [1] 403
forlore [1] 1423
formeltan [1] 1146
fornam [2] 994, 1531
forst [1] 1257
forstod [3] 1143, 1335, 1540
forswealg [1] 1590
forð [4] 54, 775, 1506, 1584
Forþan [2] 458, 526
forþan [1] 529
forwyrd [2] 1594, 1618
fot [1] 1582
fracoðe [1] 409
frægn [2] 556, 919
fræte [1] 1506

frætre [1] 571
frætwe [1] 337
fram [10] 234, 697, 738, 1034, 1037, 1243, 1485, 1535, 1582, 1691
frea [5] 629, 662, 714, 786, 1410
frean [5] 457, 653, 796, 1401, 1695
freca [1] 1163
Frecne [1] 440
frecne [3] 516, 1350, 1432
frecnost [1] 1231
frefra [1] 421
frefran [1] 367
Fregn [1] 1163
fremde [1] 890
fremede [4] 619, 622, 639, 815
fremedon [1] 1654
fremman [4] 67, 780, 934, 1208
fremme [1] 1354
freo [1] 598
freod [1] 1154
freode [1] 390
freolice [1] 293
freonda [3] 934, 1128, 1705
freondscipe [1] 478
freorig [2] 491, 1259
freoðe [1] 1130
freoðo [1] 336
freoðoleas [1] 29
freoðuwære [1] 1630
friccan [1] 1156
frignan [1] 1412
frine [1] 633
frinest [1] 629
frioðo [1] 918
frið [2] 174, 1034
friðe [3] 622, 915, 1432
friðes [2] 448, 1128
frod [2] 506, 737
frode [1] 784

frofre [8] 95, 311, 606, 906, 1465, 1567, 1684, 1705
frome [1] 8
fromlice [4] 556, 1182, 1332, 1640
fruma [2] 226, 556
fruman [1] 1485
frumbearn [1] 1294
frumgaras [1] 1068
frumrædenne [1] 147
frumsceafte [1] 797
frumweorca [1] 804
fugole [1] 497
ful [1] 496
fullwihtes [1] 1640
fulwiht [2] 1635, 1643
fulwihte [1] 1630
fundon [1] 1076
furðum [1] 797
furður [3] 1350, 1489, 1518
fus [2] 255, 1664
fusleoð [1] 1549
fusne [1] 1654
fylde [2] 523, 1688
fyrdhwate [1] 8
fyrgnastas [1] 1546
fyrhð [1] 638
fyrhðe [1] 507
fyrhðlocan [2] 58, 1570
fyrhðlufan [1] 83
fyrmælum [1] 1134
fyrndagum [3] 1, 752, 976
fyrngeweorc [1] 737
fyrnsægen [1] 1489
fyrnsceaþa [1] 1346
fyrnum [1] 1378
fyrnweorca [1] 1410
fyrnweotan [1] 784
fyrst [3] 834, 1309, 1673
fyrstgemearces [1] 931
fyrstmearce [1] 133
fyrþran [1] 934

fysan [1] 1698
fysest [1] 1187
Ga [1] 1348
gadorigean [1] 1556
gadrigean [1] 781
gældon [1] 1533
gærs [1] 38
gæsne [1] 1084
gafulrædenne [1] 296
galan [2] 1127, 1342
galdorcræftum [1] 166
gan [2] 365, 775
gang [3] 208, 455, 1694
gangan [3] 238, 1059, 1356
gangaþ [1] 891
gara [1] 32
garas [1] 127
gares [2] 187, 1330
gargewinn [1] 958
Garsecg [2] 238, 392
garsecg [1] 371
garsecges [1] 530
garum [2] 45, 1143
gast [8] 187, 468, 728, 906, 1296, 1327, 1416, 1684
gasta [3] 331, 548, 901
Gastas [1] 640
gastas [1] 1617
gaste [3] 782, 917, 1084
gastes [5] 155, 531, 1000, 1621, 1694
gastgehygdum [1] 861
gastgerynum [1] 858
gastlic [1] 1628
Gað [2] 1182, 1332
gað [1] 1665
Ge [4] 429, 542, 744, 746
ge [18] 256, 295, 337, 344, 345, 346, 348, 429, 430, 542, 676, 1179, 1183, 1197, 1333, 1558, 1609, 1612

geaclod [1] 805
geador [1] 1097
geaf [1] 317
gealgan [3] 966, 1327, 1409
gealgmode [2] 32, 563
geara [1] 1387
geardagum [1] 1519
gearo [1] 234
gearu [8] 72, 214, 907, 1153, 1358, 1535, 1567, 1579
gearwe [1] 1369
gearwor [1] 932
geascodon [1] 44
gebad [2] 1587, 1702
gebæd [1] 996
gebæro [1] 1570
gebede [1] 1027
gebidan [1] 399
gebledsod [4] 524, 540, 937, 1719
geblendan [1] 33
geblissod [3] 351, 468, 892
geblond [1] 532
geblonden [1] 424
geblowene [1] 1448
geboden [1] 219
geborene [1] 690
gebrocen [2] 1404, 1473
gebrohte [1] 273
gebrohton [1] 1710
gebroðor [1] 1027
gebroðrum [1] 1014
gebunden [2] 1379, 1396
gebundene [2] 580, 947
gebundon [2] 48, 1222
gebysgod [1] 395
gecnawan [2] 1517, 1558
gecoren [1] 324
gecwæð [7] 896, 1172, 1299, 1361, 1400, 1465, 1663
gecynd [1] 588
gecyrdon [1] 1078

gecyðan [5] 289, 784, 796, 803, 965
gecyðað [1] 859
gecyðde [3] 564, 700, 711
gecyðdest [1] 390
gecyðed [2] 90, 358
gecyðeð [1] 1435
gedælan [2] 955, 1217
gedældon [1] 5
gedafenað [1] 317
gedon [3] 342, 765, 1444
gedræg [2] 43, 1555
gedrefed [3] 369, 394, 1529
gedrehte [1] 39
gedrep [1] 1444
gedufan [1] 1331
gedwolan [2] 611, 1688
gefæstnode [2] 522, 1378
gefean [5] 347, 598, 866, 1670, 1693
gefeana [1] 890
gefegon [2] 592, 659
gefeohte [2] 1188, 1196
gefeormedonAA [1] 1090
geferan [5] 194, 216, 516, 1009, 1020
geferað [1] 677
geferde [1] 1401
gefered [2] 1173, 1619
geferede [1] 265
geferian [1] 397
gefrægen [2] 687, 1060
gefrægn [2] 1093, 1706
gefrætwed [1] 715
gefrætwode [1] 1518
gefrege [4] 668, 961, 1119, 1626
gefremed [1] 976
gefremedan [1] 1445
gefremede [4] 91, 605, 1198, 1387
gefremedest [1] 926
gefremman [3] 191, 426, 1614

gefremmanne [1] 206
gefremme [1] 1288
gefreoðode [1] 1041
gefrunan [1] 1
gefylde [1] 1695
gefyrðred [1] 983
gegninga [2] 1349, 1354
gegnslege [1] 1356
gegrette [1] 254
gegrind [1] 1590
gehæfte [1] 1158
gehæfted [1] 1127
gehalgod [1] 1646
gehalgode [2] 586, 1650
gehealdan [1] 213
gehedan [1] 1049
gehede [1] 1496
gehedon [1] 157
gehegan [1] 930
geheoldon [1] 346
Geher [1] 1498
gehered [1] 168
gehete [1] 1418
gehladenne [1] 361
gehnægan [1] 1183
gehnægde [1] 1191
gehnægdest [1] 1319
gehogodon [1] 429
gehrodene [1] 1449
Gehðo [1] 1548
gehwære [1] 630
gehwæs [3] 330, 338, 912
gehwam [4] 65, 121, 408, 637
gehwearf [2] 694, 1103
gehweorfest [1] 974
gehwylc [1] 935
gehwylces [1] 1283
gehwylcne [1] 933
gehwylcum [3] 908, 980, 1152
gehygd [1] 1460
gehygdo [2] 68, 200

gehyld [2] 117, 1045
gehyran [3] 341, 595, 811
gehyrað [1] 1197
gehyrde [2] 574, 651
gehyrdon [2] 577, 894
gehyred [2] 92, 1554
gehyrsted [1] 45
gelac [1] 1092
gelad [1] 190
gelædan [1] 822
gelædaþ [1] 282
gelædde [1] 1033
gelæddon [1] 430
gelæran [1] 1353
gelæste [1] 411
gelah [1] 1074
gelang [1] 979
geleafan [2] 335, 1680
gelenge [1] 1474
gelettan [2] 518, 800
geliccost [2] 501, 953
gelicgaþ [1] 334
gelicne [1] 494
gelicost [2] 497, 1145
gelome [1] 1163
gelyfan [1] 733
gelyfdon [3] 142, 562, 813
gelyfe [1] 1284
gemæl [1] 1331
gemæne [1] 1013
gemærsod [1] 544
geman [1] 639
gemange [1] 730
gemedost [1] 594
gemeotu [1] 454
gemet [3] 309, 1178, 1481
gemette [3] 241, 245, 1061
gemetton [2] 143, 1082
gemot [1] 1059
gemote [1] 650
gemyltan [1] 1393

gemyndig [5] 161, 981, 1001, 1263, 1312

gemyndum [1] 960

gemyrde [1] 746

gen [2] 601, 727

gena [2] 422, 475

gencwidum [1] 858

generede [1] 1037

geneðan [2] 950, 1351

gengan [1] 1095

geniwad [1] 1010

genog [1] 1534

geoc [1] 1585

geoce [3] 1030, 1152, 1567

geocend [2] 548, 901

geofene [2] 1531, 1615

Geofon [1] 1585

geofon [3] 393, 1508, 1624

geofone [1] 498

geofones [1] 852

geofum [1] 551

geogoð [1] 1634

geogoðe [2] 152, 1615

geogoðhade [1] 782

geohða [1] 66

geohðo [1] 1665

geohðum [1] 1008

geomor [2] 1008, 1408

geomorgidd [1] 1548

geomormod [1] 1398

geomormode [1] 406

geomran [2] 61, 1126

geomriende [1] 1665

geond [12] 25, 42, 331, 332, 371, 576, 709, 762, 768, 961, 1120, 1637

geong [2] 505, 1150

geonga [1] 1126

geongan [2] 1117, 1311

geonge [4] 392, 858, 1531, 1624

geongne [2] 551, 1110

geopenad [1] 889

georn [2] 66, 959

georne [4] 498, 612, 1606, 1653

geotende [3] 393, 1508, 1590

gereordod [1] 385

gerwan [1] 1634

gerymed [1] 1580

geryno [1] 1511

gerynu [1] 419

gesægde [1] 384

gesælde [2] 438, 661

gesæleð [2] 511, 515

Gesæt [2] 359, 1063

gesæton [1] 1161

gesamnedon [1] 1067

gesamnod [1] 1098

gesamnodon [2] 652, 1636

gesceaft [1] 1437

gesceafta [3] 326, 703, 1717

gesceafte [1] 1499

gescenan [1] 1142

gesceod [1] 1176

gesceode [2] 18, 1420

gesceððan [1] 917

gescirplan [1] 250

gescraf [1] 846

gescrifen [1] 787

gescrifene [1] 297

gescyldend [1] 1291

gescyldeð [1] 434

gescyrded [1] 1313

gescyrige [1] 85

geseah [4] 493, 499, 1492, 1690

geseald [3] 646, 909, 1435

gesealdon [2] 433, 1616

gesecan [2] 175, 1701

gesecanne [2] 295, 424

gesecgan [2] 603, 624

gesegon [3] 455, 581, 881

Geseh [5] 847, 992, 1004, 1009, 1448

geseh [1] 714
Geseoh [2] 1281, 1441
geseon [4] 760, 987, 1013, 1714
geseoð [1] 1500
geseted [1] 156
gesette [1] 1647
gesetu [1] 1259
gesiehðe [1] 620
gesihð [1] 30
gesion [1] 1225
gesohte [3] 380, 845, 1132
gesohton [2] 268, 1121
gespann [1] 302
gespeow [1] 1344
gespræc [1] 923
gesprec [1] 577
gestah [1] 899
gestaðelode [1] 162
gestaðolade [1] 536
gestigan [1] 222
gestilde [1] 532
gestod [1] 707
gestop [1] 1582
geswenced [2] 116, 394
geswice [1] 1290
geswing [1] 352
geswiðed [2] 697, 701
geswungen [1] 1396
gesyhðe [1] 705
gesyne [3] 526, 549, 1602
gesynra [1] 565
getacnode [1] 1512
getæhte [2] 6, 485
getang [1] 138
getealde [1] 883
geteled [2] 665, 1035
geteode [1] 14
getihhad [1] 1320
getimbran [1] 1633
getimbre [1] 1671
getimbred [1] 667

getrahtod [1] 1359
getreowe [1] 984
getrume [1] 707
geþance [1] 237
geþancul [1] 462
geþinga [1] 1598
geþinge [1] 794
geþingu [1] 756
geþohta [1] 744
Geþola [1] 107
geðolianne [1] 1136
geþolienne [1] 1689
geþoligenne [1] 1659
geðolode [1] 1490
geþræc [1] 823
geþreade [1] 391
geþreatod [1] 1115
geðreatod [1] 436
geþring [1] 368
geþrungen [1] 990
geþungen [1] 528
geðyd [1] 436
geunnan [2] 179, 1131
gewætte [1] 375
Gewat [7] 118, 225, 235, 786, 977, 1044, 1058
gewat [7] 655, 696, 706, 1247, 1304, 1457, 1675
gewealc [1] 259
geweald [4] 518, 1273, 1317, 1619
gewealdan [1] 1365
gewearð [3] 167, 307, 804
gewemmed [1] 1471
geweorc [2] 1077, 1495
geweorp [1] 306
geweorðan [1] 730
geweorðað [2] 938, 1500
geweorðeð [1] 1437
Geweotan [1] 801
gewinn [3] 197, 888, 932
gewinnan [3] 1197, 1249, 1301

gewit [2] 35, 645
Gewiton [1] 829
gewiton [1] 1594
gewitte [7] 212, 316, 470, 552, 672, 769, 1265
gewlitegad [1] 543
gewlitegod [1] 669
gewod [1] 1246
gewordne [1] 457
geworhte [2] 716, 920
geworhton [1] 1073
gewunian [2] 279, 1661
gewurde [2] 550, 558
gewyrht [1] 1025
gewyrhtum [3] 1180, 1366, 1611
gewyrðan [1] 573
gewyrðod [1] 116
geypped [1] 1223
Gif [2] 344, 417
gif [15] 70, 210, 212, 288, 407, 460, 479, 482, 557, 575, 1350, 1424, 1521, 1568, 1612
gife [5] 388, 480, 530, 548, 754
gifeð [1] 1151
gifeðe [2] 489, 1066
gifrum [1] 1335
gild [1] 1319
gim [1] 1268
gimdon [1] 139
gimma [1] 1519
gingran [4] 427, 847, 894, 1330
ginne [1] 331
giofum [1] 1519
git [5] 15, 51, 383, 632, 1487
glad [1] 371
glædmod [1] 1059
glawne [1] 143
gleaw [3] 557, 817, 1497
gleawlice [2] 427, 861
gleawmod [1] 1579
gleawne [1] 1648

glidan [2] 1248, 1304
glideð [1] 498
gnornhofe [2] 1008, 1043
God [4] 14, 76, 91, 425
god [28] 260, 275, 326, 459, 534, 563, 657, 703, 751, 758, 760, 785, 894, 897, 925, 1030, 1143, 1188, 1281, 1335, 1376, 1387, 1409, 1415, 1462, 1510, 1661, 1717
goda [2] 338, 1319
godbearn [1] 640
Gode [1] 1150
gode [8] 205, 406, 958, 1011, 1398, 1579, 1617, 1620
Godes [1] 117
godes [12] 234, 560, 747, 776, 794, 999, 1028, 1045, 1613, 1634, 1644, 1647
godfyrhte [1] 1516
godfyrhtne [1] 1022
godne [2] 480, 922
godspell [1] 12
gold [2] 301, 338
goldburg [1] 1655
golde [1] 1508
golon [1] 1549
gong [2] 869, 939
grædige [1] 155
græga [1] 371
grame [1] 917
gramhydiges [1] 1694
gramra [3] 217, 951, 1059
grapum [1] 1335
grene [1] 776
greote [7] 238, 254, 425, 794, 847, 1084, 1624
gretan [1] 1022
grette [3] 61, 1030, 1464
grim [2] 958, 1365
grimme [1] 1387
grimra [1] 1487

gripe [3] 187, 217, 951
grome [1] 563
Grund [1] 393
grund [6] 331, 425, 747, 1590, 1595, 1600
grundas [1] 776
grunde [1] 1528
grundon [1] 373
grundum [1] 640
grundwæge [1] 582
grynsmiðas [1] 917
gryrehwile [1] 468
gryrelic [1] 1551
gullon [1] 127
guma [1] 1117
guman [1] 1516
gumcystum [1] 1606
gumena [8] 20, 61, 575, 582, 621, 986, 1152, 1615
gurron [1] 374
guð [1] 951
guða [1] 1487
guðe [4] 234, 1330, 1349, 1354
guðfrec [1] 1117
guðfrecan [1] 1333
guðgelacan [1] 1600
guðgeþingo [1] 1043
guðgeðingu [1] 1022
guðgewinn [1] 217
guðplegan [1] 1369
guðræs [1] 1531
guðrincas [2] 155, 392
Guðsearo [1] 127
guðweorca [1] 1066
gylp [1] 1333
gyrne [2] 1150, 1585
gyrwan [2] 795, 1698
gystrandæge [1] 852
gyt [4] 380, 814, 1039, 1195
habban [1] 976
Habbað [1] 1358

habbað [2] 296, 687
Habraham [1] 793
Habrahame [2] 756, 779
had [1] 912
hador [2] 838, 1456
hadre [1] 89
hæbbe [3] 897, 1164, 1521
Hæfde [3] 987, 990, 1241
hæfde [7] 534, 787, 844, 856, 1060, 1063, 1169
hæfdes [1] 530
Hæfdon [2] 134, 1131
hæfdon [2] 149, 785
hæfen [2] 1155, 1643
hæftas [1] 1070
hæfte [2] 1399, 1470
hæftling [1] 1342
hægelscurum [1] 1257
hæle [2] 144, 1002
hælend [3] 541, 1031, 1407
hælendes [2] 574, 735
Hæleð [2] 362, 561
hæleþ [1] 38
hæleð [14] 2, 50, 484, 612, 624, 883, 919, 996, 1005, 1024, 1054, 1273, 1556, 1607
hæleða [13] 21, 200, 396, 494, 545, 567, 692, 885, 907, 1197, 1258, 1269, 1463
hæleðum [1] 668
hælo [1] 95
Hærn [1] 531
hæs [2] 1520, 1586
hæðenan [2] 111, 1491
Hæðene [1] 1002
hæðene [1] 1124
hæðengildum [1] 1102
hæðenra [6] 186, 218, 957, 992, 1032, 1389
hæðenum [1] 1144
hæðne [2] 126, 1070

hæðnes [1] 1238
Hafa [1] 223
Hafast [1] 1320
hafast [2] 357, 507
hal [2] 914, 1470
halegum [1] 104
hales [1] 1467
halga [15] 118, 168, 225, 346, 359, 382, 977, 996, 1029, 1045, 1253, 1307, 1395, 1607, 1687
halgan [14] 48, 56, 467, 537, 831, 873, 1171, 1222, 1238, 1315, 1399, 1456, 1566, 1683
halgum [4] 328, 723, 1054, 1720
halig [12] 14, 89, 91, 195, 243, 461, 542, 1010, 1018, 1144, 1252, 1418
halige [3] 875, 885, 1520
Haliges [1] 709
haliges [9] 531, 654, 819, 893, 1000, 1389, 1478, 1586, 1621
haligne [4] 144, 481, 1010, 1614
haligra [1] 725
ham [3] 227, 978, 1683
hama [1] 104
hamera [1] 1077
hamsittende [1] 686
hand [5] 9, 17, 412, 941, 1417
handa [2] 48, 1222
handgewinne [1] 186
handhrine [1] 1000
handmægen [1] 725
hare [1] 1258
harne [1] 841
hat [1] 1709
hatan [3] 1241, 1277, 1542
haten [1] 686
hateð [1] 1505
hatne [1] 1187
He [19] 59, 244, 324, 329, 520, 586, 665, 672, 674, 684, 699, 716, 753, 849, 1007, 1176, 1250, 1492, 1495

he [70] 51, 53, 54, 94, 112, 120, 163, 166, 185, 232, 240, 263, 305, 321, 327, 378, 385, 419, 501, 563, 564, 569, 575, 577, 582, 584, 589, 605, 618, 622, 625, 700, 704, 707, 710, 712, 737, 786, 788, 812, 844, 846, 847, 856, 913, 992, 1004, 1037, 1059, 1061, 1109, 1137, 1151, 1177, 1243, 1266, 1267, 1280, 1327, 1373, 1448, 1449, 1482, 1486, 1490, 1591, 1655, 1690, 1697, 1701
hea [1] 274
heafde [2] 1423, 1472
heafdes [1] 50
heafodgimmas [1] 31
heafodmagan [1] 942
heafolan [1] 1142
heah [1] 668
heahcyning [1] 6
heahenglas [1] 885
heahfædera [1] 791
heahfæderas [1] 875
heahgestreonum [1] 362
heahræced [1] 709
heahstefn [1] 266
healdaþ [1] 176
healde [3] 336, 915, 1432
healdend [1] 225
healfe [2] 715, 1063
healtum [1] 578
hean [4] 891, 1087, 1367, 1557
heanne [1] 1191
heap [1] 870
heape [1] 696
heapum [1] 126
heard [7] 233, 839, 982, 1092, 1395, 1399, 1562
hearde [1] 18
heardlic [1] 1551
heardne [1] 739

heardra [3] 1445, 1470, 1491
heardran [1] 1402
heardum [2] 952, 1257
hearm [2] 1071, 1367
hearma [2] 1198, 1445
hearmcwide [2] 79, 561
hearmleoð [2] 1127, 1342
hearmlocan [2] 95, 1029
heaðoliðendum [1] 426
heaðowælme [1] 1542
hefon [1] 328
heht [2] 365, 1466
hehðo [3] 873, 998, 1144
hele [1] 1164
hellcræftum [1] 1102
helle [5] 1052, 1187, 1298, 1342, 1703
hellehinca [1] 1171
hellfuse [1] 50
helltrafum [1] 1691
helm [5] 10, 118, 277, 623, 655
helmade [1] 1305
helman [1] 396
helmwearde [1] 359
help [1] 907
helpe [6] 91, 426, 1031, 1566, 1605, 1614
henðum [2] 117, 1467
heofende [1] 1557
heofenum [3] 89, 168, 195
heofon [2] 748, 1438
heofona [4] 6, 192, 1505, 1683
heofonas [2] 977, 1501
Heofoncandel [1] 243
heofoncyninge [1] 821
heofoncyninges [4] 92, 723, 998, 1381
heofonhalig [1] 728
heofonhwealfe [2] 545, 1402
heofonleohte [1] 974
heofonleoma [1] 838

heofonlicne [1] 389
heofonrices [3] 52, 56, 1052
heofontorht [2] 1018, 1269
heofonþrymme [2] 481, 1720
heofonum [1] 1452
heoldon [1] 1514
heolfre [2] 1241, 1277
heolstor [1] 1191
heolstorlocan [2] 144, 1005
heolstorscuwan [1] 1253
heolstre [1] 243
heonon [1] 891
heorodreorige [2] 996, 1083
heorogrædige [1] 38
heorogrimme [1] 31
heortan [5] 36, 52, 1213, 1252, 1709
heorudolgum [1] 942
heorugrædigra [1] 79
heoruswengum [1] 952
Her [2] 724, 1173
her [1] 1562
herd [1] 1213
herde [1] 1176
here [2] 1124, 1187
herede [5] 52, 819, 998, 1267, 1455
heredon [1] 873
herefelda [2] 10, 18
heremægene [4] 586, 728, 1298, 1650
herestræta [1] 200
herestræte [1] 831
hereteam [1] 1551
herigað [1] 722
herige [2] 1127, 1198
herigea [1] 1501
herigeas [3] 652, 1067, 1687
herigende [1] 657
heriges [4] 1106, 1156, 1202, 1238
herigweardas [1] 1124

herme [1] 671
Herodes [1] 1324
Het [4] 792, 795, 1145, 1623
het [7] 330, 587, 807, 822, 931, 1575, 1632
hete [1] 944
hetegrim [2] 1395, 1562
heterofra [1] 1420
Heton [3] 1229, 1272, 1390
hettend [1] 31
hider [2] 207, 1604
hidercyme [1] 1316
Hie [13] 48, 143, 254, 613, 807, 954, 1017, 1078, 1111, 1123, 1334, 1601, 1710
hie [52] 5, 23, 26, 30, 37, 38, 132, 134, 136, 142, 150, 157, 159, 178, 247, 250, 252, 368, 403, 464, 534, 610, 614, 654, 711, 785, 795, 796, 803, 894, 975, 980, 1012, 1016, 1050, 1073, 1089, 1121, 1154, 1214, 1215, 1224, 1231, 1329, 1337, 1339, 1500, 1597, 1628, 1653, 1660, 1713
hig [1] 38
hige [5] 634, 971, 1213, 1252, 1654
higebliðe [1] 1691
higerof [1] 233
higerofe [1] 1054
higerofne [1] 1005
hiht [1] 287
hild [1] 1420
hilda [1] 1491
hildbedd [1] 1092
hilde [1] 412
hildedeor [1] 1002
hildeþrymme [1] 1032
hildewoman [1] 218
hildfrecan [2] 126, 1070
hildfrome [1] 1202
hildlata [1] 233

hildstapan [1] 1258
Him [27] 202, 260, 270, 285, 290, 299, 305, 343, 382, 396, 510, 555, 572, 617, 623, 628, 857, 925, 947, 1074, 1184, 1251, 1345, 1375, 1429, 1540, 1579
him [68] 5, 17, 27, 33, 45, 57, 118, 145, 158, 160, 171, 189, 195, 225, 231, 235, 277, 315, 359, 380, 401, 404, 518, 594, 632, 643, 657, 689, 786, 789, 828, 845, 846, 848, 909, 910, 945, 949, 977, 986, 1022, 1030, 1045, 1047, 1049, 1053, 1058, 1063, 1066, 1089, 1099, 1113, 1130, 1152, 1162, 1228, 1241, 1347, 1358, 1471, 1537, 1568, 1657, 1661, 1664, 1670, 1696, 1712
Hine [2] 1143, 1335
hine [7] 502, 551, 820, 943, 1326, 1564, 1698
Hira [1] 1666
hira [9] 3, 11, 25, 140, 411, 562, 1028, 1100, 1638
his [39] 50, 60, 94, 164, 237, 249, 323, 365, 460, 525, 575, 585, 651, 685, 757, 779, 834, 855, 856, 1030, 1109, 1207, 1327, 1336, 1338, 1346, 1358, 1449, 1466, 1477, 1520, 1521, 1582, 1613, 1653, 1654, 1718, 1718, 1719
Hit [1] 1393
hit [8] 149, 210, 695, 765, 1231, 1323, 1514, 1563
hiw [2] 725, 1169
hlaf [1] 389
hlafes [2] 21, 312
hlaforde [1] 412
hlafordlease [1] 405
hlafum [1] 590
hleahtre [1] 1703

hleo [7] 111, 506, 567, 832, 896, 1450, 1672
hleoleasan [1] 131
hleotest [1] 480
hleoðor [2] 739, 1551
hleoðorcwide [1] 893
hleoðorcwidum [2] 819, 1621
hleoðrade [2] 537, 1360
hleoðrode [1] 461
hleoðrodon [1] 692
hleoðrum [1] 723
hleoðu [1] 841
hlifodon [1] 841
hlindura [1] 993
hlinræced [1] 1463
hlinscuwan [1] 1071
hlosnode [1] 761
hloð [4] 42, 992, 1389, 1543
hloðrode [1] 1430
hlud [2] 739, 1156
hludan [1] 1360
hluton [1] 1102
hlutterne [1] 312
hluttre [1] 1063
hlymmeð [1] 392
hlynede [1] 238
hlynsodon [1] 1545
hlyst [1] 1586
hlyt [2] 6, 14
hnægen [1] 1329
hnagran [1] 1598
hneotan [1] 4
hofe [1] 1307
hofu [1] 838
hogode [1] 622
hogodest [1] 1316
hold [1] 550
holde [1] 1164
holdlice [1] 1639
holm [1] 429
holma [1] 195

holmþracu [1] 467
holmwege [1] 382
hordgestreonum [1] 1114
hordlocan [1] 671
Hornfisc [1] 370
horngeap [1] 668
Hornsalu [1] 1158
hornscipe [1] 274
hospword [1] 1315
Hra [1] 1277
hra [3] 791, 952, 1031
hrædlice [3] 192, 936, 1505
hrægle [1] 1471
hræðe [4] 1221, 1272, 1520, 1577
hranrade [2] 266, 634
Hraðe [1] 1106
hraðe [4] 341, 947, 982, 1111
hremig [1] 1699
hremige [1] 864
hreo [1] 748
hreofum [1] 578
Hreoh [1] 1542
hreoh [1] 467
Hreopon [1] 1156
hreosaþ [1] 1438
hrerendum [1] 491
Hreðor [1] 1018
hreðre [4] 36, 69, 817, 893
hrim [1] 1257
hrinen [1] 942
hring [1] 1278
hronrade [1] 821
hroðra [1] 1367
hroðre [2] 111, 567
hruron [1] 1600
hryre [1] 229
hrysedon [1] 127
Hu [5] 63, 190, 307, 573, 920
hu [13] 155, 163, 419, 487, 547, 558, 575, 596, 639, 812, 960, 1355, 1490

hundteontig [1] 1035
Hungre [1] 1114
hungre [1] 1158
hungres [1] 1087
Huru [1] 549
Huscworde [1] 669
hwa [3] 381, 797, 905
hwæles [1] 274
hwælmere [1] 370
hwænne [2] 136, 400
hwær [1] 799
Hwæt [13] 1, 629, 676, 1185, 1189,
  1316, 1317, 1343, 1363, 1376,
  1406, 1478, 1508
hwæt [5] 262, 342, 734, 1066, 1413
hwæðer [2] 129, 604
hwæðere [1] 504
Hwæðre [1] 1487
hwæðre [1] 51
Hwanon [2] 256, 258
hwanon [1] 683
hwearfian [1] 891
hweorfan [3] 117, 1050, 1691
hweorfað [1] 405
hweorfon [1] 640
hweteð [1] 286
Hwider [1] 405
hwile [3] 113, 131, 1478
hwileð [1] 495
Hwilum [2] 443, 514
Hwylc [1] 1372
hwylc [2] 411, 1228
hwylcne [3] 132, 785, 1100
hycgað [1] 1612
hyder [1] 1024
hyge [5] 36, 231, 578, 1664, 1709
hygegeomor [2] 1087, 1557
hygeþances [1] 817
hygeþancol [1] 341
Hyht [1] 1010
hyht [3] 481, 1052, 1114

hyhte [3] 239, 637, 874
hyhtlicost [1] 104
hyldo [1] 389
hyldon [1] 1027
hynfuse [1] 612
hyran [3] 1167, 1606, 1639
hyrað [1] 679
hyrcnodon [1] 654
hyrdas [3] 993, 1077, 1083
hyrde [2] 360, 807
hyrdon [1] 612
hyse [2] 595, 811
hysebeorðre [1] 1142
hyspan [1] 671
hysse [1] 550
Iacob [2] 691, 794
Ic [21] 81, 97, 110, 336, 338, 341,
  433, 474, 489, 498, 553, 814, 851,
  855, 903, 915, 969, 1218, 1284,
  1412, 1432
ic [56] 64, 72, 77, 99, 183, 190, 271,
  271, 301, 303, 347, 360, 458, 471,
  476, 478, 479, 483, 493, 499, 603,
  618, 633, 636, 644, 648, 649, 729,
  897, 899, 900, 920, 922, 923, 924,
  931, 933, 941, 949, 966, 970, 1093,
  1175, 1288, 1289, 1328, 1401,
  1403, 1414, 1415, 1416, 1440,
  1478, 1484, 1563, 1706
icest [1] 1190
idesa [1] 1638
igland [1] 15
ilca [1] 751
ilcan [1] 911
In [1] 854
in [68] 41, 51, 52, 69, 78, 111, 117,
  121, 163, 169, 217, 231, 281, 304,
  349, 356, 356, 362, 562, 573, 597,
  656, 707, 719, 868, 911, 927, 929,
  939, 948, 948, 951, 973, 976, 982,
  990, 1001, 1004, 1008, 1029, 1043,

1082, 1091, 1155, 1187, 1264, 1273, 1299, 1308, 1309, 1331, 1332, 1377, 1380, 1463, 1467, 1482, 1491, 1588, 1594, 1618, 1619, 1649, 1672, 1685, 1686, 1703, 1720

inflede [1] 1504

ingeþanc [1] 35

inn [1] 1058

innan [5] 1018, 1174, 1235, 1241, 1547

innanweard [1] 647

inne [1] 1542

inwidþancum [1] 559

inwit [1] 610

inwitðanc [1] 670

inwitwrasne [1] 63

inwitwrasnum [1] 946

Iocobe [1] 754

Ioseph [1] 688

Iosephes [1] 691

Iosua [1] 1516

iren [1] 1181

Is [10] 113, 313, 496, 501, 758, 951, 1427, 1605, 1664, 1718

is [42] 102, 120, 177, 324, 393, 394, 420, 422, 424, 492, 526, 542, 544, 549, 682, 717, 719, 724, 751, 906, 907, 940, 979, 1023, 1165, 1166, 1173, 1199, 1261, 1317, 1372, 1425, 1434, 1481, 1489, 1562, 1563, 1565, 1602, 1611, 1717, 1722

Isaac [1] 793

Isace [1] 753

Israhela [1] 880

Israhelum [1] 165

iu [5] 438, 489, 661, 1377, 1386

Iudea [3] 166, 560, 1325

Iudeum [3] 12, 966, 1408

lac [1] 1111

lacað [1] 253

lacende [1] 437

lad [1] 423

lade [1] 276

lædan [8] 174, 337, 777, 1044, 1229, 1272, 1390, 1706

Læddan [1] 1249

læddon [1] 1459

læded [1] 1307

lædende [1] 1477

lælan [1] 1443

Lærde [1] 1680

lærde [5] 170, 420, 462, 1195, 1297

lærest [1] 1185

læs [3] 77, 1047, 1147

læstan [1] 1424

læston [2] 674, 1653

Læt [2] 397, 1503

læt [3] 957, 960, 1293

lætan [1] 781

Lætað [2] 1180, 1330

lafe [1] 1081

lagan [1] 1083

lagoflodas [1] 244

lagolade [1] 314

lagon [2] 1234, 1422

lagu [1] 437

lagufæsten [2] 398, 825

lagustream [1] 423

Land [1] 1259

land [7] 268, 378, 404, 423, 698, 827, 1321

landa [3] 408, 935, 961

lande [5] 294, 398, 1426, 1645, 1694

landes [1] 303

landreste [1] 781

landsceare [2] 501, 1229

Lang [1] 420

lange [4] 314, 579, 790, 1363

langsum [1] 1482

larcwide [1] 674
lare [9] 597, 654, 709, 819, 1164, 1424, 1478, 1653, 1692
lareow [4] 404, 1321, 1466, 1707
larna [1] 482
larsmeoðas [1] 1220
larum [6] 141, 611, 679, 777, 813, 1290
last [1] 1446
laste [1] 1596
late [1] 46
latu [1] 1210
lað [1] 1347
laðe [1] 408
laðes [2] 1443, 1474
laðne [1] 1249
laðra [2] 80, 944
laðspell [1] 1079
leahtrum [1] 1295
lean [2] 387, 948
leas [2] 1367, 1705
leges [1] 1552
lehtrum [1] 1216
leng [6] 80, 800, 1042, 1364, 1467, 1660
leoda [7] 268, 663, 1227, 1259, 1363, 1390, 1706
leode [5] 170, 1093, 1249, 1321, 1680
leodfruma [1] 1660
leodfruman [1] 989
leodhete [3] 112, 1138, 1149
leodmearce [2] 286, 777
leodrihte [1] 679
leodsceaðena [1] 80
leodum [1] 1649
leof [2] 1251, 1579
leofað [1] 1288
leofe [1] 1017
leofesta [6] 288, 307, 595, 629, 811, 1431

leoflic [1] 1446
leofne [6] 404, 825, 944, 989, 1123, 1707
leofost [3] 575, 935, 1352
leofre [1] 1428
leofwendum [1] 1290
leoht [5] 77, 124, 1017, 1251, 1611
leohtfruma [2] 387, 1413
leordan [1] 1042
leorde [1] 124
leornung [1] 1482
leoðgiddinga [1] 1479
leoðo [1] 781
leoðobendum [2] 1033, 1564
leoðolic [1] 1628
leoðu [1] 1404
leoðubendum [3] 100, 164, 1373
leoðworda [1] 1488
Leton [2] 831, 1099
lic [3] 151, 1238, 1404
lice [2] 1474, 1477
lices [3] 229, 1421, 1443
licgað [1] 1426
lichoman [3] 790, 1216, 1466
lid [1] 398
lides [2] 403, 1707
lidweardas [1] 244
lidwerigum [1] 482
lifcearo [1] 1428
lifdon [1] 129
life [3] 77, 597, 1482
lifes [9] 170, 229, 387, 518, 822, 1111, 1123, 1413, 1466
liffruma [1] 1284
liffruman [1] 562
lifgende [2] 378, 459
lifigende [1] 1409
lifnere [1] 1089
lige [1] 1541
lihte [1] 1397
limseoce [1] 579

linde [1] 46
lindgecrode [1] 1220
lindgesteallan [1] 1344
linnan [1] 1138
lisse [1] 1111
Lissum [1] 868
lissum [1] 825
liðan [1] 256
liðe [2] 276, 867
liðra [1] 437
loc [2] 1423, 1472
loccas [1] 1426
locenra [1] 303
lof [7] 57, 877, 1006, 1295, 1451, 1477, 1479
lofe [2] 868, 989
lucon [1] 1259
lufan [3] 164, 431, 1063
lufode [1] 597
lufodon [1] 868
lungre [15] 46, 77, 124, 151, 518, 614, 674, 1042, 1093, 1123, 1138, 1347, 1421, 1472, 1628
lust [3] 286, 294, 303
luste [4] 1023, 1079, 1140, 1573
lyfað [1] 541
lyfte [2] 420, 866
lyftgelac [2] 827, 1552
lyswe [1] 1220
Lyt [1] 1227
lyt [4] 271, 476, 1290, 1344
lytlum [1] 1488
ma [5] 492, 662, 924, 1178, 1443
macræftige [1] 257
macræftigran [1] 472
mæcga [1] 772
mæcgas [2] 422, 1708
mæg [9] 190, 194, 215, 425, 502, 516, 546, 851, 933
mæge [1] 303

mægen [5] 395, 625, 876, 1214, 1571
mægene [4] 701, 1433, 1469, 1676
mægenspedum [1] 1285
mægðe [3] 264, 275, 844
mægwlite [2] 856, 1338
mælde [2] 300, 767
mænað [1] 1665
mændan [1] 1548
mændon [1] 1157
mænig [1] 1436
mænra [1] 941
mæran [4] 40, 227, 287, 973
mære [3] 7, 815, 1338
mæres [1] 94
mærne [1] 366
mærum [2] 449, 908
mæst [2] 1198, 1445
mæste [2] 465, 1501
mæðel [2] 1049, 1496
mæðelhægende [1] 609
mæðelhegende [1] 1096
mæw [1] 371
maga [4] 625, 639, 815, 984
magan [2] 759, 1347
magas [1] 1515
magon [6] 279, 954, 1179, 1215, 1352, 1558
magorædendes [1] 1461
magoþegnas [1] 1515
magoþegne [1] 1207
maguþegn [1] 366
maguþegnas [1] 1140
maguþegne [1] 94
Mambre [1] 788
Man [2] 694, 767
mancynn [2] 945, 1502
mancynnes [5] 69, 172, 446, 540, 846
mandreame [1] 37
mane [1] 1599

manegum [3] 960, 1120, 1708
manfrea [1] 1313
manfulle [1] 180
manfulra [1] 42
mangeniðlan [1] 916
manig [6] 814, 1085, 1116, 1225, 1549, 1596
Manige [1] 973
manige [3] 583, 658, 1626
mann [2] 493, 1484
manna [7] 262, 486, 517, 544, 637, 908, 1374
manncynnes [4] 357, 1178, 1293, 1465
mannum [1] 767
manslaga [1] 1218
maran [1] 554
mare [1] 1522
Maria [1] 688
marmanstan [1] 1498
Marmedonia [3] 264, 844, 1676
martyra [1] 876
Matheus [7] 11, 40, 97, 122, 941, 1004, 1044
maðme [1] 1113
maðmum [1] 309
Me [2] 609, 1434
me [25] 63, 71, 76, 85, 198, 200, 345, 357, 389, 472, 485, 603, 629, 902, 905, 935, 962, 1199, 1285, 1376, 1404, 1413, 1427, 1453, 1484
meaht [1] 211
meahte [3] 272, 922, 1323
meahton [2] 1224, 1231
mearcland [2] 19, 802
mearcpaðe [1] 1061
mearcpaðu [1] 788
mearum [1] 1096
mehte [2] 479, 929
meldigan [1] 1170

men [2] 7, 583
menigeo [1] 1690
menigo [6] 101, 177, 449, 1044, 1200, 1209
menn [6] 246, 257, 594, 676, 814, 895
Meoduscerwen [1] 1526
meorð [1] 275
meotud [11] 69, 172, 357, 386, 446, 789, 902, 1207, 1289, 1513, 1602
meotude [3] 924, 984, 1469
meotudes [8] 140, 517, 681, 694, 724, 881, 1498, 1632
meotudwange [1] 11
Mere [1] 465
mere [2] 283, 491
merebate [1] 246
merefaroðe [2] 289, 351
mereflod [1] 1526
mereliðendum [1] 353
meres [1] 221
merestreama [2] 309, 454
mereþissan [1] 257
mereþyssan [1] 446
Mermedonia [2] 42, 180
mete [1] 366
meteleaste [2] 39, 1157
metes [1] 1113
meteþearfendum [2] 27, 136
mette [2] 471, 553
meðe [3] 39, 465, 1157
meðelhegendra [1] 262
meðelstede [2] 658, 697
meðlan [1] 1440
meðle [2] 1436, 1626
micel [3] 41, 107, 158
miclum [1] 122
mid [57] 12, 51, 54, 85, 99, 101, 114, 184, 209, 220, 235, 237, 249, 265, 292, 319, 347, 379, 521, 599,

615, 626, 681, 685, 718, 758, 779, 809, 825, 866, 878, 914, 945, 966, 989, 1021, 1048, 1049, 1053, 1057, 1075, 1153, 1218, 1220, 1388, 1401, 1408, 1486, 1525, 1559, 1594, 1638, 1643, 1644, 1646, 1674, 1722

middangeard [8] 161, 224, 345, 701, 1323, 1372, 1502, 1718

middangeardes [2] 82, 227

Miht [2] 603, 624

miht [16] 340, 486, 525, 574, 585, 595, 642, 811, 816, 860, 1336, 1364, 1434, 1476, 1517, 1718

mihte [9] 16, 477, 573, 694, 939, 986, 1129, 1393, 1543

mihtig [4] 662, 786, 1372, 1496

mihton [6] 132, 368, 565, 964, 1147, 1714

mihtum [8] 104, 162, 328, 536, 697, 785, 1207, 1513

milde [1] 902

mildheort [1] 1285

mildse [2] 140, 1674

milts [1] 908

miltsa [2] 353, 449

miltse [1] 289

miltsum [1] 544

min [10] 73, 190, 634, 734, 1214, 1284, 1289, 1425, 1453, 1481

mine [8] 97, 224, 391, 1215, 1343, 1368, 1374, 1626

minne [5] 975, 1281, 1416, 1440, 1670

minra [2] 924, 934

minre [3] 968, 1433, 1674

minum [1] 1328

mirce [1] 1218

misgehygd [1] 772

missenlice [1] 583

mið [1] 1209

mod [11] 69, 82, 140, 351, 454, 637, 771, 1242, 1393, 1461, 1667

modblinde [1] 814

mode [11] 66, 99, 422, 448, 625, 639, 746, 984, 1017, 1251, 1583

modes [3] 143, 287, 1690

modgemynd [1] 688

modgeomre [2] 1113, 1708

modgeþyldig [1] 981

modhord [1] 172

modig [2] 241, 1676

modiga [1] 1632

modigan [1] 1049

modige [4] 802, 1096, 1140, 1515

modiglice [1] 246

modigra [2] 395, 1571

modrof [1] 1496

modsefa [1] 892

modsefan [2] 554, 1209

modur [1] 687

moldan [3] 594, 1289, 1484

moldern [1] 802

mon [1] 746

monna [1] 1023

morgene [1] 221

morgentorht [1] 241

morðorcofan [1] 1004

morðorcræftum [1] 177

morðorscyldige [1] 1599

morðre [2] 19, 772

morþres [1] 1170

morðres [3] 975, 1140, 1313

mose [2] 27, 136

most [2] 105, 115

moston [1] 1012

motan [2] 109, 1444

mote [1] 1416

moton [5] 228, 598, 886, 916, 1215

Moyse [1] 1513

mundbyrd [2] 724, 1632

mundbyrde [1] 1433

mundum [2] 491, 750
murn [1] 99
murndan [1] 37
murnende [1] 1667
muð [3] 651, 1300, 1440
Mycel [2] 422, 1481
mycel [5] 287, 815, 1166, 1605, 1690
myclade [1] 1526
mycladon [1] 1553
myclan [1] 1436
mycle [5] 707, 1204, 1428, 1518, 1563
mycles [1] 895
myclum [2] 395, 892
myne [1] 1537
myneð [1] 294
myrce [1] 1313
naca [1] 266
nacan [1] 291
Næbbe [1] 301
Næfre [2] 471, 1401
næfre [4] 459, 1286, 1382, 1693
Nænig [1] 544
nænig [1] 986
nænigne [2] 570, 1037
Næs [6] 21, 380, 662, 1162, 1471, 1522
næs [3] 888, 1113, 1305
næsse [1] 1710
Nafast [1] 311
Nalas [1] 1591
nalas [5] 46, 233, 506, 605, 1042
nama [2] 542, 1322
naman [2] 975, 1670
Ne [20] 98, 198, 211, 279, 317, 337, 633, 636, 735, 800, 1129, 1164, 1209, 1215, 1347, 1431, 1467, 1543, 1609, 1669
ne [72] 16, 22, 37, 85, 99, 99, 139, 154, 178, 199, 200, 212, 215, 231,
261, 280, 301, 302, 302, 303, 312, 338, 360, 377, 402, 493, 499, 502, 503, 516, 553, 565, 574, 633, 710, 764, 813, 816, 898, 901, 916, 922, 928, 929, 954, 957, 964, 986, 1056, 1082, 1159, 1215, 1277, 1293, 1364, 1393, 1420, 1421, 1422, 1422, 1423, 1454, 1471, 1472, 1473, 1473, 1474, 1533, 1619, 1660, 1693, 1702
neadcofan [1] 1309
neah [3] 359, 638, 1062
nearonedum [1] 102
nearu [1] 414
neat [1] 67
nede [1] 115
neh [5] 542, 821, 833, 991, 1252
nemdon [1] 1193
nemnan [1] 1176
nemne [1] 664
nemned [2] 720, 1651
neod [1] 158
neon [1] 1176
neorxnawang [1] 102
neosan [5] 310, 484, 830, 1025, 1389
neotan [1] 810
neregend [2] 291, 1377
nergend [2] 549, 921
nerigend [1] 1286
nesan [1] 515
niedum [1] 1377
niflan [1] 1305
Niht [1] 1305
niht [4] 185, 1254, 1265, 1462
nihta [2] 930, 1673
nihtgerimes [2] 115, 158
Nihthelm [1] 123
nihtlangne [2] 834, 1309
nihtum [1] 148
niowan [1] 1670

niowinga [1] 1394
Nis [2] 205, 1210
nis [2] 107, 1432
Nið [1] 1303
nið [2] 768, 1394
niða [1] 1377
niðe [1] 1037
niðhetum [1] 834
niðplegan [1] 414
niwan [2] 123, 1303
No [4] 3, 926, 1265, 1443
no [2] 562, 1704
Nu [20] 185, 340, 391, 595, 614, 644, 729, 811, 897, 950, 1023, 1165, 1179, 1197, 1301, 1364, 1425, 1517, 1558, 1602
nu [28] 66, 283, 317, 332, 397, 422, 475, 485, 489, 648, 678, 759, 814, 902, 904, 932, 936, 1166, 1281, 1293, 1320, 1328, 1414, 1441, 1478, 1503, 1504, 1605
numen [1] 1340
Nyston [1] 1088
nyton [1] 745
of [47] 57, 89, 100, 112, 115, 117, 168, 195, 243, 264, 278, 291, 396, 444, 555, 583, 587, 589, 590, 732, 736, 757, 774, 780, 794, 795, 944, 968, 1033, 1133, 1144, 1149, 1150, 1177, 1373, 1385, 1399, 1409, 1423, 1470, 1471, 1472, 1503, 1544, 1564, 1624, 1664
ofer [65] 7, 87, 190, 198, 201, 223, 224, 236, 242, 244, 247, 252, 259, 274, 283, 293, 298, 306, 310, 336, 345, 348, 352, 367, 368, 383, 390, 398, 421, 423, 439, 445, 495, 499, 513, 517, 543, 602, 676, 701, 788, 823, 825, 838, 853, 863, 895, 906, 932, 970, 1104, 1173, 1215, 1229, 1261, 1300, 1323, 1372, 1374,

1434, 1481, 1524, 1714, 1718, 1719
oferbræd [1] 1306
oferbrægd [1] 1541
ofereode [4] 464, 820, 826, 862
oferhigdum [1] 1318
oferhygdum [1] 319
oferstag [1] 1574
ofgifan [1] 1655
oflysted [2] 1112, 1226
ofost [1] 1565
ofostlice [1] 1625
ofre [1] 1712
ofslæpendum [1] 865
ofstlice [2] 299, 792
Oft [3] 140, 511, 652
oft [5] 17, 164, 442, 618, 626
ombehtþegnas [1] 1534
On [1] 1509
on [221] 1, 10, 11, 15, 18, 22, 36, 58, 65, 66, 77, 86, 98, 99, 102, 120, 130, 134, 134, 137, 170, 179, 180, 185, 191, 206, 207, 212, 214, 222, 235, 237, 238, 239, 240, 246, 250, 252, 253, 254, 255, 257, 263, 266, 275, 276, 284, 286, 289, 305, 311, 316, 324, 337, 339, 351, 358, 379, 382, 400, 408, 413, 422, 429, 430, 432, 438, 444, 446, 448, 450, 460, 470, 481, 489, 490, 498, 500, 501, 504, 507, 511, 514, 515, 552, 554, 582, 588, 594, 604, 616, 620, 626, 634, 637, 639, 640, 644, 650, 663, 672, 684, 689, 699, 700, 705, 714, 715, 720, 726, 730, 734, 737, 752, 769, 774, 777, 788, 821, 824, 827, 830, 832, 847, 849, 852, 864, 866, 873, 874, 893, 898, 899, 900, 903, 905, 923, 928, 935, 960, 970, 972, 985, 988, 998, 1017, 1021, 1023, 1024, 1034, 1045, 1046, 1050,

1058, 1073, 1084, 1087, 1096, 1106, 1110, 1140, 1142, 1146, 1160, 1165, 1180, 1191, 1199, 1214, 1226, 1241, 1251, 1265, 1289, 1317, 1327, 1334, 1338, 1339, 1340, 1385, 1386, 1388, 1407, 1417, 1422, 1427, 1436, 1446, 1452, 1453, 1462, 1477, 1484, 1485, 1502, 1506, 1512, 1531, 1560, 1570, 1573, 1583, 1596, 1615, 1622, 1626, 1645, 1652, 1662, 1670, 1671, 1680, 1694, 1696, 1699, 1711, 1712, 1713, 1716, 1721

onarn [1] 999

onblonden [1] 675

onbryrded [2] 122, 1118

oncnawan [2] 566, 1214

oncnawe [2] 322, 644

oncnawen [1] 527

oncnawest [1] 631

oncneow [4] 529, 672, 843, 855

oncneowan [1] 764

oncneowon [2] 875, 1337

oncwæð [6] 270, 396, 442, 555, 1346, 1429

oncyrde [1] 466

oncyrran [1] 1461

oncyrred [1] 36

oncyðdæda [1] 1179

Ond [1] 1414

ond [174] 8, 9, 23, 38, 49, 50, 54, 62, 83, 95, 100, 101, 111, 114, 134, 151, 152, 152, 153, 165, 173, 174, 196, 197, 216, 222, 225, 233, 237, 283, 318, 318, 325, 328, 330, 346, 354, 356, 366, 371, 388, 399, 404, 412, 431, 436, 456, 456, 486, 489, 520, 522, 523, 539, 551, 552, 556, 565, 567, 569, 578, 587, 590, 596, 597, 607, 608, 614, 630, 649, 650,

668, 687, 688, 691, 702, 732, 743, 747, 748, 748, 749, 753, 754, 775, 782, 793, 798, 810, 850, 867, 868, 869, 870, 876, 896, 934, 939, 945, 948, 964, 1001, 1016, 1018, 1030, 1033, 1035, 1039, 1072, 1122, 1133, 1139, 1169, 1172, 1187, 1191, 1193, 1203, 1205, 1215, 1222, 1224, 1257, 1264, 1280, 1282, 1299, 1307, 1308, 1321, 1326, 1340, 1346, 1361, 1364, 1395, 1400, 1411, 1438, 1451, 1464, 1465, 1477, 1496, 1501, 1511, 1516, 1562, 1566, 1567, 1588, 1597, 1628, 1630, 1635, 1637, 1638, 1641, 1644, 1650, 1652, 1656, 1657, 1663, 1678, 1684, 1684, 1688, 1698, 1704, 1715, 1716, 1718, 1719

ondgitan [1] 1521

ondlange [1] 1254

ondlangne [2] 818, 1274

ondsacan [2] 1148, 1459

ondsæc [1] 927

ondsware [11] 285, 315, 319, 401, 508, 617, 628, 643, 1184, 1345, 1375

ondswarode [6] 260, 277, 290, 343, 510, 623

ondswarude [1] 202

ondsweorodon [1] 857

ondwist [1] 1540

onfeng [1] 1528

onfenge [2] 53, 1339

Onfengon [1] 1630

onfengon [1] 1122

onfindaþ [1] 181

onfon [2] 782, 1640

Ongan [6] 427, 469, 1170, 1341, 1398, 1698

ongan [5] 12, 449, 669, 1019, 1315

ongann [6] 352, 849, 1126, 1266, 1555, 1607
ongeton [1] 534
ongin [2] 466, 741
onginn [1] 888
onginne [1] 1440
ongit [1] 936
ongitan [4] 861, 901, 922, 986
ongiten [2] 785, 897
ongunne [1] 1419
ongunnon [1] 763
ongyldan [1] 1101
onhlad [1] 1269
onhliden [1] 1077
onhrered [4] 370, 393, 1302, 1394
onleac [3] 172, 316, 601
onlice [1] 251
onlicnes [1] 731
onmod [1] 54
onmunan [1] 895
onsendan [1] 187
onsende [4] 110, 1327, 1506, 1604
onspeon [1] 671
onspeonn [1] 470
onsprang [1] 1635
onstellan [1] 971
onsunde [2] 1012, 1623
onsyne [3] 721, 910, 1499
ontyned [2] 105, 1612
onwand [1] 531
onwende [1] 35
Onwoc [1] 839
onwocon [1] 683
onwod [1] 140
oor [1] 649
open [2] 759, 803
opene [1] 1076
or [1] 1382
orcnawe [1] 770
ord [1] 1330
orde [2] 1483, 1535

ordfruma [1] 146
ordfruman [1] 683
ordum [2] 32, 1205
ore [1] 1106
oreta [1] 463
oretta [2] 879, 983
orettmæcgas [1] 664
orfeorme [2] 406, 1617
orgete [4] 526, 759, 851, 1569
orhlytte [1] 680
orlege [4] 47, 1146, 1205, 1302
ormæte [1] 1166
orwena [1] 1107
oð [1] 1575
oðer [1] 656
oðere [1] 689
oðerne [2] 1015, 1163
oðerra [1] 704
oðerre [1] 443
oþre [1] 808
oðre [3] 706, 1675, 1700
oðrum [3] 138, 1051, 1100
oþþæt [1] 1574
oþðæt [1] 1304
oðþæt [3] 268, 835, 1247
oððæt [7] 464, 820, 826, 1061, 1245, 1268, 1456
oððe [4] 334, 546, 638, 745
oððeoded [1] 1421
oðwitan [1] 1358
oðywed [1] 911
owihte [1] 800
Platan [1] 1651
plegode [1] 370
racian [1] 521
ræced [1] 1308
ræd [3] 936, 1088, 1645
rædend [2] 627, 816
rædsnotterran [1] 473
rædum [2] 469, 1498
ræsboran [2] 139, 385

ræsdon [1] 1334
ræswa [1] 1086
ræswan [2] 692, 1622
ræswum [1] 619
reccan [1] 1489
rece [1] 419
recene [1] 1511
reonigmode [1] 592
reordade [3] 255, 415, 602
reordaþ [1] 1301
reordberend [1] 419
reorde [2] 60, 1108
reordigan [1] 469
reordode [1] 364
reotan [1] 1712
reow [1] 1116
reowe [1] 1334
restan [1] 1576
reste [1] 592
retan [1] 1608
reðe [1] 139
rice [2] 364, 415
ricene [1] 807
rices [3] 807, 1326, 1683
ricsode [1] 1116
ricum [1] 385
riht [4] 120, 324, 700, 1645
rihte [1] 521
Rihtes [1] 139
rim [1] 546
rimcræfte [1] 134
rime [2] 1035, 1696
rinc [1] 1116
rinca [1] 967
rincas [2] 9, 1343
rod [1] 967
rode [2] 1326, 1337
rodera [2] 627, 816
rodor [1] 521
rof [4] 625, 984, 1469, 1676
rofe [1] 9

rofran [1] 473
rofum [1] 1343
rond [2] 9, 412
rowend [1] 473
rudon [1] 1003
rune [3] 134, 627, 1161
ryhte [1] 1511
sacerdas [1] 742
sæ [2] 247, 453
sæbate [2] 438, 490
sæbeorgas [1] 308
sæcce [1] 1132
sæde [1] 1022
sæflotan [1] 381
Sægde [1] 1654
sægde [3] 755, 1207, 1469
sægdon [1] 1080
sægl [1] 1456
sæhengeste [1] 488
sæholm [1] 529
sæl [1] 1165
sælade [1] 511
sæle [1] 1355
sæleodan [1] 500
sælidan [1] 471
sælwage [1] 1493
sæmearh [1] 267
sæne [2] 204, 211
sæs [2] 236, 1658
sæstreamas [2] 196, 749
sæt [2] 305, 1007
sæton [2] 362, 591
sæwe [1] 515
sæwerige [2] 826, 862
Saga [1] 557
salte [1] 749
salu [1] 1673
samnade [1] 125
samnodan [1] 1124
samod [1] 1666
sandhleoðu [1] 236

sang [1] 869
sann [1] 1277
Sar [1] 1246
sar [3] 956, 1468, 1689
sarbennum [1] 1239
sarcwide [2] 320, 965
sare [4] 1368, 1396, 1404, 1453
sares [1] 1243
sargan [1] 60
sarslegum [1] 1275
Satan [1] 1193
Satane [1] 1689
sawla [4] 228, 549, 921, 1417
sawle [3] 151, 433, 865
sawon [1] 1679
sawulgedal [1] 1701
sceacan [1] 1594
Sceadu [1] 836
sceal [8] 66, 185, 341, 435, 520, 890, 947, 1309
scealcum [1] 512
sceall [1] 181
Scealt [1] 1208
scealt [9] 174, 216, 943, 950, 1366, 1383, 1467, 1520, 1669
Scealtu [1] 220
sceatas [1] 332
sceattas [1] 297
sceaðan [2] 1133, 1291
sceawode [1] 839
scel [1] 952
scell [1] 1483
sceocan [1] 1139
Sceolde [1] 1132
sceolde [8] 757, 924, 1100, 1137, 1244, 1403, 1414, 1697
Sceoldon [1] 796
sceoldon [1] 137
sceolon [3] 614, 733, 1487
sceor [1] 512
sceoran [1] 1181

scerp [1] 1133
sceððan [1] 1147
scinan [1] 836
scineð [1] 1720
scingelacum [1] 766
scip [1] 240
scipferendum [1] 250
scippend [1] 278
scipum [1] 512
scipweardas [1] 297
scire [1] 836
scrid [1] 496
scriðan [1] 1457
scurheard [1] 1133
scyldhatan [2] 1047, 1147
scyldhetum [1] 85
scyldige [1] 1216
scyle [1] 77
scyna [1] 766
scyppend [6] 119, 192, 396, 434, 486, 787
scyðeð [1] 1561
scyððan [1] 1047
Se [1] 239
se [61] 12, 35, 118, 161, 168, 225, 254, 261, 262, 313, 346, 359, 371, 382, 519, 521, 535, 566, 639, 661, 696, 751, 766, 773, 799, 815, 843, 977, 990, 996, 1029, 1045, 1103, 1105, 1115, 1126, 1138, 1164, 1190, 1195, 1198, 1199, 1253, 1296, 1307, 1377, 1386, 1395, 1455, 1523, 1541, 1575, 1581, 1587, 1604, 1607, 1632, 1635, 1647, 1660, 1687
Sealde [1] 577
sealde [1] 1513
sealte [1] 196
sealtne [1] 1532
searocræft [1] 109
searohæbbendra [1] 1468

searonet [1] 64
searonettum [1] 943
searoþancum [1] 1255
searowum [1] 745
searuhæbbende [1] 1528
searuþancle [1] 1161
searwe [1] 1348
searwum [1] 1396
sec [1] 1225
secan [10] 226, 308, 698, 809, 943, 977, 1502, 1539, 1658, 1677
secaþ [1] 1568
secað [1] 600
sece [2] 320, 731
seceð [2] 909, 1153
secga [2] 1636, 1656
secgan [5] 458, 648, 764, 851, 1006
secganne [1] 1481
Secgas [1] 1368
secgaþ [1] 345
secgað [1] 681
Secge [1] 618
secge [1] 733
secgende [1] 949
secgplegan [1] 1353
sefa [1] 1251
sefan [2] 98, 1165
segle [1] 505
segon [1] 711
sel [2] 745, 762
sele [1] 1311
seledream [1] 1656
selerædend [1] 659
seles [1] 714
selost [3] 329, 411, 1565
selran [1] 471
Selre [1] 320
selre [2] 1353, 1563
semninga [2] 464, 820
Sende [1] 1613

sendon [1] 1028
seo [7] 107, 449, 613, 758, 1074, 1210, 1561
seofon [2] 114, 1673
seofona [1] 1311
seofone [1] 994
seolfa [2] 340, 505
seolfes [2] 1300, 1441
seolfne [1] 921
seolfor [1] 338
seolhpaðu [1] 1714
seomian [1] 183
seonodolg [1] 1406
seoðþan [1] 534
seowað [1] 64
Septe [1] 742
Seraphim [1] 719
sessade [1] 453
sete [2] 1248, 1304
sidan [1] 968
side [4] 652, 762, 1067, 1637
Sie [1] 1451
sie [3] 70, 417, 1439
sien [1] 734
sigebroðor [1] 183
sigedema [1] 661
sigedryhten [2] 60, 1453
sigedryhtne [1] 877
sigel [2] 50, 89
sigerofne [1] 1225
sigesped [1] 646
sigetorht [1] 1246
sigewang [1] 1581
sigora [4] 329, 714, 987, 1406
sigore [1] 116
sigores [1] 760
sigorsped [2] 909, 1435
Simon [1] 691
sincgestreon [1] 1656
sincgife [1] 1509
sinchroden [1] 1673

sincweorðunga [2] 272, 477
sindon [2] 201, 1369
sine [4] 427, 823, 847, 1515
singal [1] 869
sinra [2] 663, 713
Sint [1] 1404
sint [2] 348, 1425
sinum [5] 522, 750, 813, 989, 1021
sio [3] 167, 207, 1634
sionwe [1] 1425
sittan [1] 247
sið [6] 44, 155, 340, 515, 860, 1704
siðe [9] 175, 706, 795, 808, 845,
   1391, 1458, 1675, 1700
siðes [1] 1041
siðfæt [1] 420
siðfæte [2] 358, 1662
siðfætes [2] 204, 211
siðfate [1] 663
siðfrome [2] 247, 641
siðigean [1] 829
Siþþan [1] 1223
siððan [1] 1106
siðum [2] 490, 605
slæp [4] 464, 820, 826, 862
slæpe [3] 795, 849, 1527
Sleað [1] 1300
slege [1] 956
slogon [1] 964
Smeolt [1] 1581
smylte [1] 453
Snaw [1] 1255
snel [1] 505
snellic [1] 267
sneome [1] 795
sneowan [2] 242, 1668
snottor [1] 469
snottre [1] 659
snoweð [1] 504
snude [1] 267
snytrum [1] 1153

snyttra [1] 631
snyttro [2] 554, 1165
snyttrum [1] 646
soden [1] 1239
sohte [1] 28
sohton [1] 641
sona [9] 72, 450, 529, 849, 999,
   1334, 1535, 1567, 1579
sorg [1] 1690
sorgbyrþen [1] 1532
sorge [1] 1568
sorgodon [1] 1227
sorgum [1] 116
Soð [1] 1435
soð [10] 526, 603, 631, 644, 764,
   851, 965, 1558, 1563, 1602
soðcwidum [1] 733
soðe [3] 114, 458, 618
soðfæst [1] 386
soðfæste [1] 1514
soðfæstes [1] 673
soðfæstlic [1] 877
soðfæstra [1] 228
soðlice [1] 681
soðra [1] 710
spell [1] 815
speon [1] 597
spilde [1] 284
spor [1] 1180
spowan [1] 1544
spræc [2] 904, 1557
sprecan [1] 1315
sprece [1] 732
sprecen [1] 1622
stæfnan [1] 495
stærcedferþne [1] 1233
stan [5] 738, 766, 774, 841, 1523
standan [5] 882, 993, 1062, 1448,
   1494
standað [1] 722
stande [1] 502

stane [1] 738
stanes [1] 741
stanfage [1] 1236
stanhleoðo [1] 1233
stanhleoðu [1] 1577
stapul [1] 1062
stapulas [1] 1494
staðola [2] 1210, 1213
staðolade [1] 799
staþole [1] 1503
staðolfæst [1] 121
staþolige [1] 82
staðulfæst [1] 1336
steape [2] 840, 1306
stedewangas [1] 334
stedewange [1] 774
Stefn [1] 738
stefn [3] 92, 167, 1429
stefnan [2] 403, 1707
stefne [12] 56, 61, 96, 123, 291,
   537, 873, 1126, 1303, 1360, 1399,
   1456
stefnum [2] 722, 1054
steoran [1] 495
steorend [1] 1336
sticcum [1] 1488
stig [1] 985
stige [1] 1442
stigon [2] 349, 429
stilde [1] 451
stillan [1] 1576
stille [1] 502
stiðferðe [1] 722
stiðhycgendum [2] 741, 1429
stod [3] 254, 375, 737
Stodon [1] 1712
stodon [3] 842, 871, 1157
Stop [1] 1577
stop [1] 985
Storm [1] 1236
storm [1] 502

stormas [1] 1576
storme [1] 1494
stowa [1] 121
stræl [1] 1189
stræt [1] 1580
stræte [5] 334, 774, 985, 1062,
   1236
strang [1] 313
strangan [1] 1336
stranglice [1] 167
strangum [3] 162, 536, 1210
Stream [1] 1523
stream [3] 852, 1280, 1538
streamas [2] 374, 1503
streamfare [1] 1576
streamræce [1] 1580
Streamwelm [1] 495
strengas [1] 374
strengra [1] 1385
streonan [1] 331
stund [1] 1210
stunde [2] 416, 1497
styred [1] 1092
styredon [1] 374
styrend [1] 121
sum [4] 11, 967, 1174, 1311
suna [3] 681, 691, 881
Sund [2] 424, 1528
sund [3] 381, 488, 747
sundor [1] 1161
sungon [1] 877
sunnan [1] 1013
sunne [2] 1248, 1304
sunu [3] 879, 1109, 1684
susle [1] 1379
Swa [12] 157, 177, 438, 461, 582,
   661, 692, 1053, 1149, 1245, 1328,
   1455
swa [62] 5, 67, 149, 192, 193, 261,
   269, 297, 304, 322, 327, 333, 333,
   345, 348, 357, 389, 418, 493, 501,

524, 594, 622, 649, 710, 786, 789,
813, 845, 895, 922, 926, 927, 931,
937, 949, 972, 986, 1045, 1115,
1137, 1231, 1234, 1234, 1243,
1250, 1274, 1288, 1321, 1323,
1341, 1343, 1344, 1393, 1441,
1449, 1476, 1514, 1562, 1582,
1670, 1696
swæfon [1] 1002
swæsenda [1] 386
swæsne [1] 1009
swæðe [1] 1441
swæðorodon [1] 533
swanrade [1] 196
Swat [1] 1275
swat [3] 968, 1425, 1441
swate [1] 1239
swatige [1] 1406
swaðe [2] 673, 1422
swaðrode [1] 1585
swealg [1] 1276
swearc [1] 372
swefan [2] 832, 849
sweg [1] 93
swegeldreamum [1] 720
swegeltorht [1] 1248
swegl [1] 749
swegle [2] 98, 1009
swegles [7] 208, 455, 641, 760,
809, 832, 869
Swelc [1] 25
swencan [1] 109
sweordes [1] 1132
sweordum [1] 72
sweotolum [1] 742
sweotulra [1] 565
sweoðerade [1] 465
sweras [1] 1493
sweðerodon [1] 836
swicað [1] 407
swice [1] 958

swigodon [1] 762
swilt [1] 1348
swið [2] 1207, 1513
swiðe [3] 423, 618, 926
swulgon [1] 710
swulton [1] 1530
swungen [2] 1246, 1275
swungon [1] 964
swylc [1] 29
Swylce [7] 584, 589, 704, 712, 881,
1029, 1687
swylce [6] 89, 166, 247, 621, 1036,
1257
Swylt [1] 1610
swylt [1] 994
swyltcwale [2] 156, 1368
Syb [1] 1013
sybb [1] 1568
sybbe [4] 98, 358, 809, 832
sylf [5] 5, 248, 665, 845, 1509
sylfa [5] 329, 433, 860, 1348, 1701
sylfætan [1] 175
sylfe [1] 1558
sylfes [3] 651, 1109, 1417
sylfne [1] 1212
sylfum [4] 644, 648, 949, 1662
sylla [1] 1509
syllan [4] 272, 366, 477, 1109
sylle [1] 97
syllicran [1] 500
symbeldæge [1] 1527
symbelgifa [1] 1417
Symble [1] 659
symble [3] 157, 1384, 1581
symle [3] 411, 651, 1153
symles [1] 64
synd [3] 323, 744, 1365
Syndon [1] 689
syndon [6] 264, 344, 676, 686, 720,
973
synfulle [1] 764

synfulra [1] 987
synne [2] 926, 1464
synnig [1] 921
Synnige [1] 565
synnige [3] 109, 710, 964
synnigne [1] 1300
synnigra [2] 956, 1610
synnum [2] 407, 1243
synt [2] 198, 391
synu [1] 1422
syredon [1] 610
Syþþan [1] 706
Syððan [3] 33, 1337, 1674
syþþan [2] 43, 180
syðþan [3] 240, 893, 1514
syððan [10] 5, 295, 455, 1075, 1193, 1379, 1381, 1599, 1678, 1704
syxtyne [1] 490
taan [1] 1099
tacen [4] 29, 88, 214, 1338
tacna [1] 711
tacnum [1] 742
tæle [1] 633
tælige [1] 1484
tælmet [1] 113
talige [1] 1563
tan [1] 1103
teala [1] 1612
tearum [1] 59
teledon [1] 1103
tempel [2] 667, 1634
temple [1] 707
teode [1] 797
teon [1] 1230
teoncwide [2] 633, 771
tid [4] 214, 911, 1091, 1160
tide [2] 113, 1407
tigelfagan [1] 842
tir [1] 485
tireadige [3] 2, 665, 883

tireadigra [1] 1681
To [2] 1068, 1118
to [117] 23, 27, 40, 47, 73, 76, 81, 90, 98, 106, 111, 111, 113, 119, 132, 136, 153, 153, 160, 206, 212, 221, 234, 236, 287, 294, 295, 311, 313, 324, 342, 398, 424, 449, 458, 483, 567, 567, 588, 598, 606, 612, 618, 622, 653, 658, 666, 711, 778, 794, 795, 796, 808, 810, 828, 909, 918, 938, 969, 974, 1027, 1039, 1059, 1070, 1081, 1089, 1098, 1101, 1111, 1112, 1113, 1114, 1123, 1123, 1136, 1152, 1160, 1161, 1162, 1186, 1188, 1196, 1203, 1205, 1234, 1248, 1250, 1270, 1284, 1301, 1304, 1307, 1311, 1348, 1351, 1369, 1398, 1410, 1423, 1432, 1452, 1460, 1481, 1507, 1539, 1568, 1605, 1609, 1641, 1659, 1682, 1683, 1689, 1693, 1698, 1707, 1721
Tobias [1] 1516
tobrugdon [2] 159, 1527
todælan [1] 152
todraf [1] 1688
todrifene [1] 1426
togadore [1] 1438
togan [1] 1523
togenes [3] 45, 657, 1011
toglad [1] 123
tohlad [1] 1587
tolocen [1] 1404
tolysan [1] 151
torht [2] 105, 1612
torhte [1] 715
torhtlice [1] 1681
torngeniðlan [1] 1230
torras [1] 842
toslopen [1] 1425
tosomne [2] 33, 1093

trafu [1] 842
tredan [2] 775, 802
treowe [1] 214
treowgeþoftan [1] 1050
trum [1] 1477
trymede [3] 463, 1051, 1681
trymman [2] 428, 1419
tu [2] 1035, 1050
tunglum [1] 2
twa [1] 715
twæm [1] 779
twam [2] 249, 589
twegen [1] 689
twelfe [3] 2, 883, 1419
twelfta [1] 665
twentig [1] 114
tweogende [1] 771
tweonum [1] 558
tyn [1] 1512
tyres [1] 105
tyrgdon [1] 963
Þa [51] 40, 161, 167, 230, 241, 369, 415, 449, 467, 537, 666, 696, 727, 804, 837, 843, 863, 892, 913, 966, 1019, 1067, 1085, 1097, 1116, 1155, 1168, 1206, 1253, 1278, 1302, 1311, 1360, 1446, 1458, 1462, 1555, 1569, 1575, 1584, 1587, 1595, 1607, 1620, 1625, 1632, 1636, 1643, 1661, 1675, 1695
þa [109] 15, 25, 41, 45, 51, 59, 67, 101, 118, 130, 171, 216, 225, 235, 270, 282, 284, 285, 286, 299, 305, 337, 343, 349, 359, 380, 382, 383, 385, 401, 419, 427, 429, 489, 588, 600, 605, 625, 628, 642, 720, 735, 777, 786, 790, 792, 800, 805, 829, 839, 846, 847, 857, 899, 911, 918, 929, 939, 977, 990, 1009, 1011, 1027, 1033, 1039, 1044, 1049, 1058, 1063, 1070, 1078, 1089, 1099, 1108, 1120, 1160, 1163, 1170, 1184, 1229, 1249, 1295, 1315, 1319, 1345, 1370, 1375, 1388, 1398, 1419, 1429, 1445, 1458, 1464, 1469, 1476, 1486, 1522, 1613, 1617, 1623, 1624, 1637, 1655, 1680, 1680, 1697, 1698, 1715
Ða [25] 92, 122, 147, 315, 352, 364, 454, 601, 632, 773, 822, 910, 981, 996, 1093, 1103, 1135, 1195, 1201, 1269, 1274, 1296, 1386, 1450, 1706
ða [34] 143, 202, 254, 260, 469, 555, 559, 572, 579, 617, 626, 763, 763, 801, 801, 807, 816, 829, 1053, 1111, 1126, 1177, 1194, 1339, 1386, 1394, 1409, 1541, 1592, 1601, 1627, 1690, 1710, 1712
þæm [1] 795
Þær [13] 41, 181, 770, 878, 887, 907, 1049, 1153, 1382, 1534, 1554, 1647, 1708
þær [54] 15, 21, 48, 90, 105, 168, 175, 199, 224, 228, 263, 279, 280, 294, 305, 445, 502, 598, 607, 654, 662, 667, 695, 711, 790, 805, 869, 888, 923, 935, 940, 967, 979, 1001, 1037, 1039, 1083, 1192, 1222, 1225, 1349, 1379, 1403, 1542, 1555, 1569, 1571, 1588, 1591, 1625, 1634, 1684, 1693, 1701
Ðær [2] 183, 1547
ðær [8] 217, 244, 562, 657, 875, 1007, 1080, 1296
þæra [1] 1495
þære [15] 40, 113, 137, 177, 185, 275, 281, 287, 719, 828, 1168, 1462, 1491, 1649, 1672
ðære [1] 1270

Þæs [1] 480

þæs [33] 29, 145, 155, 204, 211, 215, 261, 307, 344, 472, 649, 687, 718, 810, 1012, 1056, 1059, 1070, 1117, 1121, 1123, 1151, 1238, 1247, 1266, 1279, 1365, 1372, 1479, 1499, 1530, 1563, 1592

ðæs [1] 1453

Þæt [12] 7, 248, 682, 906, 1483, 1489, 1532, 1562, 1659, 1689, 1702, 1722

þæt [122] 15, 19, 26, 28, 30, 37, 71, 73, 91, 108, 115, 150, 159, 178, 185, 203, 205, 261, 273, 276, 284, 303, 321, 322, 346, 368, 378, 429, 430, 433, 434, 438, 459, 499, 511, 511, 527, 530, 534, 550, 559, 563, 566, 573, 574, 603, 609, 661, 673, 681, 700, 707, 737, 757, 762, 765, 766, 788, 799, 804, 844, 852, 860, 894, 896, 898, 916, 920, 922, 933, 945, 956, 958, 960, 962, 1073, 1080, 1119, 1121, 1135, 1137, 1167, 1172, 1183, 1211, 1214, 1228, 1242, 1267, 1285, 1288, 1289, 1299, 1308, 1327, 1344, 1357, 1361, 1373, 1400, 1416, 1420, 1435, 1437, 1437, 1463, 1482, 1485, 1505, 1517, 1523, 1540, 1559, 1564, 1606, 1653, 1655, 1660, 1663, 1669, 1690, 1697

Ðæt [1] 1199

ðæt [21] 85, 194, 207, 308, 319, 329, 403, 485, 558, 610, 618, 636, 731, 928, 1329, 1333, 1418, 1437, 1602, 1617, 1620

ðætte [1] 546

þafigan [1] 402

Þam [2] 14, 889

þam [63] 22, 47, 48, 90, 119, 179, 184, 209, 294, 314, 381, 467, 598, 638, 666, 683, 697, 699, 718, 728, 795, 796, 854, 909, 980, 988, 1004, 1008, 1014, 1029, 1034, 1043, 1068, 1080, 1086, 1098, 1118, 1130, 1142, 1146, 1154, 1219, 1222, 1226, 1298, 1315, 1322, 1339, 1351, 1353, 1356, 1359, 1369, 1436, 1460, 1544, 1646, 1649, 1650, 1659, 1662, 1683, 1702

Ðam [1] 885

ðam [2] 658, 1205

þan [1] 1031

þanc [4] 384, 1150, 1469, 1622

ðanc [1] 1451

þancade [1] 1011

þance [1] 1112

þances [1] 557

þanon [1] 1065

þara [8] 28, 379, 569, 886, 890, 974, 1051, 1152

þas [3] 111, 207, 914

Þe [3] 102, 1365, 1384

þe [88] 28, 81, 83, 97, 99, 100, 101, 101, 108, 110, 130, 164, 217, 263, 271, 271, 294, 303, 307, 311, 314, 317, 317, 344, 355, 368, 379, 388, 407, 474, 476, 485, 494, 507, 529, 579, 630, 638, 644, 648, 718, 747, 799, 828, 886, 890, 909, 915, 916, 922, 931, 932, 937, 945, 951, 957, 974, 980, 1040, 1047, 1130, 1152, 1154, 1186, 1192, 1193, 1211, 1212, 1218, 1266, 1318, 1320, 1348, 1362, 1370, 1373, 1432, 1432, 1440, 1443, 1445, 1479, 1486, 1517, 1563, 1602, 1609, 1615

Ðe [1] 1190

ðe [39] 53, 112, 161, 254, 261, 275, 282, 292, 386, 472, 483, 519, 521, 534, 535, 564, 566, 600, 618, 633, 815, 859, 960, 1012, 1059, 1151, 1164, 1194, 1214, 1284, 1329, 1352, 1355, 1377, 1386, 1412, 1451, 1504, 1509

þeah [9] 53, 476, 564, 710, 813, 975, 1243, 1250, 1628

ðeah [1] 1217

þearf [2] 1166, 1605

þearfe [1] 1652

þearle [1] 1115

þearlic [1] 1136

þearlra [1] 1598

þeaw [2] 25, 177

ðeawum [1] 462

þegen [1] 528

þegn [6] 43, 384, 417, 557, 1391, 1678

þegna [1] 696

Þegnas [2] 376, 462

þegnas [11] 3, 237, 245, 323, 344, 363, 391, 402, 726, 872, 1026

þegnodon [1] 884

þegnum [1] 1329

þegon [2] 593, 1112

ðegon [1] 25

þeh [5] 271, 515, 856, 955, 1609

ðeh [1] 900

þehte [1] 966

þehton [1] 1525

þencest [1] 212

þenden [1] 1288

þendon [1] 1713

ðendon [1] 1397

Þeod [1] 1112

þeod [1] 1098

þeoda [3] 107, 547, 1451

ðeoda [1] 1622

þeodbealo [1] 1136

þeode [4] 25, 185, 571, 1185

þeoden [10] 288, 290, 323, 364, 415, 479, 696, 773, 872, 900

þeodenhold [1] 384

þeodnas [1] 363

ðeodne [1] 1007

þeodnes [2] 3, 94

ðeodsceaða [1] 1115

þeodum [3] 520, 1605, 1652

þeos [2] 731, 1428

ðeos [1] 1437

þes [2] 420, 496

þin [14] 70, 194, 216, 541, 542, 604, 940, 952, 954, 1295, 1317, 1321, 1418, 1441

þinceð [1] 609

þine [9] 284, 288, 399, 421, 548, 635, 1190, 1384, 1424

þines [3] 65, 1383, 1417

þing [2] 157, 930

þinggemearces [1] 148

þingstede [1] 1098

þinne [7] 183, 213, 479, 1209, 1213, 1216, 1316

þinra [1] 482

þinum [5] 959, 1285, 1289, 1292, 1503

Þis [1] 751

þis [2] 1023, 1506

Ðis [1] 717

ðisne [1] 1604

þissa [2] 268, 386

þissum [2] 77, 550

þohton [2] 150, 693

þolian [1] 1414

ðolie [1] 955

þolige [1] 1217

þon [3] 361, 501, 1522

ðon [1] 970

Þone [1] 1324

þone [9] 86, 227, 747, 831, 978, 1171, 1175, 1431, 1566

ðone [1] 752

þonne [19] 4, 9, 142, 152, 252, 347, 399, 409, 412, 512, 891, 924, 1089, 1178, 1309, 1428, 1484, 1500, 1519

Ðonne [1] 655

þrage [1] 790

ðrage [1] 1598

ðragmælum [1] 1230

þrah [1] 107

þrea [2] 107, 1166

þreade [2] 452, 1687

þreanedum [1] 1264

þreat [4] 870, 1095, 1269, 1608

þreata [1] 376

þreatað [1] 520

þreate [1] 1636

þreo [1] 185

þreora [1] 930

þriddan [2] 793, 1391

þrim [1] 148

þrinnesse [1] 1685

þrist [2] 1139, 1264

þriste [2] 237, 1652

þristlice [1] 1185

þritig [1] 157

þrohtheard [2] 1139, 1264

þrohthearde [1] 402

þrohtheardne [1] 1391

þrowedon [2] 414, 1071

þrowian [3] 80, 615, 1468

þrowiað [1] 281

þrowigan [1] 1367

þrowode [1] 1610

þrowodon [1] 431

þrungon [2] 126, 1203

þry [3] 245, 801, 1414

þrym [9] 3, 344, 723, 887, 957, 998, 1260, 1536, 1572

þrymfæst [2] 323, 479

þrymfulle [1] 363

þrymlice [1] 245

ðrymlice [1] 547

Þrymman [1] 1139

þrymme [1] 1685

þrymsittende [1] 884

þrymsittendes [2] 417, 528

þryðbearn [1] 494

þryðcining [1] 436

þryðfullum [1] 1329

þryðum [2] 376, 1148

þryðweorc [1] 773

Þu [5] 68, 943, 1291, 1362, 1366

þu [5] 283, 1187, 1282, 1349, 1520

Ðu [7] 174, 216, 505, 939, 956, 1383, 1418

ðu [80] 73, 85, 98, 105, 115, 188, 193, 203, 211, 212, 214, 224, 273, 276, 284, 288, 304, 308, 319, 340, 342, 357, 389, 400, 417, 418, 480, 482, 485, 487, 527, 530, 540, 550, 557, 574, 595, 603, 624, 629, 811, 816, 860, 898, 914, 926, 927, 928, 950, 955, 958, 974, 1185, 1188, 1189, 1208, 1209, 1217, 1285, 1316, 1318, 1319, 1350, 1354, 1363, 1379, 1381, 1406, 1409, 1413, 1419, 1453, 1467, 1498, 1505, 1508, 1517, 1521, 1669, 1674

þuhte [2] 740, 1135

þuhton [1] 440

ðurfan [1] 337

Þurh [3] 827, 1520, 1552

þurh [46] 34, 79, 187, 218, 436, 525, 585, 597, 611, 631, 635, 642, 651, 670, 688, 699, 725, 739, 771, 912, 941, 965, 971, 975, 1000, 1092, 1276, 1279, 1294, 1336, 1348, 1418, 1440, 1442, 1444,

1475, 1476, 1530, 1532, 1580, 1586, 1616, 1629, 1635, 1651, 1692

ðurh [4] 66, 109, 315, 633

þurhdrifen [1] 1397

Þus [2] 686, 818

þus [5] 62, 173, 354, 539, 1716

ðus [1] 1411

þusendmælum [1] 872

ðusendo [1] 591

þy [7] 77, 733, 1147, 1266, 1365, 1594, 1643

þyder [1] 282

þynceð [1] 472

þynden [1] 1323

ðys [1] 492

þysse [2] 684, 973

þyssum [6] 88, 100, 112, 358, 761, 1026

ðyssum [1] 1198

ðyð [1] 520

uhtan [2] 235, 1388

uncuðra [1] 178

under [31] 2, 46, 93, 95, 98, 128, 141, 144, 208, 420, 455, 505, 512, 545, 832, 837, 940, 1005, 1009, 1013, 1038, 1065, 1071, 1204, 1253, 1305, 1402, 1457, 1493, 1595, 1600

undyrne [1] 1480

uneaðe [1] 205

unforcuð [2] 475, 1263

unfyrn [1] 1371

unheorne [1] 34

unhwilen [1] 1154

unhyðige [1] 1078

unlæde [1] 744

unlædra [2] 30, 142

unlytel [3] 876, 1237, 1270

unlytle [1] 1493

unmæte [3] 653, 1219, 1682

unnan [2] 146, 298

unrihte [1] 1559

unrim [1] 704

unsælige [1] 561

unscyldig [1] 1137

unslawne [1] 1711

unsyfre [1] 1310

untweonde [1] 1242

untyddre [1] 1252

unweaxne [1] 1627

up [1] 792

upengla [1] 226

upgemynd [1] 1064

upheofon [1] 798

uplican [1] 119

upp [7] 443, 979, 1125, 1236, 1303, 1318, 1625

uppe [1] 749

upweg [1] 830

ure [1] 454

Us [4] 265, 862, 1561, 1567

us [15] 269, 273, 276, 288, 292, 330, 342, 434, 514, 596, 852, 865, 1419, 1420, 1566

userne [3] 340, 397, 860

Usic [1] 286

ussa [1] 1319

ut [9] 15, 968, 1221, 1272, 1279, 1390, 1523, 1537, 1577

Utan [2] 871, 1356

utan [1] 28

uðweota [1] 1105

wac [1] 212

wadan [1] 1271

Wadað [1] 677

wadu [1] 1545

wæda [1] 439

wædo [1] 375

Wædu [1] 533

wæg [1] 533

Wægas [1] 1545

wægas [4] 373, 456, 748, 1589
wæge [1] 1594
wæges [1] 632
wægfære [1] 923
wægflotan [1] 487
wægþele [1] 1711
wælgifre [2] 372, 1271
wælgrædige [1] 135
wælgrim [1] 1415
wælmum [1] 452
wælreowe [1] 1211
wælwulfas [1] 149
wæpen [1] 1145
wæpna [1] 71
wæpnes [1] 1180
wæpnum [2] 1069, 1291
wære [11] 213, 269, 487, 535, 563, 765, 799, 824, 898, 988, 1178
wærfæst [2] 416, 1310
wærfæstne [1] 1273
wærleasra [1] 1069
wærloga [1] 1297
wærlogan [3] 71, 108, 613
Wæron [1] 250
wæron [10] 7, 46, 579, 791, 1016, 1041, 1114, 1259, 1334, 1695
Wæs [4] 1138, 1238, 1395, 1537
wæs [77] 11, 19, 25, 29, 36, 40, 41, 57, 64, 122, 147, 158, 161, 169, 230, 231, 232, 239, 248, 262, 385, 489, 594, 665, 667, 684, 700, 854, 869, 874, 878, 887, 892, 949, 967, 981, 1010, 1013, 1018, 1097, 1105, 1112, 1116, 1119, 1155, 1201, 1223, 1225, 1242, 1245, 1250, 1251, 1253, 1274, 1302, 1307, 1322, 1382, 1394, 1476, 1532, 1534, 1542, 1547, 1554, 1571, 1573, 1579, 1581, 1581, 1584, 1622, 1627, 1643, 1659, 1689, 1708

Wæst [1] 1186
wæst [1] 1282
Wæter [1] 1572
wæter [6] 201, 222, 253, 333, 1507, 1553
wæterbrogan [2] 197, 456
wætere [1] 587
Wæteregesa [1] 435
Wæteregsa [1] 375
wæteres [4] 22, 452, 1260, 1536
wæterflodas [1] 503
wættre [1] 953
wage [2] 714, 732
walcan [1] 1524
waldend [9] 193, 213, 388, 539, 702, 855, 920, 1056, 1451
wana [1] 1040
wand [1] 372
wang [1] 839
wangstede [1] 988
wanhale [1] 580
wann [1] 1169
wansælige [1] 963
waroða [1] 306
waroðe [1] 263
waroðfaruða [1] 197
waruðe [1] 240
waruðgewinn [1] 439
Wast [1] 932
Wat [1] 941
wat [6] 183, 199, 433, 498, 814, 904
waðe [1] 593
waðu [1] 1457
waðuman [1] 1280
We [8] 1, 264, 292, 323, 408, 859, 875, 1352
we [19] 268, 405, 407, 438, 455, 511, 515, 666, 673, 687, 881, 1167, 1347, 1357, 1424, 1559, 1564, 1568, 1606
weald [1] 1355

wealdend [5] 225, 248, 325, 604, 799

wealdendes [1] 576

wealdeð [2] 1603, 1685

weallan [1] 1503

weallas [2] 843, 1553

weallað [1] 1405

wealle [3] 726, 736, 1492

weallende [2] 1574, 1709

weallgeatum [1] 1203

wean [1] 675

weard [9] 52, 56, 82, 227, 596, 601, 632, 987, 1406

weardigan [1] 599

weardigað [1] 176

wearð [21] 90, 92, 350, 369, 467, 524, 566, 770, 910, 960, 1085, 1106, 1149, 1343, 1386, 1526, 1529, 1550, 1569, 1595, 1702

wearðBB [1] 1090

weatacen [1] 1119

webbade [1] 672

weccean [1] 850

wedde [1] 1631

Weder [1] 1256

wederburg [1] 1697

Wedercandel [1] 372

wederes [1] 837

weg [6] 170, 191, 252, 1173, 1532, 1680

wega [2] 65, 932

wegas [2] 198, 1234

weges [1] 601

wel [1] 212

welan [3] 302, 318, 1159

well [1] 885

welum [1] 755

welwange [1] 1226

wemde [2] 740, 1480

wen [1] 1074

Wendan [2] 1072, 1597

wendan [1] 587

wende [1] 377

wenede [1] 1682

wenum [1] 1087

weoll [5] 769, 1240, 1275, 1280, 1546

weop [1] 1400

weorc [2] 799, 1659

weorce [1] 1365

weorces [1] 1277

weorm [1] 769

weorn [1] 677

weorna [1] 1490

Weorod [1] 1046

weorod [1] 1682

weoroda [3] 870, 1206, 1415

weorode [2] 1659, 1706

weorodes [3] 1039, 1271, 1592

weorodum [2] 564, 736

Weorð [1] 902

weorðade [1] 1268

weorðadon [1] 1055

weorþan [2] 204, 948

weorðan [5] 137, 211, 758, 890, 953

weorðe [1] 276

weorðedon [1] 1715

weorðeð [1] 1383

weorðode [1] 755

weorðodon [1] 806

weorud [1] 761

weoruda [7] 62, 173, 388, 435, 727, 1282, 1663

weorude [1] 1390

weotod [1] 951

weotud [1] 1366

weotude [1] 1074

Weox [1] 1536

weox [2] 568, 1677

weoxon [2] 373, 1545

wep [1] 1431

wepende [1] 59
wer [4] 168, 1171, 1395, 1648
wera [13] 35, 135, 620, 650, 705, 730, 787, 1145, 1155, 1200, 1507, 1554, 1597
Weras [1] 1536
weras [4] 428, 963, 1637, 1666
werede [2] 743, 1053
weregum [1] 59
werig [1] 1278
werige [3] 580, 593, 615
weriges [1] 1169
werigferð [1] 1400
werigmod [1] 1366
werigum [2] 86, 615
werod [2] 1069, 1219
werþeoda [1] 543
werþeode [2] 137, 573
werðeode [1] 855
werum [3] 22, 153, 558
Wes [3] 540, 914, 959
weste [1] 1159
westenne [1] 699
wexe [1] 1145
wic [2] 131, 1310
wicgum [1] 1095
widan [6] 106, 810, 938, 1383, 1452, 1721
wide [6] 333, 576, 1119, 1234, 1554, 1637
widfæðme [2] 240, 533
widferende [1] 279
widland [1] 198
widlastas [1] 677
widne [1] 283
widrynig [1] 1507
wif [1] 1666
wifa [2] 1039, 1597
wigan [1] 1711
Wigend [1] 1297
wigend [3] 850, 1053, 1203

wigendra [7] 506, 887, 896, 1450, 1572, 1608, 1672
wiges [4] 839, 1183, 1226, 1355
wiggendra [1] 1095
wihte [2] 1522, 1661
wilgeofan [1] 62
willa [1] 70
willan [6] 65, 106, 304, 356, 1401, 1641
willað [3] 178, 292, 298
wille [9] 75, 84, 342, 347, 458, 474, 648, 1286, 1412
willgedryht [1] 914
willgeofa [1] 1282
willum [1] 810
wilnast [1] 283
wilnedon [1] 448
wilnian [1] 1128
wilnode [1] 918
wilsið [1] 1046
wilt [1] 288
wilþege [1] 153
win [1] 587
winas [1] 198
winburg [1] 1637
winbyrig [1] 1672
wind [2] 269, 503
Windas [1] 452
windas [2] 373, 456
windige [1] 843
wine [3] 307, 1431, 1464
winedryhten [1] 919
wineþearfende [1] 300
winræced [1] 1159
wintercealdan [1] 1265
wintergeworpum [1] 1256
wintrum [1] 506
wira [1] 302
wis [6] 316, 470, 552, 624, 919, 1497
wisa [1] 843

wisdom [3] 569, 650, 1678
wisdomes [1] 645
wisfæstne [1] 1648
wisfæstra [1] 1167
wisian [1] 1099
wisige [1] 488
wislic [1] 509
wisode [2] 381, 985
wisran [1] 474
wist [2] 21, 388
wiste [7] 153, 261, 302, 312, 318, 593, 1074
wita [3] 1470, 1490, 1618
wite [3] 546, 603, 889
witebendum [2] 108, 1561
witig [1] 743
witigan [1] 801
witod [1] 889
witu [4] 1052, 1365, 1415, 1611
witum [5] 580, 1211, 1299, 1361, 1631
wið [13] 213, 275, 299, 389, 425, 560, 921, 1188, 1210, 1291, 1359, 1387, 1495
wiðerfeohtend [1] 1183
wiðerhycgende [2] 1072, 1172
wiðerhydig [1] 675
wiðermeda [1] 1195
wiðstod [1] 167
wiðþingode [3] 263, 306, 632
wlite [1] 1471
wliteleas [1] 1169
wlitig [2] 732, 870
wlitige [4] 363, 716, 1437, 1721
wloh [1] 1471
wolcnum [3] 93, 837, 1046
Wolde [4] 271, 478, 483, 970
wolde [8] 146, 894, 1109, 1130, 1655, 1658, 1660, 1699
woldes [1] 308
woldest [1] 203

woldon [10] 129, 402, 803, 1072, 1141, 1392, 1424, 1460, 1538, 1639
woman [1] 1355
wonge [1] 22
wonn [1] 837
wop [3] 1155, 1554, 1666
wopes [1] 1278
word [18] 416, 569, 650, 732, 801, 855, 896, 1172, 1299, 1358, 1361, 1381, 1400, 1418, 1430, 1497, 1663, 1678
worda [4] 509, 904, 923, 1439
wordcwidum [2] 552, 1447
worde [15] 193, 210, 304, 418, 584, 716, 727, 743, 778, 850, 913, 1019, 1206, 1280, 1450
wordes [3] 261, 474, 1648
Wordhleoðor [1] 708
wordhleoðres [1] 93
wordhord [2] 316, 601
wordlæðe [1] 635
wordlatu [1] 1522
wordlocan [1] 470
Wordum [1] 963
wordum [30] 13, 55, 62, 88, 173, 300, 354, 428, 539, 596, 624, 630, 740, 755, 761, 806, 812, 919, 1026, 1053, 1167, 1195, 1200, 1219, 1268, 1464, 1480, 1510, 1512, 1608
worhte [2] 523, 1479
worn [2] 812, 904
woruld [2] 576, 1686
worulda [1] 1686
worulde [4] 304, 356, 509, 948
woruldspede [1] 318
woðe [1] 675
wræc [1] 1380
wræce [1] 615
wræces [1] 1383

wræcsið [3] 889, 1358, 1431
Wrætlic [1] 740
wrætlic [1] 93
wrætlice [1] 712
wrætlicum [2] 630, 1200
wrat [1] 1510
wrað [1] 1297
wraðra [2] 1273, 1317
wraðum [1] 613
wrecan [1] 1180
wrecen [1] 1548
wreðede [1] 523
wridað [1] 635
wridode [1] 767
writan [1] 13
wroht [1] 672
wrohtsmiðum [1] 86
wudubate [1] 905
wuldor [7] 171, 555, 854, 1317, 1411, 1452, 1463
wuldorcyninges [4] 418, 801, 1430, 1447
wuldorgestealda [1] 1686
wuldorgifum [1] 938
wuldorspedige [1] 428
wuldortorht [1] 1457
wuldorþrymmes [2] 325, 702
wuldras [1] 523
wuldre [7] 356, 543, 669, 948, 1618, 1682, 1721
wuldres [26] 55, 70, 88, 193, 210, 354, 535, 539, 596, 708, 726, 758, 806, 870, 887, 913, 1026, 1056, 1268, 1380, 1510, 1611, 1631, 1661, 1678, 1715
wuldur [1] 899
Wuna [1] 1672
wund [1] 1473
wunde [1] 407
wundor [5] 604, 620, 712, 730, 736
wundorcræfte [2] 13, 645

wundorworca [1] 705
wundra [5] 564, 569, 584, 699, 812
wundre [1] 620
wundrum [2] 1492, 1497
wundum [2] 953, 1278
wunedon [3] 131, 868, 1158
wunian [2] 1310, 1697
wuniað [1] 101
wunige [3] 99, 945, 1218
wunigean [1] 802
wunn [1] 1713
wunne [1] 1380
wunode [2] 163, 1262
wurdan [1] 1619
wurde [5] 156, 1066, 1228, 1408, 1423
Wurdon [1] 1583
wurdon [4] 376, 447, 453, 1339
wylm [2] 367, 863
wynn [4] 887, 1113, 1162, 1223
wynnum [2] 635, 1019
wyrd [4] 613, 758, 1480, 1561
wyrda [2] 630, 1056
wyrhta [2] 325, 702
wyrrestan [2] 86, 1592
wyrþan [1] 182
wyrðan [2] 215, 437
wyrðe [1] 208
wyrðest [1] 483
wyrðeð [2] 219, 972
wyrðmyndum [1] 905
wyrðode [1] 55
wyrðodest [1] 551
wyrðude [1] 538
yfel [1] 695
yfela [1] 1312
yfles [1] 1382
ylda [2] 182, 1555
yldestan [1] 763
ylding [1] 215
ymb [5] 157, 872, 1117, 1233, 1247

ymbe [3] 841, 871, 1577
ymbscan [1] 1017
ymbwurpon [1] 1553
yrmþa [1] 970
yrmðo [1] 1190
yrmðu [1] 1384
yrmðum [1] 163
yst [1] 1586
yð [1] 443
yða [7] 259, 352, 368, 466, 519, 823, 863

yðbord [1] 298
yðe [1] 1591
yðfare [1] 900
yðfynde [1] 1547
yðlade [1] 499
yðlid [1] 445
yðlide [1] 278
yðum [6] 451, 514, 1240, 1275, 1546, 1713
ywed [1] 972

3.3 *THE SANG O SANCT ANDRO*
3.3.1 Index verborum
Thare 2825 wird-forms fae the Scots leid at kythes in *The Sang o Sanct Andro*. 352 o thir sterts wi a capital letter in this edeition. The feigur gien in the square brackets aneth is the nummer o times the wird kythes in the text; the nummers at follas affeirs tae the lines whaur the wirds kythe.

A [10] 734, 844, 964, 1061, 1157, 1326, 1509, 1561, 1642, 1673

a [109] 14, 41, 63, 67, 89, 114, 139, 151, 175, 184, 191, 221, 240, 358, 373, 406, 436, 462, 469, 495, 501, 504, 508, 520, 524, 559, 562, 577, 583, 598, 650, 669, 671, 672, 688, 721, 722, 732, 758, 789, 790, 805, 812, 863, 869, 904, 951, 989, 1007, 1017, 1068, 1069, 1093, 1095, 1103, 1106, 1114, 1118, 1130, 1131, 1164, 1177, 1205, 1211, 1221, 1222, 1255, 1264, 1304, 1319, 1337, 1340, 1343, 1358, 1367, 1369, 1380, 1418, 1436, 1442, 1449, 1455, 1457, 1465, 1466, 1475, 1480, 1483, 1486, 1503, 1504, 1517, 1518, 1528, 1570, 1579, 1607, 1614 (×2), 1618, 1628, 1629, 1638, 1640, 1657, 1677, 1687, 1692, 1706

Aa [6] 517, 754, 826, 1007, 1260, 1428

aa [106] 24, 25, 26, 27, 42, 61, 65, 73, 88, 99, 102, 106, 119, 207, 225, 256, 280, 297, 316, 323, 324, 327, 329, 332, 335, 342, 350, 388, 389, 403, 406, 426, 462, 468, 476, 525, 538, 563, 566, 576, 590, 611, 623, 642, 656, 668, 670, 695, 730, 744, 755, 781, 785, 795, 810, 812, 818, 850, 888, 903, 906, 925, 929, 947, 968, 970, 984, 1014, 1035, 1037, 1053, 1064, 1079, 1086, 1090, 1097, 1113, 1142, 1180, 1201, 1244, 1250, 1269, 1276, 1279, 1296, 1303, 1360, 1375, 1412, 1415, 1422, 1428, 1458, 1463, 1491, 1512, 1526, 1545, 1552, 1582, 1599, 1617, 1627, 1686, 1704

aagaits [1] 864

aakyn [2] 122, 405
Aamichty [7] 76, 204, 258, 442, 745, 1354, 1601
aamichty [5] 248, 362, 695, 917, 1271
Aamichty's [1] 1178
aathegither [1] 1091
abade [1] 521
abais'd [1] 668
ablachs [1] 554
able [1] 924
ablow [4] 208, 452, 931, 1518
about [2] 532, 1007
Abraham [4] 747, 749, 768, 781
abreid [1] 271
abuin [9] 168, 369, 668, 744, 788, 888, 1136, 1192, 1555
accep [2] 1109, 1621
accord [1] 1582
accordant [1] 1619
Achaia [4] 168, 821, 919, 1683
adae [1] 1622
Ae [1] 1535
ae [9] 323, 474, 481, 1102, 1154, 1286, 1385, 1582, 1701
aefauldlie [1] 635
aet [1] 1090
aetin [1] 1110
afeild [1] 1219
aff [2] 783, 858
aff-pit [1] 214
affcome [1] 1336
affpit [1] 1499
affset [2] 1360, 1458
Afore [1] 712
afore [10] 611, 752, 873, 904, 1050, 1260, 1316, 1335, 1416, 1453
aforehaun [1] 940
aforesyne [1] 486
Aft [3] 17, 645, 1154

aft [2] 164, 611
again [8] 434, 464, 489, 595, 620, 1215, 1609, 1659
agin [3] 913, 1197, 1332
ahint [3] 130, 1288, 1423
ain [19] 5, 31, 155, 247, 381, 518, 530, 556, 570, 643, 673, 710, 768, 878, 1029, 1070, 1107, 1178, 1612
Aince [2] 685, 698
aince [8] 117, 124, 204, 772, 801, 1323, 1331, 1683
Airmies [1] 431
airmies [3] 61, 384, 1268
airms [1] 1005
airon [1] 1169
airt [4] 82, 292, 330, 1026
airtin [1] 1676
airtit [2] 378, 846
airts [2] 1163, 1617
Aiverie [1] 1110
aiverie [6] 66, 1149, 1316, 1516, 1553, 1587
alack [1] 202
alane [4] 81, 1302, 1431, 1573
Alang [1] 975
alang [2] 102, 1215
ale [1] 309
ale-house [1] 1149
ale-sowp [1] 1510
alowe [1] 1233
altars [1] 1623
am [2] 72, 1606
Amang [1] 11
amang [11] 295, 553, 560, 722, 835, 977, 1057, 1211, 1386, 1431, 1607
An [2] 1519, 1665
an [8] 15, 314, 549, 562, 962, 1191, 1510, 1630
And [52] 144, 201, 229, 258, 275, 288, 302, 340, 451, 507, 522, 595,

609, 620, 680, 716, 719, 781, 798, 805, 814, 837, 850, 903, 905, 917, 986, 1030, 1034, 1044, 1049, 1066, 1182, 1230, 1264, 1286, 1364, 1427, 1429, 1435, 1556, 1565, 1569, 1573, 1582, 1601, 1617, 1624, 1629, 1634, 1664, 1671

and [421] 9, 24, 30, 35, 36, 38, 39, 50, 54, 64, 81, 83, 84, 85, 91, 95, 101, 102, 106, 107, 110, 112, 115 (×2), 122, 126, 134, 136 (×2), 149, 150 (×2), 151, 152, 153, 154, 158, 162, 165, 166, 173, 174, 176, 181, 184, 197, 199, 203, 204, 207, 215, 217, 221, 224, 231, 232, 236, 245, 246, 256, 267, 268, 270, 274, 281, 284, 294, 308, 309, 315, 316, 318 (×2), 322, 323, 325, 326, 333, 338, 339, 343, 347, 351, 354, 362, 367, 368, 383, 385, 396, 401, 407, 410 (×2), 412, 420, 428, 433, 434, 436, 445, 446, 447, 448, 449, 451, 453, 454, 465, 466, 467, 470, 480, 482, 483, 486, 505, 510, 512, 516, 517, 520, 524, 525, 526, 528, 535, 537, 538, 547, 549, 550, 551, 555, 557, 559, 562, 564, 573, 574, 575, 577, 582, 585, 587, 591 (×2), 600 (×2), 606, 607, 608, 611, 613, 633, 636, 637, 642, 643, 647, 650, 660, 665 (×2), 676, 677, 678, 679, 682, 690, 692, 693, 694, 697, 699, 702, 706, 707, 709, 711, 715, 718, 720, 724, 725, 726 (×2), 727, 731, 737 (×2), 739, 742 (×2), 744, 745, 748 (×2), 759, 761, 762 (×2), 764, 767, 769, 770, 772, 774, 778, 781, 787, 801, 806, 830, 832, 833, 843, 853, 856, 866, 869, 877, 883, 888, 891, 895, 906, 911, 915, 921, 923, 925 (×2), 927, 930, 933, 936, 940, 953, 954, 958, 961, 972, 973, 974, 976, 979, 988, 990, 991, 995, 997, 998, 999, 1000, 1006, 1012, 1022, 1031, 1040, 1042, 1056, 1060, 1063, 1065, 1072, 1073, 1078, 1097, 1105 (×2), 1118, 1123, 1128, 1141, 1146, 1149, 1157, 1159, 1160, 1171, 1175, 1179, 1180, 1189, 1192, 1197, 1199, 1201, 1203, 1204, 1206, 1208, 1215, 1216, 1220, 1243, 1246, 1249, 1266, 1269, 1272, 1273, 1278, 1279, 1282, 1287, 1290, 1291, 1292, 1303, 1305, 1307, 1311, 1312, 1314, 1319, 1321 (×2), 1327, 1330, 1336, 1337, 1343 (×2), 1344, 1347, 1357, 1363, 1373, 1376 (×2), 1386, 1389, 1390, 1397, 1406, 1414, 1415, 1416, 1422, 1425, 1428, 1440, 1441, 1446, 1453, 1454, 1457, 1459, 1464, 1468, 1473 (×2), 1477, 1479, 1483, 1487, 1491 (×2), 1502, 1506, 1513, 1520, 1524, 1528, 1533, 1534, 1538, 1540, 1542, 1545, 1546, 1547, 1550, 1555, 1557, 1559, 1562, 1570, 1578, 1586, 1587, 1591, 1600, 1604, 1608, 1611, 1612, 1615, 1620, 1623, 1625, 1628, 1631, 1632, 1636, 1640 (×2), 1643, 1645, 1647, 1650, 1651, 1654, 1660, 1661, 1668, 1670, 1672, 1682, 1688, 1696 (×2), 1701, 1702, 1703 (×2), 1705 (×2), 1706

Andro [37] 111, 169, 188, 202, 283, 296, 312, 349, 374, 379, 567, 609, 620, 636, 810, 852, 906, 941, 1011, 1058, 1130, 1165, 1172, 1186, 1195, 1298, 1344, 1353, 1446, 1456, 1464, 1549, 1564, 1629, 1646, 1653, 1680

Andro's [4] 268, 1467, 1637, 1676

Ane [10] 14, 120, 224, 326, 647, 967, 1045, 1136, 1595, 1701

ane [9] 548, 694, 925, 958, 1172, 1231, 1295, 1474, 1546

Ane's [4] 21, 343, 701, 1498

ane's [1] 1314

anely [1] 656

anent [1] 338

anes [5] 179, 735, 985, 1198, 1551

aneth [2] 1379, 1434

angel [3] 193, 362, 1519

Angels [14] 74, 84, 120, 147, 275, 288, 431, 448, 820, 864, 894, 996, 1388, 1494

angels [10] 225, 248, 521, 594, 635, 705, 708, 814, 1063, 1705

anither [3] 246, 936, 1154

answer [12] 188, 258, 283, 288, 312, 314, 567, 609, 620, 636, 1172, 1353

answer't [1] 850

answered [4] 201, 340, 507, 917

answerin [2] 276, 398

apen [3] 794, 1077, 1569

apen't [3] 663, 720, 1561

apert [4] 559, 600, 1446, 1542

apostle [1] 1630

Apostles [1] 717

archangels [1] 878

are [17] 197, 200, 320, 341, 388, 389, 392, 503, 627, 668, 738, 928, 1013, 1382, 1403, 1485, 1649

arena [1] 1410

argie [2] 408, 1186

aroun [2] 864, 1704

arra [1] 1312

arras [1] 1048

as [61] 5, 47, 62, 90, 149, 151, 192, 259, 287, 294, 319, 336, 345, 355, 378, 419, 488, 498, 508, 509 (×2), 530 (×2), 534, 547, 588, 632, 644, 775, 778, 858, 862, 867, 922, 926 (×2), 940, 1045, 1046, 1099, 1209, 1219 (×2), 1240, 1260, 1303, 1305 (×2), 1319, 1338, 1358, 1402 (×2), 1453, 1621, 1626, 1630, 1633, 1644, 1680, 1697

aside [4] 841, 937, 1014, 1063

At [1] 234

at [88] 35, 71, 73, 86, 92, 135, 204, 219, 224, 225, 265, 280, 292, 294, 311, 342, 374, 378, 401, 421, 423, 431, 523, 554, 569, 575, 593, 623, 646, 653, 654, 664, 666, 672, 681, 684, 746, 750, 757, 768, 789, 791, 819, 879, 883, 897, 899, 902, 905, 913, 926, 954, 962, 963, 977, 989, 1014, 1088, 1089, 1091, 1145, 1154, 1155, 1168, 1186, 1188, 1269, 1272, 1300, 1325, 1339, 1366, 1395, 1462, 1464, 1465, 1469, 1494, 1502, 1567, 1583, 1598, 1605, 1635, 1643, 1655, 1693, 1695

at's [4] 102, 911, 1180, 1410

athill [1] 708

attery [3] 662, 761, 1510

Auld [1] 1467

auld [4] 1322, 1472, 1514, 1623

ava [1] 1499

awa [16] 126, 226, 281, 420, 648, 883, 921, 926, 1034, 1365, 1417, 1508, 1521, 1596, 1641, 1648

awauk't [1] 1504

Aye [4] 64, 537, 1362, 1485

aye [17] 105, 107, 143, 408, 564, 652, 928, 950 (×2), 1104, 1181, 1249, 1273, 1357, 1502, 1670, 1705

Ayebidin [1] 1275

ayebidin [18] 201, 227, 248, 323, 340, 354, 362, 507, 562, 686, 694, 712, 740, 1065, 1144, 1271, 1429, 1701

ayebidinlie [2] 1670, 1705

ayeweys [2] 642, 885

back [2] 1080, 1337

backhash [1] 79

backmen [1] 1493

bade [26] 133, 146, 163, 319, 327, 498, 583, 679, 764, 778, 799, 814, 840, 858, 861, 922, 1042, 1045, 1061, 1066, 1138, 1214, 1248, 1357, 1556, 1604

bairn [2] 490, 577

bairnheid [1] 676

bairns [2] 1310, 1351

bait [6] 221, 443, 493, 551, 891, 1694

baitchel't [1] 953

baith [5] 1003, 1006, 1028, 1307, 1415

balefires [1] 243

bambaizit [1] 735

bane [2] 1400, 1450

banes [3] 780, 1225, 1419

bangsters [3] 30, 953, 1214

bangstrie [4] 20, 1043, 1060, 1115

bann [1] 213

banners [1] 4

banns [3] 1034, 1374, 1544

bapteisin [3] 1616, 1621, 1625

bardrie [1] 1456

Bargane [1] 1330

bargane [8] 233, 282, 1092, 1114, 1140, 1171, 1365, 1399

barmekin [3] 827, 931, 1066

barmy [1] 309

barras [1] 1034

bate [1] 439

battale [1] 8

batterin [1] 493

bauchle [1] 1337

bauld [19] 8, 308, 551, 596, 735, 780, 857, 942, 973, 1114, 1174, 1191, 1195, 1249, 1291, 1314, 1324, 1555, 1613

bauld-hertit [1] 54

bauld-lyk [1] 146

bauldest [1] 408

bauldlie [2] 1066, 1171

bauldness [1] 1620

Be [1] 907

be [26] 23, 111, 205, 210, 305, 470, 521, 727, 807, 895, 924, 1014, 1021, 1098, 1110, 1142, 1214, 1371, 1398, 1400, 1401, 1416, 1417, 1429, 1465, 1599

Bear [1] 947

bear [1] 290

bedein [1] 1331

beek [1] 829

been [2] 262, 408

befell [2] 654, 1324

beffit [1] 952

beffs [1] 1204

begeckit [2] 738, 1075

Beginnin [1] 551

begoud [7] 424, 446, 662, 1122, 1377, 1536, 1588

begowk't [1] 606

begunk't [1] 606

behaud [1] 1210

Beild [1] 536

beild [7] 112, 133, 277, 562, 827, 1126, 1517

beildin [4] 532, 902, 907, 1045

beildit [1] 1137

beilds [3] 176, 649, 1222

beir [4] 344, 814, 1195, 1274

beirie't [1] 780

beirin [3] 505, 1070, 1080

belyve [5] 927, 1094, 1544, 1561, 1628

Benisons [1] 536

benmaist [2] 854, 1009

bens [1] 1517

bensil [4] 4, 516, 945, 1330

beseikin [2] 911, 1123

beset [1] 511

Beside [1] 100

bestower [2] 85, 1275

better [2] 319, 1543

bicker [2] 1174, 1191

bid [1] 1310

bidden [2] 16, 1680

biddin [8] 343, 646, 768, 782, 927, 1424, 1443, 1495

Bide [1] 1656

bide [12] 178, 277, 396, 593, 653, 1204, 1293, 1406, 1516, 1518, 1643, 1680

bides [5] 539, 640, 969, 1273, 1338

bidin [6] 169, 260, 443, 710, 801, 1165

bids [1] 1481

bield [2] 888, 1411

bielder [1] 1427

bields [1] 104

bigg [1] 1614

biggin [2] 700, 1291

biggins [1] 836

biggit [2] 176, 659

bil'd [1] 760

billies [1] 1126

binn [2] 1198, 1356

Binna [1] 1590

binna [1] 187

bird [1] 495

birkie [3] 169, 260, 303

birkies [2] 346, 958

birlinn [1] 358

birse [1] 1404

birthin [1] 676

bishop [1] 1633

bishops [1] 600

bittock [1] 1465

bladdit [3] 1128, 1224, 1419

blaffert [1] 1017

blaik [1] 1160

blasphemous [1] 763

blast [1] 1532

blate [1] 46

blaw [1] 683

blawin [2] 1314, 1404

blawn [1] 1532

bleds [2] 72, 1070

blee [1] 1160

bleez'd [1] 763

bleeze [1] 1519

Bless't [1] 54

bless't [2] 521, 816

blessin [6] 85, 223, 474, 761, 1025, 1666

blessins [1] 800

blessit [4] 459, 592, 710, 928

blinn [3] 78, 576, 804

bliss [1] 710

blissit [1] 581

blossom [1] 1425

bludewyte [1] 1580

blufferts [2] 510, 1241

bluid [12] 24, 681, 944, 958, 1085, 1128, 1224, 1226, 1261, 1403, 1419, 1426

bluid-fou [1] 992

bluid-tash't [1] 1383

bluidwyte [1] 30

bluidy [4] 159, 985, 1092, 1450

blumes [1] 627

Blythe [1] 1109

blythe [6] 594, 907, 1004, 1013, 1565, 1639

blytheheid [3] 354, 640, 801

blythelie [2] 344, 877
Blythesome [1] 1041
blythesome [4] 627, 861, 1617, 1656
blythesomelie [1] 969
bode [4] 218, 300, 355, 505
bodement [1] 1109
bodins [1] 854
body [1] 1383
bonnie [3] 592, 964, 1639
bonnier [1] 358
bonniest [1] 104
bonnilie [1] 706
born [2] 541, 562
bosie [1] 816
bou [1] 452
bou'd [1] 1028
bouk [3] 959, 1262, 1443
bouks [3] 24, 160, 1399
boun [4] 72, 213, 782, 1682
bouns [2] 176, 1025
bourach [5] 964, 1041, 1196, 1574, 1588
bourachs [2] 646, 1133
bowden [1] 1009
Bowsterous [1] 1315
bowsterous [1] 1468
brack [4] 221, 240, 355, 368
braes [1] 833
braeside [1] 1569
braid [7] 281, 328, 344, 528, 541, 659, 754
braid-breistit [1] 240
braidswurds [1] 1192
brairdit [1] 1000
braith [1] 1126
brak [3] 150, 510, 1569
braken [2] 1225, 1450
brakin [1] 1419
brangl't [1] 646
brangle [2] 581, 1191

branglin [1] 30
brans [1] 1403
brattachs [1] 1192
brattle [2] 218, 1140
brattlin [1] 233
braw [9] 627, 660, 700, 764, 854, 906, 961, 1415, 1456
brawer [2] 583, 1496
brawest [2] 359, 1209
breid [4] 21, 308, 385, 585
breim [2] 30, 46
breing't [2] 47, 1315
breinged [1] 368
breingin [1] 1133
breist [5] 58, 640, 889, 1115, 1264
breists [2] 760, 1554
breme [2] 763, 1214
brentit [1] 1616
bress [1] 1061
brew [1] 33
bricht [10] 146, 208, 242, 539, 640, 649, 757, 836, 928, 1426
brichtlie [1] 829
brichtness [1] 444
brig [2] 302, 596
brigs [1] 1247
brim [2] 820, 1574
bring [2] 354, 1362
brist [4] 988, 1017, 1264, 1480
bristin [1] 242
brither [2] 182, 931
brithers [3] 681, 1003, 1028
brocht [4] 207, 385, 1291, 1694
broun [1] 1515
bruik [3] 16, 79, 1443
bruikit [2] 800, 1580
bruisin [1] 1420
buckin [1] 1225
bude [6] 77, 785, 1013, 1229, 1465, 1469
buikmen [1] 600

buird [2] 221, 1089
buirdit [3] 346, 375, 891
buirdlier [1] 358
buirds [1] 439
bullerin [4] 237, 438, 492, 1556
bullers [2] 515, 528
bunn [16] 20, 48, 58, 102, 163, 183, 263, 330, 515, 532, 952, 1104, 1124, 1179, 1241, 1247
bure [1] 858
burgesses [1] 207
burgh [20] 78, 112, 183, 285, 653, 820, 964, 973, 1059, 1080, 1094, 1146, 1165, 1222, 1469, 1519, 1526, 1617, 1628, 1656
burgh's [2] 827, 834
burghers [3] 1188, 1565, 1633
burghs [1] 576
burnin [1] 760
burns [1] 1247
busk [1] 1682
buskit [3] 660, 706, 1496
But [10] 51, 59, 388, 422, 882, 1136, 1226, 1235, 1316, 1644
but [32] 38, 68, 108, 148, 184, 231, 253, 476, 490, 493, 500, 512, 565, 599, 618, 656, 670, 701, 730, 741, 897, 945, 947, 1037, 1044, 1075, 1084, 1178, 1196, 1371, 1453, 1654
By [1] 321
by [21] 49, 99, 105, 183, 246, 330, 461, 521, 758, 825, 827, 920, 934, 1062, 1221, 1345, 1412, 1470, 1472, 1495, 1496
bye [2] 282, 1405
bygane [1] 966
caa [7] 387, 711, 768, 1176, 1181, 1377, 1603
caa'd [7] 54, 533, 787, 821, 828, 1304, 1387

caas [1] 631
cairdin [1] 79
cairried [2] 265, 898
cairry [1] 215
cairry't [1] 859
callant [2] 501, 1134
callants [4] 153, 851, 1508, 1605
caller [2] 22, 309
Calvary [1] 1308
cam [44] 43, 59, 94, 97, 126, 139, 157, 167, 268, 615, 620, 624, 645, 650, 658, 685, 732, 778, 793, 831, 856, 1007, 1093, 1094, 1095, 1133, 1159, 1189, 1205, 1225, 1237, 1255, 1257, 1261, 1294, 1325, 1366, 1408, 1435, 1439, 1500, 1503, 1511, 1560
campion [1] 873
campioun [5] 44, 473, 979, 1164, 1694
campioun's [1] 1232
campiouns [6] 172, 490, 875, 1055, 1133, 1209
can [22] 88, 193, 337, 396, 397, 422, 484, 505, 513, 522, 544, 552, 589, 597, 616, 752, 1145, 1169, 1328, 1333, 1420, 1538
Canaan's [1] 767
canallie [1] 128
canna [1] 1201
Cannie [1] 268
cannie [2] 286, 470
cannilie [2] 318, 337
cannle [1] 1254
cantl't [1] 1662
cantle [1] 309
cantrip [1] 758
cantrips [1] 1100
capital [1] 658
Captain [3] 123, 172, 695
captane [3] 286, 377, 382

care [1] 274
carles [1] 153
carline's [1] 758
cattle [1] 565
cauf-grunn [1] 20
cauld [4] 221, 306, 1198, 1242
cauldrife [1] 200
caundle [1] 828
cavil [2] 1098, 1102
ceas't [1] 862
ceitie [9] 121, 206, 229, 658, 1220, 1633, 1638, 1660, 1681
ceities [1] 332
celestial [1] 121
ceremony [1] 881
chackit [1] 410
chalang'd [1] 737
chasteised [1] 1178
check't [2] 449, 737
checks [1] 516
cheer [1] 582
cheil [4] 650, 837, 1539, 1692
cheils [2] 132, 584
cheisit [1] 1591
Cherubim [1] 711
Chief [1] 661
chitter [1] 1245
Christ [7] 57, 319, 873, 1006, 1235, 1304, 1318
Christ's [1] 980
Christian [1] 1661
chyne-links [1] 300
chynes [7] 101, 109, 132, 952, 1179, 1352, 1540
chyng't [1] 582
circlin [1] 862
citadel [1] 41
claimed [1] 1302
Clair [2] 736, 751
clair [7] 106, 505, 523, 559, 844, 1265, 1549

clair-sounin [1] 1603
clanjamfrie [2] 1205, 1484
clash [1] 79
clatterin [1] 129
cleik [1] 608
cleikit [1] 1320
cleuch [1] 1570
cleuchs [1] 306
clifts [1] 1218
clinkin [1] 129
clinty [4] 1218, 1242, 1290, 1558
close [1] 981
clouds [1] 830
clour [1] 718
clyte [1] 1032
colloguin [1] 1096
column [1] 1061
columns [1] 1471
come [15] 40, 254, 266, 653, 838, 939, 1157, 1175, 1395, 1548, 1566, 1651, 1652, 1677, 1679
comers [1] 24
comes [1] 1197
comin [5] 44, 396, 1061, 1320, 1478
commaund [5] 192, 721, 729, 776, 791
commaundit [1] 209
commaunds [1] 840
compaingen [1] 999
compass't [1] 978
compassin [1] 324
concilement [1] 1547
confeirin [1] 601
confort [6] 478, 562, 599, 1547, 1668, 1687
conforts [1] 899
confoun [1] 1437
connach [3] 32, 1349, 1484
connacher's [1] 608
connachin [1] 1591

connacht [1] 1508
conquis [2] 753, 1562
conquissin [1] 60
consecrate [1] 1628
consither [3] 337, 1152, 1593
Consoler [1] 543
conter [1] 1202
convenin [1] 158
conveyit [1] 1691
core [3] 1117, 1280, 1661
corp [8] 944, 1032, 1202, 1223, 1232, 1313, 1406, 1451
corp's [1] 1420
corps [4] 24, 228, 779, 1608
couardiness [1] 232
council [4] 158, 407, 601, 1049
counsel [2] 471, 1156
counsellor [1] 1103
counsels [1] 1275
count [1] 1679
countit [1] 1100
courie [2] 230, 1476
course [1] 509
covenant [1] 1611
cown [1] 1123
cownin [1] 1566
cowp [1] 1314
crackin [1] 259
craft [1] 718
crafty [2] 470, 706
craigs [2] 1290, 1558
craituirs [2] 323, 903
cranreuch [1] 1243
Creation [5] 695, 786, 1388, 1476, 1584
Creation's [1] 1701
crews [1] 509
cripple [1] 575
Cross [4] 956, 1308, 1318, 1387
cross't [1] 818
Crouse [1] 232

crouse [7] 54, 407, 1096, 1133, 1174, 1314, 1694
crouse-hertit [1] 533
crouselie [1] 859
crouseness [1] 1551
crune [1] 1123
cry [1] 447
crynit [1] 228
cuddoms [1] 516
cuid [18] 204, 300, 499, 542, 568, 805, 808, 977, 1002, 1083, 1125, 1140, 1209, 1219, 1305, 1371, 1523, 1697
cuidna [3] 560, 919, 956
cuissen [2] 392, 1552
cuist [1] 1098
culroun [1] 1281
cummer [1] 1157
cummer't [1] 1540
cunn'd [1] 382
current [1] 1569
curs't [2] 607 (×2)
cursours [1] 1095
custrouns [1] 32
dachle [2] 513, 1251
dae [11] 65, 198, 319, 345, 510, 621, 637, 674, 890, 909, 961
dae't [1] 1545
dael [1] 147
daes [4] 304, 314, 523, 1268
daesna [1] 86
dafferie [1] 1153
Daith [1] 984
daith [9] 67, 279, 428, 579, 594, 1203, 1347, 1581, 1591
daith-duimit [1] 604
daith-sangs [1] 1527
daith's [1] 156
daithlie [1] 992
daiths [1] 88
damn't [2] 43, 1281

dang [4] 855, 954, 984, 1671
danger [2] 512, 1259
dantit [1] 796
darg [4] 229, 1252, 1344, 1647
daunton [2] 513, 1370
dauntonin [1] 438
daur [2] 790, 1331
daur'd-na [1] 729
daurk [2] 994, 1292
daurksome [1] 1256
Dauvit [1] 872
daw [1] 1230
dawin [5] 127, 234, 1366, 1502, 1512
Day [1] 1413
day [16] 127, 219, 673, 786, 810, 821, 828, 1151, 1230, 1260, 1362, 1366, 1375, 1502, 1503, 1510
day's [2] 234, 1385
days [8] 1, 108, 137, 157, 746, 1392, 1495, 1679
dear [3] 802, 1006, 1559
dearest [1] 571
debait [1] 411
debaitars [1] 8
Decreitar [1] 1056
decreitit [2] 6, 229
decreits [1] 75
dee [1] 1308
deed [2] 231, 1115
deeds [4] 591, 631, 806, 1592
deep [3] 189, 365, 1581
deep-gaigit [1] 1229
deeps [3] 391, 1505, 1576
defee [1] 729
deid [4] 1078, 1084, 1090, 1616
deid-straik [1] 1685
deid-straiks [1] 181
deidlie [4] 34, 53, 411, 1393
deif [1] 572
Deil [1] 605

deil [4] 1282, 1326, 1364, 1677
deil's [1] 42
deils [3] 1294, 1622, 1672
deivilish [1] 1278
delyte [1] 1151
delytes [2] 592, 884
demainin [1] 1542
demesne [1] 992
Dempster [1] 86
dempster [1] 1177
derf [8] 245, 303, 618, 1189, 1231, 1464, 1542, 1660
Derf-like [1] 1521
derfly [1] 1374
derfness [1] 3
derksome [1] 762
dern [4] 618, 684, 849, 1572
dern't [1] 1155
dernit [1] 1506
did [25] 14, 17, 154, 257, 283, 306, 458, 553, 560, 567, 609, 610, 613, 707, 822, 918, 1109, 1154, 1251, 1298, 1303, 1353, 1356, 1432, 1685
didna [1] 565
died [2] 984, 1507
dill [2] 448, 1557
dill't [1] 529
dindeirie [1] 1531
dingin [1] 1393
dinna [1] 1352
dinnl't [2] 57, 732
dirds [1] 1203
dirdum [3] 1189, 1256, 1287
dirgies [1] 1527
dirl [1] 499
disciple [1] 980
disjaskit [2] 934, 1088
dispite [1] 21
dispitefu [1] 1216
divine [1] 1412

doctrine [1] 591
domain [1] 1669
donsie [1] 1326
door [3] 983, 988, 1077
doors [1] 1017
doorstanes [1] 1084
doucht [1] 189
douchty [11] 8, 58, 173, 231, 245, 873, 910, 980, 1370, 1464, 1660
Doun [4] 723, 910, 988, 993
doun [26] 149, 207, 220, 234, 356, 392, 450, 730, 855, 933, 959, 1028, 1063, 1113, 1233, 1265, 1287, 1301, 1307, 1403, 1433, 1552, 1557, 1571, 1581, 1671
doungang [1] 1230
dountak [1] 1338
dour [2] 565, 733
dout [1] 1528
Doutsome [1] 1576
doutsome [2] 762, 997
Dowie [1] 1346
dowie [9] 66, 181, 391, 997, 1043, 1072, 1281, 1527, 1535
draig [1] 438
dram [1] 53
drauchtit [1] 1374
drave [1] 1672
dree [20] 66, 88, 108, 279, 365, 428, 511, 607, 943, 1013, 1043, 1067, 1229, 1269, 1347, 1363, 1380, 1444, 1469, 1642
dreed [6] 960, 985, 1071, 1464, 1591, 1685
dreein [2] 465, 1431
dreich [1] 997
dreid [2] 465, 796
dreidfu [1] 1531
dreidit [1] 1089
dreidour [2] 1251, 1528
dreidsome [3] 196, 391, 1570

dreidsomeness [1] 529
drink [1] 1512
drinkin [1] 53
drinks [1] 34
droukit [2] 485, 1085
drouth [1] 1563
drumlie [2] 830, 1570
Drychtin [4] 189, 1393, 1439, 1559
Drychtin's [1] 806
duim [6] 6, 75, 86, 137, 279, 1056
duim'd [3] 153, 1085, 1308
duimit [1] 604
duin [2] 1184, 1344
dule [14] 108, 607, 960, 1030, 1072, 1153, 1269, 1309, 1338, 1346, 1362, 1431, 1592, 1642
dule-weirdit [1] 1125
dulesome [1] 133
dulie [1] 1380
dumb [2] 67, 572
dunch [2] 450, 1339
dunch't [1] 1521
dune [4] 1260, 1344, 1421, 1647
dunes [2] 235, 303
dung [3] 933, 1307, 1472
dungeon [10] 57, 983, 994, 1030, 1043, 1072, 1077, 1256, 1292, 1439
dungeons [2] 133, 1017
dungin [3] 1231, 1260, 1374
dunters [1] 367
duntit [1] 953
dwallin [1] 1153
dwined [1] 1568
dwyne [1] 1057
dwynit [1] 3
dyster [2] 450, 499
dysters [1] 1557
e'en [5] 53, 292, 428, 579, 808
e'er [3] 202, 565, 1002

Earth [1] 1477
earth [1] 225
ease [1] 365
easedom [1] 17
easement [3] 1263, 1346, 1566
ebb [1] 220
edge [1] 1127
een [9] 31, 703, 752, 904, 1018, 1020, 1210, 1530, 1662
eenou [1] 1371
eeran [1] 784
Efter [4] 89, 755, 1205, 1503
efter [6] 15, 465, 594, 1547, 1563, 1566
Efterhins [1] 1684
eik [1] 1178
eiks [1] 1362
eiliein [1] 126
eirant [1] 214
Eith [5] 193, 204, 1333, 1526, 1583
eith [2] 752, 1169
eithlie [3] 422, 924, 1355
elders [2] 600, 611
eleiven [1] 656
enew [1] 1512
enjye [1] 107
Enn [1] 551
enn [2] 641, 1361
ensample [1] 962
ernes [1] 856
eternal [1] 1272
ettl't [1] 131
ettle [15] 193, 211, 292, 336, 426, 614, 941, 1073, 1090, 1117, 1331, 1437, 1550, 1637, 1678
ettlin [3] 147, 666, 1516
ever [2] 107, 1492
everlestin [1] 228
evermair [1] 801
exile [2] 882, 1361
faa [5] 135, 304, 434, 963, 1016

faa'n [3] 1091, 1426, 1581
face [6] 251, 332, 712, 849, 1318, 1477
fae [3] 1113, 1171, 1512
faem [4] 200, 311, 432, 817
faem-flichter't [1] 494
faeman [1] 1234
faemen [12] 198, 218, 908, 1012, 1047, 1060, 1076, 1127, 1206, 1276, 1398, 1445
faemen's [5] 187, 282, 936, 942, 1259
faemin [1] 1501
faes [3] 827, 1299, 1574
fails [1] 959
faimily [2] 578, 680
faimish't [1] 38
Fain [2] 269, 472
fain [6] 23, 253, 476, 852, 1235, 1515
fainness [4] 217, 628, 1654, 1676
fair [11] 125, 206, 382, 451, 519, 599, 1113, 1485, 1562, 1624, 1676
fairer [1] 1496
fairheid [1] 1448
fairin [1] 1213
faith [5] 212, 333, 557, 726, 1664
Faither [16] 84, 212, 327, 558, 712, 795, 816, 839, 890, 928, 1267, 1388, 1390, 1440, 1477, 1668
faither [2] 677, 1327
Faither's [1] 1616
faithers [1] 746
fame [1] 473
famed [1] 7
fang [2] 942, 1688
far [1] 1496
fare [10] 156, 174, 200, 203, 287, 327, 355, 921, 942, 1267
fared [1] 263
farer [1] 16

farers [1] 278
fareweel [1] 1638
farin [7] 186, 274, 311, 419, 655, 852, 1550
farin's [1] 1688
fasson't [1] 728
Faur [3] 419, 1405, 1534
faur [13] 1, 40, 190, 251, 263, 331, 577, 630, 746, 817, 892, 921, 1219
faur-aff [1] 280
Faur-kent [1] 7
faur-kent [6] 206, 382, 473, 876, 964, 1164
fauset [2] 1206, 1672
Fauvour [1] 747
fauvour [2] 350, 1658
fear [3] 99, 454, 1053
fear-day [1] 1503
feared [1] 1234
feart [4] 388, 1087, 1321, 1590
feast [2] 1074, 1503
feastit [1] 23
Fecht [1] 1127
fecht [4] 1104, 1182, 1212, 1335
fechters [6] 876, 1243, 1310, 1324, 1427, 1555
fechtin [2] 217, 1012
feed [1] 38
feedin [1] 584
feem [1] 667
feerich [1] 38
feerichie [1] 1076
feid [1] 1037
feinish [1] 1688
feint [1] 1177
feire [12] 239, 304, 311, 503, 630, 910, 935, 999, 1035, 1125, 1442, 1453
feires [7] 7, 197, 249, 419, 571, 1050, 1325

fell [12] 429, 608, 680, 910, 1102, 1171, 1198, 1216, 1398, 1410, 1463, 1515
fell-fochten [1] 10
fell't [1] 1578
felloun [5] 80, 1365, 1435, 1484, 1541
fells [1] 691
felt [1] 664
fenn [2] 308, 364
fennin [2] 385, 409
fenns [1] 1276
ferlie [4] 598, 612 (×2), 728
ferlies [4] 566, 579, 690, 704
fessen [1] 675
fessen'd [1] 519
Fest [1] 1104
fest [2] 1124, 1356
fetherams [1] 857
fetters [6] 163, 183, 937, 1198, 1356, 1541
few [1] 269
fey [1] 1506
field [3] 10, 1212, 1562
fient-like [1] 1183
fiery [1] 1356
fill'd [1] 440
Fine [1] 674
fine [3] 868, 890, 1187
finn [6] 202, 293, 1047, 1125, 1330, 1462
finnin [1] 1687
finns [1] 278
fire-gleids [1] 1525
firelicht [1] 1530
fires [1] 608
first [7] 12, 135, 187, 234, 426, 840, 1366
fishes [2] 291, 585
fit [1] 1564
fittin [2] 1167, 1626

five [2] 584, 585
flane [1] 1177
flaucht [1] 151
fleein [3] 857, 1365, 1525
flees [1] 495
fleggit [5] 374, 445, 796, 1321, 1577
fleitch [3] 84, 269, 1546
flemit [1] 1053
flesh [2] 23, 151
flesh-eatin [1] 175
fley't [2] 445, 1578
fleysome [1] 1132
flicht [3] 1321, 1515, 1672
flichts [1] 1048
Fling [1] 99
fling [1] 282
flistin [1] 1132
flouers [2] 639, 1426
flowin [1] 59
flude [7] 263, 373, 420, 1480, 1563, 1572, 1596
flude-rugs [1] 1525
flude's [1] 1507
fludes [3] 453, 1556, 1615
fluidin [1] 1500
flung [1] 1539
flyrin [1] 81
Flyte [1] 1187
flyte [1] 625
flytin [2] 81, 555
folla [3] 181, 1213, 1627
folla'd [1] 664
follaers [1] 388
follain [1] 689
For [1] 1455
for [84] 23, 28, 37, 106, 107 (×2), 137, 154, 158, 186, 214, 217, 231, 233 (×2), 246, 270, 277, 307, 311, 317, 321, 350, 355, 369, 385, 395, 408, 428, 454, 476, 515, 525, 540, 544, 562, 575, 614, 629, 634, 703, 741, 790, 844, 879, 883, 907, 928, 950, 970, 1098, 1099, 1111, 1115, 1119, 1142, 1145, 1181, 1201, 1251, 1257, 1302, 1305, 1331, 1334, 1348, 1385, 1410, 1486, 1517, 1592, 1595, 1596, 1627, 1632, 1634, 1640, 1642, 1673, 1682, 1683, 1691, 1697, 1705
for't [1] 478
Forbye [2] 584, 677
forbye [7] 33, 102, 579, 613, 1040, 1578, 1619
forder [1] 925
forder't [1] 689
forderin [1] 1647
fore [2] 178, 1124
forebears [1] 726
forefaithers [2] 780, 868
Foremaist [1] 1010
foremaist [2] 1098, 1104
forenenst [4] 45, 834, 875, 983
foresicht [1] 639
forfautit [1] 670
forfenn [1] 1647
forfochen [4] 59, 586, 1263, 1376
forgether't [4] 42, 1068, 1097, 1618
forgetherin [1] 1060
forhou [3] 1025, 1623, 1653
forleit [7] 400, 404, 456, 794, 948, 1273, 1646
forleiten [2] 1391, 1430
forleitit [1] 1036
form [1] 904
forn [1] 839
fornenst [2] 915, 1283
Forniaw'd [1] 1376
fortrace [1] 1010
fortres [1] 1071
Fou [2] 164, 1132

fou [5] 505, 524, 561, 1462, 1640
fou-sail'd [1] 501
foun [1] 1480
Founer [2] 1390, 1440
fousion [1] 1410
fousome [2] 1083, 1292
fouthie [3] 628, 787, 1562
fowert [1] 1436
fowerteen [1] 1574
fowk [47] 23, 43, 63, 164, 170, 175, 178, 183, 199, 327, 350, 364, 429, 555, 561, 586, 599, 612, 655, 675, 701, 754, 796, 951, 1013, 1069, 1074, 1082, 1093, 1113, 1145, 1173, 1182, 1234, 1276, 1303, 1431, 1536, 1550, 1577, 1585, 1590, 1624, 1627, 1634, 1646, 1664
fowk's [7] 69, 113, 137, 266, 273, 1087, 1484
Frae [2] 1023, 1163
frae [95] 1, 26, 57, 90, 101, 113, 118, 187, 194, 254, 257, 276, 278, 280, 288, 301, 314, 434, 441, 481, 579, 585, 586, 596, 620, 641, 643, 688, 723, 731, 750, 769, 770, 783, 816, 831, 884, 892, 901, 936, 946, 949, 959, 989, 1008, 1015, 1016, 1034 (×2), 1086, 1126, 1128, 1137, 1141, 1144, 1147 (×2), 1166, 1196, 1223, 1228, 1229, 1230, 1252, 1264, 1276, 1282, 1352, 1358, 1387, 1399, 1401, 1417, 1419, 1420, 1445, 1452, 1458, 1475, 1477, 1480, 1505, 1515, 1523, 1544, 1548, 1560, 1595, 1598, 1604, 1616, 1617, 1649, 1675, 1686
frae's [1] 1449
frae't [1] 1521
fraucht [1] 293
free [2] 935, 1037
freedom [1] 1040
freezin [1] 251
frein [4] 815, 934, 999, 1643
freins [2] 297, 925
freinship [2] 355, 476
fremmit [13] 16, 63, 164, 178, 198, 429, 671, 938, 963, 1074, 1164, 1431, 1539
Fricht [1] 440
fricht [2] 1106, 1476
frichtit [1] 1506
frichtsome [6] 373, 432, 453, 1010, 1330, 1530
frost [1] 1243
frozen [2] 488, 1292
fu [2] 1207, 1590
full [1] 1679
full'd [1] 519
fung'd [1] 1179
funn [6] 678, 1077, 1082, 1216, 1263, 1693
fure [6] 488, 633, 687, 775, 967, 1071
furrit [3] 494, 1257, 1564
Furth [2] 45, 775
furth [41] 54, 165, 172, 174, 186, 190, 203, 253, 297, 332, 349, 426, 480, 533, 570, 595, 633, 655, 707, 722, 725, 750, 763, 765, 787, 828, 922, 945, 959, 967, 1035, 1129, 1167, 1309, 1455, 1474, 1480, 1487, 1615, 1658, 1684
furthie [2] 409, 1257
furthilie [1] 857
furthset [1] 12
futuir [1] 156
fylin [1] 1448
fylit [1] 992
gab [1] 39
gabbin [1] 1285

Gae [1] 1171

gae [5] 190, 436, 922, 1314, 1650

gaed [37] 45, 119, 125, 141, 234, 236, 367, 369, 486, 487, 632, 644, 648, 655, 698, 792, 862, 920, 972, 975, 1041, 1058, 1079, 1112, 1190, 1231, 1287, 1365, 1524, 1563, 1571, 1575, 1601, 1644, 1659, 1681, 1687

gaes [4] 250, 311, 494, 1404

gaillie [1] 485

gain [1] 478

gainin [1] 546

gainstaunder [1] 1184

Gaird [6] 119, 247, 590, 648, 847, 1317

gaird [2] 502, 1656

gairdin [2] 432, 715

gairds [3] 294, 982, 1120

Gaist [1] 527

gaist [1] 1280

gait [13] 170, 175, 211, 265, 310, 366, 484, 626, 765, 975, 1062, 1561, 1698

gaither't [1] 1120

gaits [5] 197, 205, 329, 1219, 1664

gams [1] 159

Gang [4] 175, 329, 930, 1329

gang [12] 193, 220, 419, 489, 765, 770, 799, 885, 1174, 1219, 1658 (×2)

gangin [3] 310, 813, 1024

gangrel [2] 1358, 1687

gangrels [1] 885

gangs [1] 265

Gar [1] 1480

gar [3] 182, 205, 944

garbed [1] 249

gart [9] 342, 448, 570, 572, 958, 1245, 1489, 1573, 1614

gash [1] 1089

gat [7] 36, 44, 410, 449, 1242, 1611, 1624

gate [1] 813

gaun [1] 1358

gaunged [1] 1300

gavel [1] 659

gaw [2] 909, 1329

gaws [4] 944, 1229, 1384, 1447

gawsey [1] 1471

gear [7] 316, 670, 748, 1076, 1111, 1150, 1504

geck [2] 662, 1173

geck't [1] 954

geets [1] 42

geinoch [1] 138

gemstane [1] 1497

gentie-like [1] 860

get [2] 216, 433

gether [2] 770, 1536

gether't [1] 863

getherin [4] 139, 645, 981, 1607

getherins [1] 37

giants [2] 1221, 1472

gie [24] 76, 98, 270, 283, 293, 335, 339, 363, 385, 475, 557, 567, 609, 616, 929, 1022, 1107, 1142, 1173, 1202, 1353, 1395, 1433, 1546

gied [29] 188, 252, 258, 312, 555, 572, 576, 584, 596, 636, 666, 707, 747, 782, 871, 995, 1001, 1031, 1051, 1172, 1194, 1327, 1397, 1447, 1487, 1490, 1634, 1665, 1699

giein [4] 296, 468, 1297, 1454

gien [10] 316, 482, 639, 776, 791, 1413, 1429, 1597, 1599, 1625

gies [1] 542

giff-gaffin [1] 261

gifts [4] 526, 546, 929, 1485

gillie [2] 1107, 1122

gilpie [1] 1607

gilravages [1] 1639

Gin [3] 179, 341, 414

gin [21] 28, 70, 131, 166, 209, 211, 274, 286, 343, 415, 457, 477, 479, 552, 597, 924, 1331, 1352, 1544, 1548, 1593

girdit [1] 1533

girns [1] 933

girss [1] 39

glaide [1] 1433

glame [1] 1520

glaum [1] 1597

glaur [1] 422

glebes [1] 833

gled [3] 626, 652, 1058

gledden [1] 1588

gledly [1] 291

Gledsome [1] 1681

gledsome [2] 37, 1024

gleg [1] 1062

glegness [1] 638

gleid [1] 830

glent [1] 1019

glentin [4] 765, 831, 1220, 1434

glib-gabbit [1] 503

gliff [1] 1504

glinkin [1] 860

glisk [1] 790

glister [1] 1592

Glore [9] 55, 171, 192, 209, 434, 590, 698, 791, 847

glore [28] 92, 106, 182, 352, 537, 580, 693, 715, 716, 751, 774, 798, 831, 863, 929, 950, 965, 1056, 1142, 1254, 1279, 1300, 1358, 1487, 1592, 1599, 1612, 1666

glories [1] 542

glorifee'd [1] 987

Glory [6] 523, 550, 892, 1384, 1644, 1699

glory [6] 342, 414, 519, 995, 1019, 1429

Glory's [1] 1424

glunchin [1] 557

goam [1] 707

God [49] 76, 92, 118, 188, 204, 233, 258, 273, 323, 352, 422, 456, 558, 632, 651, 694, 745, 751, 773, 774, 798, 890, 949, 974, 987, 995, 1001, 1031, 1045, 1059, 1136, 1142, 1176, 1316, 1364, 1377, 1381, 1387, 1433, 1439, 1447, 1475, 1487, 1594, 1601, 1604, 1614, 1625, 1701

God-fearin [1] 1493

God's [16] 247, 530, 556, 570, 740, 767, 782, 784, 822, 875, 1018, 1029, 1038, 1612, 1629, 1666

gods [2] 1301, 1623

goller [1] 1122

gollerin [1] 389

gome [1] 1185

gomed [2] 981, 999

gomin [1] 1696

gore [1] 1384

gorgets [1] 938

Gospel [2] 12, 1381

gou-maw [1] 368

goved [1] 833

Gowd [1] 298

gowd [3] 294, 335, 1485

gowden [1] 1254

gowdies [4] 269, 475, 1111, 1639

gowff't [1] 954

gowl'd [1] 440

gowls [1] 1147

Gowph [1] 1284

gowsterous [1] 390

gowstie [2] 366, 489

Grace [1] 478

grace [4] 339, 524, 570, 748**

Gracie [1] 1378
gracie [1] 1275
graffs [1] 794
graith [5] 249, 316, 670, 1614, 1682
graith't [2] 1076, 1504
grame [7] 87, 557, 739, 759, 885, 909, 1075
gramefu [5] 185, 216, 403, 1122, 1537
granderie [2] 57, 1056
grant [2] 353, 477
grantin [1] 92
graunest [1] 324
gray [2] 368, 835
Great [1] 1586
great [3] 1069, 1413, 1663
gree [2] 294, 399
gree-beirars [1] 324
greedy [1] 369
greein [1] 1545
green [2] 766, 787
greenichtie [1] 418
greet [1] 1001
greetin [2] 1146, 1537
Grein [1] 950
grein'd [1] 1111
grein't [1] 106
greinit [2] 37, 159
greitin [1] 1696
gretter [1] 1485
grew [2] 759, 1533
grip [1] 58
gripp't [1] 938
grippin [1] 933
grips [1] 1108
growean [1] 1425
growthy [1] 766
gruesome [1] 1280
grumlie [1] 439

grunn [11] 197, 220, 273, 390, 422, 787, 1215, 1245, 1500, 1563, 1604
grunn-ebb [1] 261
grunzie [1] 1284
grups [2] 216, 1316
guest [1] 1089
guid [8] 13, 290, 335, 403, 1545, 1634, 1648, 1676
guidal [1] 666
guide [1] 965
guidit [2] 1038, 1666
guidness [1] 524
guilefu [1] 739
gulliegaw [2] 1140, 1450
gunkit [1] 1079
gurgein [2] 1500, 1520
gurly [1] 743
guts [1] 160
gutsers [1] 138
gyte [1] 1075
haa [3] 754, 1150, 1295
haaflin [1] 1137
haar [1] 1046
haas [3] 831, 1640, 1657
Hae [1] 308
hae [45] 1, 106, 107, 212, 254, 262, 263, 266, 270, 298, 343, 385, 387, 435, 469, 476, 483, 486, 490, 496, 548, 569, 677, 678, 802, 805, 923, 962, 1167, 1168, 1302, 1342, 1343, 1357, 1380, 1391, 1392, 1421, 1455, 1492, 1498, 1586, 1591, 1622, 1647
hae't [2] 70, 1621
haena [1] 474
haggert [1] 410
haik't [3] 1207, 1368, 1436
haikit [1] 1258
Hail [1] 906

haill [12] 19, 128, 525, 642, 692, 974, 1230, 1238, 1245, 1262, 1476, 1484

haill-hertit [3] 230, 1217, 1663

hailse [1] 1442

Hailsin [1] 252

hailsin [2] 1031, 1433

hailsit [4] 60, 534, 867, 1011

hailstanes [1] 1242

hain [1] 112

hainin [1] 1612

hainit [1] 1111

hains [2] 224, 520

hairm'd [1] 1168

hairms [2] 60, 1347

haithen [18] 112, 128, 185, 218, 427, 948, 982, 991, 1015, 1033, 1101, 1121, 1137, 1223, 1367, 1469, 1510, 1623

haithens [3] 1019, 1069, 1671

haitsome [1] 1033

haizart [2] 427, 1332

hale [2] 1129, 1453

hale-hert [1] 95

halflin [1] 1608

Halie [14] 14, 120, 224, 343, 527, 647, 701, 866, 967, 989, 1045, 1136, 1498, 1595

halie [41] 48, 56, 90, 105, 144, 169, 194, 325, 458, 466, 478, 534, 539, 613, 713, 719, 753, 824, 868, 878, 986, 998, 1008, 1011, 1030, 1162, 1208, 1223, 1236, 1238, 1258, 1290, 1297, 1368, 1396, 1432, 1495, 1546, 1603, 1667, 1671

halieness [1] 1704

haliest [1] 709

haliness [1] 241

hame [8] 226, 397, 520, 635, 799, 823, 926, 1667

hameless [1] 75

hamelt [1] 675

hames [3] 104, 1026, 1244

hamesteid [2] 17, 19

handsel [1] 14

hang [1] 957

hankl't [1] 49

hann [1] 705

hant [1] 177

hants [2] 272, 568

hap [2] 553, 568

happ't [2] 623, 1046

happiest [1] 104

happit [1] 1296

hapshackl't [4] 937, 1037, 1244, 1338

hard [9] 1, 93, 288, 357, 569, 642, 802, 1246, 1455

hard-na [1] 701

hardiment [4] 457, 974, 1227, 1397

hardy [2] 347, 1054

Hark [4] 1, 668, 1172, 1455

hark [1] 604

harken [2] 647, 1586

harken'd [1] 754

harl't [1] 1217

harmonie [1] 880

harns [1] 36

haspin [1] 802

Haste [1] 1482

hastie [1] 604

hatefu [1] 1295

hatesome [1] 1129

hathill [15] 357 (×2), 458, 504, 824, 886, 986, 1162, 1227, 1258, 1290, 1423, 1436, 1556, 1706

hatrent [4] 760, 1207, 1281, 1372

haud [12] 99, 212, 333, 457, 462, 504, 741, 809, 907, 950, 1108, 1411

hauden [5] 816, 849, 1113, 1322, 1358
haudin [1] 492
hauds [5] 176, 509, 515, 1185, 1669
hauflins [1] 1118
haun [9] 9, 410, 518, 531, 718, 900, 989, 1129, 1396
haunie-grips [1] 185
hauns [7] 17, 48, 488, 741, 934, 1015, 1208
haurd-edged [1] 1169
He [21] 123, 161, 166, 326, 416, 449, 515, 572, 664, 745, 821, 841, 981, 996, 1001, 1138, 1297, 1356, 1470, 1585, 1706
he [120] 52, 54, 60, 62, 119, 146, 194, 232, 233, 234, 238, 239, 252 (×2), 259 (×2), 260, 288, 297, 321, 424, 447, 458, 517, 533, 534, 547, 558, 560, 565, 572, 573, 578, 580, 581, 583, 584, 599, 610, 612, 617, 632, 644, 667, 675, 691 (×2), 697, 698, 703, 707, 741, 747, 748, 826, 838, 840, 843, 901, 902, 971, 972, 975, 987, 993, 999, 1011, 1013, 1036, 1038, 1040, 1046, 1062, 1066, 1104, 1106, 1107, 1141, 1142, 1156, 1166, 1167, 1182, 1184, 1226, 1229, 1251, 1252, 1260, 1263, 1282, 1283, 1304, 1305, 1338, 1375, 1378, 1423, 1447, 1453, 1462, 1469, 1474 (×2), 1537, 1560, 1573, 1594, 1634, 1638, 1644, 1659, 1660, 1664, 1666, 1674, 1681, 1684, 1685, 1687
he'd [1] 376
He'll [1] 1355
he's [1] 111

hear [6] 572, 916, 1526, 1534, 1586, 1689
hearin [2] 887, 1568
Hebrews [2] 165, 957
hecht [6] 212, 940, 1015, 1396, 1442, 1612
hed [32] 136, 149, 161, 164, 375, 408, 532, 557, 774, 776, 779, 791, 818, 821, 839, 986, 1059, 1091, 1150, 1252, 1364, 1380, 1392, 1426, 1510, 1512, 1566, 1581, 1597, 1605, 1610, 1680
heed [1] 319
heedin [1] 1336
Heich [4] 6, 619, 807, 886
heich [16] 70, 168, 272, 660, 715, 744, 788, 823, 856, 866, 1064, 1102, 1136, 1147, 1288, 1626
heich-bendit [2] 684, 1291
heich-heidsmen [1] 1087
heich-hertit [1] 617
heich-staundin [1] 500
heich-steven [1] 264
heichest [1] 709
heicht [1] 121
heid [5] 50, 660, 1135, 1404, 1449
heid's [1] 31
heids [1] 1401
heidsman [1] 1102
heidsmen [4] 140, 611, 683, 1435
heild [12] 162, 226, 343, 755, 974, 1006, 1049, 1101, 1226, 1235, 1492, 1521
heill [1] 1443
heirs [1] 1118
heis'd [1] 518
heise [3] 425, 1199, 1589
heisit [1] 52
heistit [2] 788, 1304
Heiven [29] 6, 56, 70, 90, 105, 121, 194, 241, 354, 386, 619, 634, 807,

823, 940, 965, 967, 987, 998, 1008, 1022, 1065, 1267, 1359, 1379, 1429, 1477, 1482, 1667

Heiven's [13] 52, 444, 479, 541, 693, 709, 715, 719, 753, 813, 825, 878, 1025

Heivenlie [7] 93, 191, 744, 799, 831, 1052, 1703

heivenlie [2] 322, 880

Heivens [2] 531, 788

heivens [5] 168, 208, 325, 518, 862

Hell [8] 608, 1053, 1100, 1161, 1282, 1322, 1675, 1688

Hell-fire [1] 1175

hell-weirdit [1] 50

Hell's [1] 43

helm [3] 401, 492, 1121

help [8] 92, 339, 423, 900, 925, 1031, 1546, 1595

hempies [5] 50, 934, 982, 1150, 1435

henner [1] 546

herald [1] 1663

heralds [1] 1147

Here [1] 675

here [5] 75, 208, 676, 722, 1163

Hero [2] 74, 1394

hero [1] 1432

Herod [1] 1306

hert [36] 36, 51, 66, 83, 99, 130, 230, 347, 403, 466, 504, 626, 664, 809, 886, 907, 1006, 1054, 1058, 1064, 1088, 1155, 1196, 1199, 1226, 1235, 1248, 1346, 1370, 1462, 1537, 1549, 1565, 1577, 1674, 1693

herten't [1] 124

hertenin [1] 1397

herts [22] 69, 141, 284, 392, 398, 418, 425, 444, 451, 460, 573, 652, 739, 759, 804, 1009, 1207, 1589, 1635, 1649, 1655, 1690

hertsome [4] 252, 386, 1046, 1051

hes [20] 176, 225, 265, 316, 326, 482, 524, 545, 623, 751, 1015, 1020, 1093, 1155, 1163, 1168, 1184, 1585, 1648, 1651

hesna [1] 1430

het [3] 1226, 1262, 1693

heuchs [1] 1217

hey [1] 39

hicht [1] 867

Hide [1] 1196

hidlins [1] 613

hiegait [1] 825

hiegaits [1] 200

Him [1] 342

him [73] 14, 18, 45, 49, 91, 92, 113, 147, 201, 236, 258, 261, 283, 340, 379, 401, 507, 560, 567, 609, 650, 812, 821, 840, 841, 850, 899, 917, 935, 937, 939, 940, 974, 976, 977, 978, 1001, 1045, 1059, 1067, 1126, 1135, 1144, 1145, 1165, 1168, 1185, 1207, 1214, 1216, 1235, 1297, 1306, 1307 (×2), 1308, 1316, 1320, 1327, 1328 (×2), 1329, 1337 (×2), 1353, 1368, 1423, 1443, 1478, 1540, 1548, 1632, 1694

himsel [2] 1304, 1682

hinner't [1] 1112

hire [1] 386

hiremen [1] 43

hirpler [1] 1161

hirsel [1] 1653

His [22] 92, 162, 164, 167, 172, 173, 225, 226, 230, 531, 564, 900, 988, 1006, 1031, 1261, 1370, 1491, 1495, 1702 (×2), 1704

his [178] 51, 53, 56, 57, 59, 60 (×2), 62, 91, 96 (×2), 97, 119, 145, 155,

162 (×2), 186, 229, 236 (×2), 258, 276, 283, 296, 312, 313, 320, 326, 362, 363, 376, 379, 409, 425, 457, 459, 460, 465, 468, 518, 521 (×2), 532, 534 (×2), 535, 546, 548, 564, 570, 578, 580 (×2), 591 (×2), 596, 609, 614, 631, 633, 643 (×2), 647, 655, 656, 657, 663, 664, 677, 680, 681, 689, 694, 699, 700, 707, 718, 720, 741, 749, 750, 769 (×2), 774 (×2), 776, 803, 804, 814, 815, 827, 839, 841, 848, 849, 850, 889, 901, 902, 904, 940, 968, 972, 979 (×2), 996, 999 (×2), 1005, 1011, 1032, 1058, 1061, 1064 (×2), 1099, 1107 (×2), 1108, 1115, 1119, 1123, 1129, 1131, 1135, 1160, 1193, 1194, 1225, 1226, 1229, 1235, 1236 (×2), 1237, 1249, 1253, 1262, 1264, 1284, 1309, 1317, 1318, 1327, 1338, 1341, 1374, 1426, 1442, 1443, 1447, 1451, 1457, 1459 (×2), 1462, 1479, 1489, 1529, 1537, 1544, 1549, 1559, 1562, 1564, 1594, 1630 (×2), 1635, 1645, 1674, 1684, 1685, 1686, 1688, 1691, 1693

Honour [1] 1699
honour [2] 887, 929
horn [1] 272
host [4] 392, 1069, 1108, 1223
Hosts [4] 74, 719, 1394, 1645
hotter [1] 1367
Hou [2] 568, 668
hou [16] 155, 163, 189, 304, 339, 484, 553, 570, 590, 887, 924, 952, 953, 1118, 1267, 1550
Houbeit [1] 1465
houbeit [4] 849, 893, 966, 1019
hour [3] 148, 214, 1395
hours [1] 465

housal [1] 676
houses [1] 832
howderin [2] 527, 1568
howe [1] 1572
howes [1] 331
howff [1] 278
howp [4] 95, 284, 1000, 1075
huil [1] 36
huils [1] 69
hunger [3] 1089, 1112, 1148
hurls [1] 500
hyne [9] 1, 148, 190, 331, 420 (×2), 746, 799, 926
hyne-awa [5] 26, 278, 538, 1163, 1495
I [75] 64, 66, 72, 77, 82, 84, 98, 100, 101, 114, 182, 189, 198, 202, 269, 298, 300, 333, 357, 430, 455 (×2), 469, 472, 474, 476, 481, 483, 486, 488, 489, 490, 496 (×2), 548, 597, 610, 625, 637, 641, 642, 805 (×2), 844, 848, 890, 891, 893, 896, 897, 913, 922, 932, 940, 952, 957, 960, 961, 1267, 1270, 1274, 1310, 1352, 1380, 1381, 1389, 1392, 1393, 1395, 1405, 1411 (×2), 1543, 1606, 1689
I'd [1] 270
I'll [2] 111, 1204
I'm [3] 603, 628, 924
I'se [4] 335, 344, 721, 907
ice [1] 1247
Ice-shoggles [1] 1245
Ilk [1] 1005
ilk [5] 157, 440, 673, 1362, 1700
ilka [4] 330, 506, 630, 705
ilkane [2] 346, 1605
Ill [3] 21, 314, 1130
ill [7] 738, 954, 1073, 1080, 1172, 1325, 1360
ill-deedie [2] 87, 953

Ill-faur't [1] 1160

ill-hertit [1] 1047

ill-tung'd [1] 554

Ill-will [1] 759

ill-will [3] 64, 662, 686

ill-willie [8] 166, 908, 1117, 1139, 1183, 1285, 1580, 1678

ills [1] 1178

In [6] 76, 136, 1046, 1292, 1411, 1488

in [263] 2, 4, 8, 18, 22, 33, 34, 36, 51, 60, 65, 69, 77, 78, 88, 92, 96, 99, 100, 103, 109, 112, 122, 132, 133, 136, 145 (×2), 156, 162, 163, 168, 179, 182, 183, 185, 208, 210, 225, 228, 229, 236, 239, 245, 249, 255, 271, 277, 279, 282, 289, 296, 312, 333, 353, 354, 405, 407, 409, 411, 414, 427, 429, 436, 444, 471 (×2), 472, 479, 487, 497, 502, 504, 506, 524, 526, 547 (×2), 548, 552, 557, 568, 581, 587, 591, 593, 601, 602, 612, 616, 618 (×2), 628, 630, 637, 639, 640, 644, 652, 664, 673, 679, 681, 694, 697, 699, 703, 709, 710, 713, 730, 734, 739, 746, 757, 759, 760, 763, 797, 800, 801, 804, 808, 809, 811, 816, 818, 820, 821, 823, 824, 825, 826, 834, 842, 848, 849, 854, 857, 859, 863, 865 (×2), 867, 869, 876, 880, 885, 889, 899, 904, 907 (×2), 915, 919, 926, 937, 938, 940, 950, 951, 963, 964, 966, 972, 974, 984, 990 (×2), 993, 994, 997, 998, 1005, 1006, 1010, 1019, 1026, 1028, 1030, 1036, 1043, 1058, 1072, 1076, 1083, 1085, 1104, 1105, 1114, 1115, 1129, 1133, 1134, 1140, 1146, 1151, 1153, 1162, 1165, 1171, 1179, 1187, 1193, 1200, 1210, 1222, 1226, 1233, 1235, 1248, 1249, 1254, 1267, 1272, 1273, 1296, 1299, 1306, 1322, 1325, 1346, 1350, 1356, 1365, 1402, 1406, 1411, 1425, 1429, 1438, 1443, 1456, 1461, 1462, 1469, 1476, 1495, 1504, 1517, 1518, 1528, 1530, 1537, 1549, 1553, 1559, 1565, 1571, 1576, 1577, 1581, 1596, 1600, 1603, 1628, 1652, 1654, 1655, 1656, 1664, 1669, 1681

in's [3] 415, 689, 1155

in'ts [1] 121

incomer [1] 1603

incomers [1] 27

indwallers [1] 878

ingraif't [1] 717

ingyne [2] 35, 312

Innimy [1] 1322

innimy's [1] 1285

intae [3] 967, 1396, 1540

intil [5] 91, 973, 1059, 1066, 1220

intil's [1] 58

intil't [1] 359

is [40] 108, 114, 116, 178, 228, 279, 310, 321, 390, 391, 417, 419, 421, 432, 492, 493, 547, 626, 639, 745, 882, 884, 900, 901, 931, 933, 934, 1145, 1157, 1186, 1344, 1345, 1351, 1413, 1467, 1584, 1655, 1701, 1703, 1706

is't [2] 1542, 1583

Isaac [2] 747, 781

island [2] 15, 27

Israel [1] 165

Israelites [1] 874

It [1] 782

it [50] 91, 99, 205, 247, 304, 314, 326, 378, 415, 437, 455, 495, 500, 522, 523, 553, 568, 582, 583, 627,

654, 680, 686, 725, 730, 732, 734, 736, 737, 751, 775, 778, 786, 788, 846, 923, 1015, 1062, 1063, 1130, 1156, 1186, 1298, 1352, 1490, 1492, 1538, 1548, 1573, 1602

It's [1] 498

it's [1] 113

ither [3] 440, 649, 681

its [8] 36, 186, 272, 500, 539, 1019, 1025, 1254

itsel [1] 105

jabblin [1] 371

Jaucob [3] 682, 748, 781

jaups [1] 492

jaws [2] 371, 421

jeopardie [1] 1306

Jesse [1] 872

Jewry [1] 1306

Jews [3] 12, 555, 1386

Jidgement [1] 1413

jinkin [1] 1675

jist [5] 585, 628, 758, 786, 1385

joco [1] 1675

Joseph [2] 679, 682

Joshua [1] 1493

jouk [1] 1523

jow [1] 815

jowein [1] 1553

jowel [1] 1497

jowels [1] 1220

jows [2] 493, 499

jurmummle [1] 499

jurmummle't [1] 421

jyn't [1] 748

keen [1] 232

keep [1] 920

keepin [1] 825

Keing [46] 6, 43, 55, 60, 70, 93, 123, 146, 171, 321, 412, 415, 434, 447, 482, 523, 534, 595, 619, 691, 715, 753, 778, 791, 807, 813, 820, 874, 903, 915, 968, 978, 987, 1055, 1181, 1306, 1359, 1384, 1424, 1482, 1486, 1490, 1494, 1584, 1644, 1706

keing [1] 674

Keing's [4] 768, 1304, 1613, 1663

Keingdom [1] 1667

keinglie [1] 561

keingrik [1] 709

Keings [3] 550, 892, 1181

keings [2] 847, 968

kemp [11] 230, 244, 533, 545, 617, 977, 1211, 1248, 1313, 1438, 1663

kempie [1] 1377

kempies [1] 1551

kempin [2] 321, 1176

kempin's [1] 516

kemps [11] 20, 128, 254, 396, 406, 793, 847, 1049, 1095, 1134, 1624

Ken [1] 560

ken [19] 182, 198, 338, 430, 496, 522, 597, 674, 890, 893, 914, 923, 932, 951, 977, 1175, 1268, 1494, 1538

kennin [3] 703, 844, 1498

kens [3] 68, 194, 1462

kent [17] 40, 259, 377, 490, 526, 548, 746, 756, 774, 837, 848, 868, 1103, 1117, 1199, 1414, 1549

kerven [1] 706

kerver's [1] 718

kin [3] 674, 838, 1164

kindred [1] 553

Kingrik [1] 52

kingrik [5] 206, 429, 479, 1023, 1052

kinsfowk [1] 726

kintra [8] 22, 208, 266, 405, 767, 951, 1303, 1677

kirk [2] 1614, 1628

kirk-haas [1] 1675

kirks [1] 1671
kirsen't [1] 1624
Kirsenin [1] 1611
kittie [7] 91, 981, 1083, 1235, 1436, 1540, 1560
kittle [1] 1174
kyn [1] 1451
kynlie [4] 286, 318, 898, 1156
kynness [6] 274, 386, 479, 545, 861, 915
kyth't [24] 22, 91, 172, 387, 545, 580, 599, 617, 686, 691, 703, 736, 751, 821, 840, 861, 873, 903, 1159, 1254, 1280, 1451, 1644, 1662
kythe [12] 106, 470, 479, 523, 560, 565, 721, 772, 852, 1200, 1489, 1593
kythin [1] 526
lad's [1] 1119
ladroun [1] 143
ladrouns [3] 87, 946, 1118
lads [1] 681
laiden [1] 404
laidin [1] 358
laifs [1] 585
lair [2] 547, 779
lairn [3] 131, 589, 927
lairnin [2] 170, 1635
lairnit [1] 1664
lairs [2] 770, 794
laith [1] 210
laithin [1] 113
laithlie [4] 87, 179, 946, 1326
lameters [1] 573
landin [1] 819
lane [3] 628, 996, 1332
lanesome [1] 180
Lang [2] 417, 1342
lang [13] 15, 108, 215, 311, 348, 575, 826, 1230, 1238, 1305, 1349, 1402, 1610

lang-bidin [1] 1459
lang's [1] 1697
lang't [1] 1073
langer [3] 77, 1042, 1643
langsome [2] 210, 1151
langsyne [4] 728, 1326, 1355, 1364
languiss [1] 1014
langwhile [1] 779
lann [12] 25, 180, 292, 300, 376, 395, 401, 427, 498, 742, 1305, 1627
lannbrist [1] 238
lanns [2] 342, 926
lantern [1] 241
Lat [1] 1312
lat [6] 178, 338, 749, 785, 1277, 1352
Lat's [1] 1337
lattin [1] 672
lave [5] 1041, 1099, 1119, 1577, 1700
law [5] 1180, 1359, 1461, 1489, 1625
lay [1] 461
lead [1] 976
Leader [2] 61, 384
leader [1] 1643
leal [4] 381, 1180, 1259, 1293
leam [1] 342
leam't [1] 1530
leamed [1] 243
leamin [3] 126, 1007, 1520
leams [1] 1704
lear [4] 647, 671, 701, 1459
learar [1] 1690
learit [1] 1461
leave [1] 514
led [2] 1040, 1167
leids [1] 1081
leifer [1] 1405

Leifest [2] 621, 1409
leifest [2] 589, 1697
leigemen [1] 850
leir [1] 468
leirit [1] 460
leiv'd [1] 1402
leive [1] 672
leives [1] 537
leivin [7] 25, 131, 456, 590, 903, 1082, 1387
lenth [2] 1293, 1466
lest [2] 819, 897
lichame [1] 1170
Licht [1] 95
licht [12] 77, 126, 370, 383, 859, 998, 1007, 1018, 1366, 1390, 1402, 1704
lichten [1] 418
lichten't [1] 573
lichtit [1] 832
Lichtlied [1] 405
lichtlied [1] 1359
Lichtsome [1] 238
lichtsome [5] 348, 460, 466, 1236, 1565
liegeman [3] 381, 1259, 1645
liegemen [1] 841
lieges [1] 656
Life [1] 814
life [24] 77, 155, 215, 228, 282, 376, 383, 884, 946, 1086, 1099, 1108, 1119, 1129, 1131, 1270, 1273, 1307, 1332, 1349, 1390, 1405, 1440, 1516
life-bringer [1] 649
life-stouth [1] 1116
life's [2] 170, 1459
lifes [1] 1610
lift [11] 94, 452, 742, 819, 823, 830, 859, 1233, 1242, 1415, 1532
liftwards [1] 441

ligg [1] 1036
liggin [2] 841, 1084
liggit [3] 779, 826, 996
liggs [1] 183
like [5] 495, 498, 945, 1138, 1243
likeness [1] 708
likin [4] 300, 588, 670, 826
liltin [1] 1700
limb [1] 575
limbs [3] 101, 770, 1544
limmers [2] 29, 976
limns [1] 705
link [1] 1401
links [1] 150
lippen [1] 1270
lippent [2] 143, 1073
lipperin [1] 897
lippers [7] 196, 243, 371, 418, 439, 573, 1561
lire [1] 1382
list [3] 647, 671, 1635
liths [1] 1382
Little [1] 1213
lives [2] 427, 1597
locker [2] 1401, 1449
lockmen [1] 1084
loe'd [1] 590
loesome [3] 94, 622, 895
Lord [57] 56, 61, 68, 82, 95, 147, 171, 201, 288, 316, 340, 352, 361, 383, 413, 428, 443, 454, 507, 514, 537, 593, 613, 624, 653, 685, 714, 719, 753, 814, 828, 846, 867, 870, 895, 911, 917, 948, 996, 1022, 1143, 1180, 1193, 1252, 1303, 1388, 1407, 1430, 1440, 1454, 1461, 1481, 1489, 1583, 1645, 1680, 1699
lord [3] 400, 402, 621
Lord's [6] 5, 381, 646, 673, 710, 1015

Lords [2] 867, 1143
louchin [1] 454
loud [1] 413
loun [2] 671, 1131
loun's [1] 1116
lounder [1] 1170
lounderin [3] 238, 371, 395
lounerie [1] 29
louns [7] 245, 556, 589, 604, 1081, 1367, 1615
lowden [1] 464
lowdenin [1] 454
lowe [1] 1520
lowein [1] 241
lowes [1] 1532
lown [6] 434, 451, 466, 498, 528, 1557
lowpin [2] 367, 441
lowpit [1] 451
lows'd [1] 1034
lowse [5] 101, 113, 1352, 1355, 1544
lowsit [2] 1014, 1040
Luik [1] 708
luik [1] 1022
luik't [2] 841, 1134
luikit [1] 1423
luve [5] 83, 164, 428, 979, 1065
lyart [1] 1243
lyk [1] 67
lykes [1] 1085
lyre [1] 1074
made [3] 225, 460, 1386
maet [6] 138, 153, 363, 379, 1091, 1099
maetit [1] 588
maggl't [1] 35
magic [1] 1342
Mahoun [5] 49, 1159, 1294, 1340, 1600
Mahoun's [2] 142, 1070

maijestie [1] 988
maijesty [4] 322, 415, 580, 880
maik [1] 491
maikless [1] 1248
maiks [1] 1686
main [1] 508
Mair [1] 1513
mair [41] 37, 115, 124, 184, 469, 470, 471 (×2), 472, 474, 497, 549 (×2), 564, 655, 685, 698, 727, 772, 801, 805, 916, 1047, 1153, 1156, 1167, 1286, 1294, 1323, 1328, 1331, 1372, 1420, 1461, 1466, 1513, 1533, 1579, 1622, 1657, 1683
mairatour [1] 680
mairch [2] 19, 285
mairches [1] 777
mairchin [1] 793
mairtyr [1] 869
maist [4] 409, 588, 708, 1489
Maister [17] 11, 52, 192, 209, 320, 322, 361, 414, 431, 535, 543, 598, 654, 687, 693, 775, 912
maister [5] 400, 409, 477, 491, 1277
Maister's [2] 446, 643
maistrie [3] 225, 633, 930
mait [1] 28
Mak [1] 1199
mak [8] 138, 435, 822, 1091, 1196, 1337, 1414, 1654
Makar [12] 120, 275, 322, 393, 431, 482, 693, 776, 789, 811, 865, 986
makar [1] 1161
Makar's [2] 141, 729
makin [1] 1650
maks [1] 1541
malice [3] 936, 1141, 1185
Mamre's [1] 777

Man [3] 540, 631, 839

man [14] 48, 457, 467, 491, 541, 578, 741, 1297, 1332, 1368, 1460, 1528, 1629, 1671

Man's [2] 108, 1277

man's [5] 153, 466, 506, 553, 1223

manage [1] 1523

manance [1] 139

mane [4] 1386, 1514, 1650, 1674

manes [1] 1147

mang [13] 164, 429, 607, 661, 838, 957, 1069, 1103, 1265, 1351, 1517, 1561, 1624

mangin [2] 284, 1212

mangit [1] 445

mankyn [8] 68, 171, 352, 443, 514, 536, 563, 1478

mankyn's [1] 1351

mardle [5] 127, 139, 1070, 1187, 1255

mardles [1] 645

marmor [3] 733, 735, 1475

marra [1] 1011

marras [2] 1409, 1491

Mary [1] 679

massymore [3] 145, 993, 1523

mast [1] 461

Mattha [8] 11, 40, 98, 124, 163, 932, 993, 1044

Maucht [1] 361

maucht [20] 105, 143, 162, 177, 320, 325, 483, 517, 633, 639, 685, 694, 930, 948, 1033, 1200, 1272, 1351, 1584, 1600

mauchty [12] 80, 97, 491, 733, 772, 895, 971, 1240, 1310, 1437, 1473, 1491

maun [25] 108, 174, 181, 215, 220, 279, 511, 593, 607, 669, 935, 942, 943, 949, 963, 1156, 1158, 1195, 1269, 1293, 1363, 1444, 1466, 1494, 1680

maunna [3] 210, 1201, 1653

mavitie [12] 34, 554, 602, 685, 966, 1141, 1161, 1201, 1277, 1295, 1328, 1686

May [2] 352, 383

Me [1] 1355

me [32] 63, 71, 76, 86, 192, 197, 314, 338, 345, 387, 477, 483, 616, 621, 802, 892, 898, 916, 953, 954 (×2), 959, 1093, 1186, 1273 (×2), 1391, 1413, 1430, 1455, 1461, 1652

mede [1] 940

meet [3] 179, 650, 1002

Meikle [1] 896

meikle [2] 1351, 1584

mell't [1] 1342

mellin [1] 18

Men [1] 289

men [52] 19, 26, 35, 61, 86, 160, 262, 302, 353, 359, 363, 393, 413, 417, 444, 482, 517, 543, 560, 568, 575, 588, 619, 644, 661, 668, 687, 697, 722, 727, 776, 888, 900, 912, 955, 970, 991, 1057, 1094, 1152, 1167, 1177, 1244, 1269, 1271, 1354, 1385, 1504, 1512, 1578, 1602, 1618

men's [6] 328, 614, 948, 1085, 1158, 1535

menfowk [1] 1651

mensefu [1] 811

merch [1] 114

merches [1] 679

mercifu [2] 895, 901

mercy [9] 76, 141, 446, 517, 540, 969, 988, 1125, 1272

merdal [1] 696

merk [1] 29

Mermedonians [2] 838, 1659

Mermedonie [4] 42, 179, 262, 1023

mervails [1] 803

meshant [1] 955

messenger [2] 1585, 1629

met [1] 469

metal [1] 299

mettlesome [1] 1473

micht [13] 49, 326, 365, 373, 569, 580, 597, 774, 901, 1193, 1513, 1669, 1702

Michty [1] 275

michty [8] 645, 654, 699, 775, 869, 1222, 1317, 1490

mids [2] 865, 1187

mine [2] 962, 1416

mingie [24] 177, 373, 446, 460, 582, 689, 720, 863, 1044, 1068, 1094, 1118, 1124, 1147, 1159, 1185, 1200, 1211, 1255, 1479, 1618, 1642, 1674, 1692

mingies [1] 880

mingit [1] 34

mint [1] 970

miracle [3] 559, 722, 789

miracles [2] 690, 696

mirk [5] 145, 242, 1179, 1296, 1438

mirken't [1] 370

Mirkie [2] 1248, 1289

mirkie [1] 142

mirkie's [1] 629

mirkness [1] 1240

mirth [1] 1685

mischief [1] 64

misgaein [1] 1274

misguidit [1] 602

mislippent [1] 1343

mither [1] 677

mittle [1] 1420

monifauld [1] 803

Mony [6] 508, 579, 669, 960, 1211, 1692

mony [19] 139, 559, 577, 598, 650, 690, 702, 805, 863, 869, 936, 951 (×2), 1114, 1343, 1414, 1528, 1576, 1607

morn [2] 219, 242

Moses [1] 1490

mou [3] 643, 720, 1417

moul [3] 98, 457, 1002

mouls [21] 417, 563, 577, 587, 598, 644, 727, 742, 766, 793, 910, 939, 960, 970, 1057, 1404, 1415, 1460, 1479, 1518, 1581

mountains [1] 1289

mowten [1] 1138

Muckle [1] 474

muckle [11] 370, 966, 1068, 1184, 1285, 1300, 1340, 1458, 1618, 1674, 1692

Muckle's [1] 284

muid [1] 1236

muivin [1] 735

murgeon [1] 1278

murn [1] 100

murn-na [1] 1409

murnfu [2] 163, 1579

murnin [3] 1386, 1535, 1650

murther [1] 1134

murtherer [2] 1277, 1685

murtherers [2] 18, 1023

murtherous [1] 177

musardrie [1] 1466

muster't [1] 127

My [4] 304, 391, 1325, 1403

my [44] 65, 73, 75, 77, 82, 83, 98, 199, 223, 388, 392, 477, 488, 626, 628, 726, 890, 913, 915, 924, 925, 927, 958, 965, 1200, 1202, 1270, 1310 (×2), 1324, 1348, 1382 (×2),

1383, 1395, 1403, 1404, 1405, 1411, 1417, 1460, 1466, 1655, 1658

myn [12] 100, 145, 162, 210, 629, 677, 986, 1134, 1237, 1249, 1438, 1652

mynfu [2] 971, 1295

mynin [3] 631, 950, 1065

mynit [1] 1683

myns [4] 35, 69, 554, 762

mysel [2] 430, 1274

na [8] 5, 259, 377, 626, 756, 808, 1111, 1277

Nae [6] 21, 1328, 1420, 1448, 1499, 1685

nae [37] 16, 22, 37, 77, 115, 197, 277, 278, 309, 499 (×2), 546, 557, 655, 908, 945, 1042, 1047, 1125, 1126, 1150, 1151, 1153, 1156, 1237, 1255, 1263, 1346, 1399, 1449, 1450 (×2), 1451, 1610, 1622, 1643, 1687

naethin [3] 232, 881, 947

Naeweys [2] 154, 513

naeweys [2] 46, 1523

naither [1] 298

naituir [1] 583

name [5] 539, 965, 1165, 1630, 1655

names [1] 678

Nane [1] 1036

nane [12] 68, 99, 140, 214, 298, 334, 376, 541, 908, 976, 1082, 1140

Nations [1] 1428

nations [1] 538

Ne'er [4] 469, 548, 918, 1251

ne'er [11] 4, 178, 357, 399, 456, 490, 569, 914, 1057, 1361, 1398

near [1] 630

nearhaun [1] 538

neath [2] 4, 541

neb [1] 1695

need [2] 334, 1586

negleck [1] 790

Neist [1] 356

ness [2] 1288, 1695

Never [2] 495, 1379

never [6] 540, 862, 1273, 1336, 1371, 1677

Nevermair [1] 1444

new [1] 1000

new-funn [1] 1654

new-wan [1] 1004

nicht [6] 826, 1238, 1250, 1289, 1293, 1438

Nicht's [1] 125

nichts [4] 115, 148, 184, 920

No [2] 625, 790

no [5] 108, 308, 628, 948, 1599

nocht [3] 198, 1083, 1196

Nor [1] 628

nor [38] 4, 15, 100, 155, 210, 298, 299 (×2), 300, 309, 335, 401, 470, 513, 549, 566, 625, 670, 809, 909, 916, 919, 945, 949, 1048, 1111, 1167, 1251, 1328, 1400 (×2), 1401 (×2), 1406, 1461, 1485, 1497, 1678

Nou [29] 40, 148, 161, 167, 337, 394, 455, 486, 589, 637, 641, 721, 802, 890, 895, 923, 935, 971, 980, 1013, 1114, 1146, 1280, 1302, 1439, 1494, 1497, 1549, 1637

nou [41] 66, 266, 329, 388, 416, 432, 435, 489, 495, 552, 607, 698, 808, 927, 930, 941, 1157, 1165, 1168, 1172, 1175, 1185, 1195, 1199, 1267, 1310, 1337, 1392, 1395, 1403, 1418, 1435, 1444, 1453, 1538, 1542, 1583, 1586, 1646, 1648, 1649

nou's [1] 1300

Nourischer [1] 1394
nowt [1] 67
nummer [1] 876
O [2] 103, 1081
o [554] 2, 4, 6, 10, 12, 18, 19 (×2), 20, 23, 24, 29, 30, 31, 32, 35, 43, 44 (×2), 48, 49, 52, 53, 55 (×2), 56, 57, 61 (×2), 64, 67, 68, 69, 70, 72, 74 (×2), 78, 80, 82, 83, 84 (×2), 85, 86, 87, 88, 93, 95 (×2), 104 (×2), 116, 118, 119, 120, 127, 130, 132, 140, 141, 142, 147, 155, 160, 161, 165, 167, 170, 171 (×2), 172, 177, 183, 184, 192, 195, 196, 199 (×2), 205, 209, 216, 219, 220, 227, 232, 235, 241, 243, 247, 249, 251, 256, 257, 262, 272 (×2), 275 (×2), 284, 288, 289 (×2), 295, 297, 301, 302, 305, 311, 313, 315, 317, 320, 322, 323, 324, 326, 327, 329, 331, 332, 336, 342, 346, 347 (×2), 349, 350, 352 (×2), 353, 358, 359, 361, 373, 374, 380, 383 (×2), 384, 386, 387, 392, 393, 403 (×2), 406, 411, 413 (×2), 416, 419, 424, 425, 427, 428, 431 (×2), 434, 435, 441, 442, 443, 444, 448, 450, 452, 454, 459, 462, 465, 468, 472, 473, 475 (×2), 482, 484, 490, 502, 504, 506 (×2), 514 (×2), 523, 524, 527, 531, 536, 541, 543 (×2), 544, 548, 550, 554, 555, 561, 566, 568, 569, 571, 573, 575, 578 (×2), 580, 581, 585, 589, 590, 595, 605, 608, 612, 615, 617, 619 (×2), 622, 624 (×2), 626, 631, 632, 634, 635, 638, 640, 644, 648, 653, 655, 656, 659, 660, 671, 672, 674, 677, 683, 685, 687, 693, 695, 696, 697, 698, 700, 702, 703, 704, 705, 708, 712, 715, 716, 718, 719, 726, 727, 730, 751, 753, 773, 776, 780, 786, 791, 795 (×2), 798, 806, 807, 811, 814, 815, 820, 827, 828, 830 (×2), 836, 838, 839, 845, 847 (×2), 851, 865, 867, 870, 872, 874, 881, 886, 888, 892, 894 (×2), 900 (×2), 903, 904, 908, 912 (×2), 916, 929, 932, 933, 934, 938, 946, 949, 955, 958, 959, 962, 963, 965, 968, 976, 978, 979, 982, 983, 986, 987, 989, 996, 998, 1004, 1006, 1012 (×2), 1015, 1017, 1018 (×2), 1020, 1022, 1030, 1033, 1037, 1041, 1045, 1048, 1052 (×2), 1053 (×2), 1054, 1055, 1056, 1060, 1061, 1063, 1065, 1067, 1069, 1074, 1077, 1088, 1091, 1094, 1095, 1100, 1103, 1106, 1108, 1113, 1115, 1120, 1124, 1126, 1131, 1140, 1143, 1153, 1157, 1158, 1161 (×2), 1164, 1170, 1175, 1177 (×2), 1180, 1181, 1187, 1189, 1194, 1206, 1207, 1208, 1209, 1210, 1212, 1213, 1218, 1222, 1227, 1237, 1244, 1247, 1256, 1264, 1268, 1271, 1276, 1277, 1293, 1295, 1299, 1300, 1301, 1306, 1307, 1309, 1312, 1313, 1318, 1323, 1333, 1334 (×2), 1347, 1351, 1354, 1359 (×2), 1360, 1361, 1366, 1367, 1379, 1381, 1384, 1385, 1388 (×2), 1389, 1390, 1393, 1394 (×2), 1398, 1402, 1404, 1406, 1407, 1408, 1409, 1413, 1416, 1421, 1422, 1424, 1427, 1428, 1430, 1438 (×2), 1440, 1441, 1442, 1445, 1447, 1451, 1454, 1456, 1459 (×2), 1461, 1463, 1467, 1468 (×2), 1472, 1474, 1475, 1476, 1477 (×2), 1482, 1485, 1487, 1494, 1498, 1502, 1513, 1514, 1522, 1532, 1545, 1546, 1555, 1562, 1567, 1568, 1574,

1576, 1577 (×2), 1579, 1584 (×2), 1589, 1590, 1592, 1594, 1597, 1600, 1602, 1603, 1605, 1609, 1611, 1612, 1618, 1620, 1622, 1623, 1625, 1631, 1633, 1634, 1638, 1640, 1644, 1645, 1647, 1656, 1661, 1664, 1666, 1667, 1668, 1669, 1671, 1675, 1678, 1679, 1688, 1692, 1695, 1697, 1698, 1699, 1704

o's [5] 17, 50, 676, 1448 (×2)

o't [3] 641, 733, 1606

obey [1] 1620

obeyin [1] 1424

obsair't [1] 1062

ocean [3] 330, 378, 845

Ochon [1] 63

oe [1] 769

On [8] 256, 349, 704, 858, 1095, 1102, 1318, 1413

on [87] 10, 15, 23, 24, 98, 143, 205, 214, 243, 253, 260, 261, 274, 294, 302, 331, 332, 334, 348, 364, 365, 380, 387, 417, 439, 443, 447, 457, 462, 496, 498, 536, 551, 583, 587, 598, 612, 626, 644, 672, 705, 707, 717, 724, 727, 731, 786, 812, 833, 836, 842, 893, 897, 939, 956, 960, 970, 981, 999, 1002, 1022, 1057, 1061, 1067, 1074, 1084, 1151, 1168, 1185, 1212, 1270, 1284, 1308 (×2), 1309, 1320, 1377, 1451, 1460, 1479, 1486, 1516, 1615, 1641, 1695, 1696, 1698

on-ruggit [1] 1449

on-tash't [1] 473

ondeimous [2] 1191, 1665

onding [1] 1507

ongauns [1] 1579

onskaith't [1] 1002

ony [7] 131, 308, 457, 491 (×2), 497, 902

or [19] 266, 331, 397, 435, 462, 475, 495, 542, 603, 630, 920, 1032, 1156, 1232, 1254, 1287, 1433, 1497, 1518

ordainit [2] 137, 882

Our [1] 868

our [28] 123 (×2), 264 (×2), 274, 284 (×2), 287, 307, 338, 394, 402, 417, 419, 451, 509 (×2), 605, 746, 780, 806, 848, 852, 858, 900, 1301, 1399, 1401

ourie [1] 1579

Out [1] 1368

out [14] 57, 152, 242, 342, 1166, 1207, 1225, 1258, 1264, 1358, 1377, 1560, 1568, 1672

out-streikit [1] 1086

outbye [1] 15

outlin [1] 1081

Ower [1] 1217

ower [71] 7, 25, 189, 197, 200, 203, 221, 223, 235, 237, 240, 251, 265, 272, 281, 287, 303, 306, 311, 328, 329, 342, 344, 355, 375, 378, 393, 395, 418, 420, 423, 437, 488, 501, 510, 563, 571, 577, 604, 632, 691, 692, 766, 777, 793, 815, 817, 846, 856, 884, 891, 898, 914, 922, 1112, 1116, 1202, 1218, 1262, 1285, 1305, 1344, 1395, 1404, 1410, 1412, 1590, 1599, 1651, 1670, 1702

owerfleitin [1] 1483

owergang [1] 1460

owerhail't [1] 812

owerspreidin [1] 1519

oxter'd [1] 1005

paircel [1] 152

pairt [1] 566

pairtin [1] 634
pairtisans [1] 129
pairtit [1] 1003
past [2] 116, 156
pat [1] 1306
patriarchs [1] 772
pauchtie [7] 130, 152, 315, 792, 1350, 1446, 1551
pawkerie [1] 603
Peace [1] 1003
pellars [1] 1471
pent [1] 931
people [1] 773
periss [1] 1600
peth [1] 664
Pharisees [1] 167
pickle [1] 566
pictur't [1] 717
pikestaffs [2] 45, 1020
pissanes [1] 129
pit [2] 1405, 1672
pittin [1] 1299
plains [1] 777
Plato [1] 1630
play [1] 1334
pleasance [1] 634
plenish't [1] 45
ploys [6] 603, 1101, 1183, 1334, 1342, 1350
pouer [11] 162, 521, 773, 979, 1278, 1299, 1304, 1454, 1498, 1630, 1702
pousion [1] 53
pousion't [1] 1312
praise [2] 1279, 1454
prate [1] 672
pray [2] 350, 1393
prayer [2] 1028, 1594
preach [1] 1381
preparit [1] 882
pride [2] 1301, 1551

pridefu [2] 315, 661
Priest [1] 661
priests [1] 736
priggin [1] 315
priggit [2] 1031, 1595
Prince [3] 350, 698, 764
prince [1] 672
princes [1] 797
prison [2] 930, 997
prisoners [1] 1071
proclaim'd [1] 797
proclaimin [1] 773
promiss't [1] 1345
prophets [1] 792
proteckit [1] 979
proud-breistit [1] 271
pruifs [1] 736
puir [1] 364
pyker [1] 1183
pykestaffs [1] 32
pykit [1] 1020
pyne [4] 943, 1198, 1216, 1278
Pynes [1] 1345
pynes [11] 67, 116, 156, 574, 1053, 1228, 1341, 1406, 1444, 1467, 1600
Pynin [1] 1175
pynin [4] 411, 882, 1072, 1203
pynt [1] 1312
pynts [2] 32, 1020
quaet [3] 451, 528, 1569
quaet-like [1] 268
quaetit [1] 463
quall't [1] 463
quat [1] 825
quistion [1] 268
rackon't [1] 136
rade [1] 845
ragabash [1] 1137
raik [4] 189, 215, 336, 417
raikin [1] 141

raikit [1] 1046
raips [1] 372
rairin [1] 1146
raise [11] 41, 120, 714, 969, 1001, 1121, 1146, 1221, 1336, 1446, 1554
raivel't [1] 36
ralliach [1] 464
ram-stam [1] 1335
rammy [3] 41, 217, 1121
ramparts [1] 834
ramsh [2] 1132, 1373
ramstam [1] 1575
ran't [1] 1327
rang [1] 413
rangale [4] 391, 906, 1132, 1282
Raucle's [1] 1173
rax [3] 401, 970, 1145
Rax't [1] 1382
realm [2] 744, 1307
rebat [1] 1327
reck [1] 154
reck't [2] 140, 1213
reckon [1] 542
recour [1] 1021
recourit [1] 771
Reddie [1] 296
reddie [2] 784, 1145
rede [5] 483, 542, 811, 1173, 1282
Redeimar [1] 864
Reft [1] 1124
reft [3] 297, 403, 1307
reid [3] 1226, 1265, 1452
reid-wat [2] 1383, 1418
reinge [1] 190
reird [3] 217, 1221, 1336
reirdin [2] 55, 1524
rejycin [1] 652
remeid [1] 1124
renewit [1] 771
renoumit [1] 540

renoun [1] 483
repone [2] 296, 615
reteiner [1] 363
retour [1] 1004
reverenc't [1] 1703
rewaird [2] 273, 384
Rewme [1] 1703
rhymes [1] 136
riches [2] 336, 475
richt [16] 38, 125, 140, 170, 290, 321, 344, 660, 706, 860, 1024, 1039, 1284, 1412, 1602, 1626
richteous [1] 363
richtfu [2] 123, 692
richtlie [1] 1593
richtsome [1] 995
ridin [1] 436
rig-banes [1] 150
rim-rax [1] 154
rin [4] 784, 944, 958, 1335
rings [3] 123, 270, 475
rinkit [1] 1239
rinnin [2] 1384, 1403
rins [1] 493
Rise [1] 927
rise [2] 782, 1604
risin [1] 833
rive [1] 150
riven [4] 1078, 1382, 1403, 1449
road [2] 215, 1418
roch [1] 529
rochians [1] 938
roddin [1] 976
roil [1] 436
roilach [1] 1554
roilin [1] 1525
roilins [1] 464
roils [1] 256
roun [7] 20, 263, 330, 978, 1007, 1239, 1558
rowth [1] 336

rueless [1] 140
rugg [1] 305
ruggin [2] 372, 1369
ruggit [2] 1214, 1234
ruggs [2] 256, 845
ruifs [1] 836
ruise [2] 55, 1457
ruisin [5] 651, 714, 811, 995, 1252
ruisins [2] 871, 1428
ruisit [2] 1055, 1703
Rule [1] 1412
rule [1] 517
Ruler [2] 1428, 1602
rummlin [1] 1524
runes [1] 136
ryall [1] 692
s [1] 290
sab [1] 1264
Sae [8] 157, 458, 810, 1141, 1310, 1423, 1432, 1481
sae [44] 70, 91, 205, 229, 254, 259, 272, 286, 318, 333, 399, 432, 477, 481, 491, 521, 528, 603, 622, 627, 628, 666, 723, 726, 787, 788, 802, 854, 860, 924, 1059, 1093, 1131, 1300, 1303, 1324, 1351, 1380, 1464, 1471, 1598, 1645, 1676, 1689
Sae's [1] 1200
sae's [6] 77, 365, 597, 908, 1047, 1139
saft [1] 991
saicret [3] 618, 688, 1488
saicrets [1] 416
said [5] 326, 1027, 1474, 1582, 1638
saikless [2] 968, 1131
sail [7] 281, 375, 394, 423, 436, 914, 1641
sail'd [1] 848
sail't [1] 891
sailin [7] 250, 255, 307, 338, 487, 819, 855
sailormen [1] 250
sails [1] 372
sain't [1] 1447
Sainer [1] 894
sainit [2] 1021, 1632
sains [1] 224
Sair [4] 310, 511, 1079, 1514
sair [15] 18, 392, 414, 602, 933, 943, 1112, 1130, 1228, 1382, 1445, 1529, 1642, 1649, 1673
sair't [3] 28, 379, 913
sairer [2] 1363 (×2)
sairest [1] 1422
sairie [3] 1527, 1535, 1652
sairin [1] 877
Sairlie [2] 1166, 1373
sairlie [1] 1224
sall [44] 106, 107, 113, 186, 227, 290, 295, 333, 336, 339, 394, 433, 478, 517, 521, 724, 726, 844, 883, 885, 909, 929, 939, 943, 944, 946, 1014, 1016, 1017, 1019, 1021 (×2), 1026, 1057, 1198, 1200, 1361, 1362, 1414, 1416, 1462, 1476, 1593, 1677
salvation [1] 1636
same [1] 745
Sanct [2] 1456, 1564
sanct [7] 356, 381, 1000 (×2), 1373, 1567, 1588
sancts [3] 716, 1697, 1705
Sang [1] 1456
sang [3] 862, 866, 870
sangs [1] 713
sank [1] 450
sanns [2] 237, 253
sark [1] 1448
sat [6] 356, 359, 601, 618, 1063, 1152

sattl't [2] 433, 529
sattle [1] 295
Saucht [1] 1144
saucht [9] 98, 333, 587, 614, 800, 824, 911, 1009, 1611
sauf [4] 815, 846, 1108, 1518
sauf-keepin [1] 1038
Saufgaird [3] 74, 448, 894
saufit [1] 1141
Sauftie [1] 939
sauftie [3] 445, 1123, 1411
saul [4] 909, 1227, 1236, 1343
Sauls [2] 894, 1394
sauls [13] 9, 155, 227, 328, 430, 544, 592, 858, 899, 912, 1598, 1608, 1666
sauntit [1] 1417
saut [3] 195, 380, 743
Sautan [2] 1181, 1673
sauty [1] 1509
Sauviour [18] 73, 191, 289, 302, 537, 544, 619, 687, 798, 887, 905, 912, 1026, 1271, 1354, 1385, 1408, 1621
Sauviour's [3] 3, 569, 1032
saw [11] 244, 526, 530, 874, 877, 982, 993, 1000, 1425, 1470, 1674
saw't [1] 1319
saxteen [1] 487
Say [1] 552
say [9] 341, 415, 455, 610, 641, 805, 956, 1458, 1543
sayan [1] 757
scaff [2] 436, 440
scantlins [1] 1274
scar [2] 1251, 1320
scart [1] 222
schane [1] 1318
scog [3] 125, 142, 829
scours [1] 510
scowth [1] 596

scran [1] 299
scraucht [1] 1106
screid [1] 159
screik [1] 219
screingit [1] 1261
screiv't [1] 149
screive [1] 13
screivit [1] 1486
scronach [1] 1106
scruif [1] 222
scuggit [2] 1240, 1289
scunner [1] 406
sea [19] 203, 235, 237, 281, 375, 387, 393, 448, 463, 496, 501, 525, 742, 818, 891, 1305, 1483, 1605, 1682
sea-clints [1] 305
sea-currents [1] 195
sea-gaun [1] 503
sea-rider [1] 276
sea-ruggs [1] 743
sea-ryver [1] 255
sea-staigie [1] 264
sea-steed [1] 484
sea-steeds [1] 509
sea-vaigers [1] 480
sea-viage [1] 348
sea-waas [1] 1567
sea's [3] 222, 310, 420
seafarers [1] 351
seafarin [2] 249, 486
seaman [1] 469
seamen [3] 244, 295, 423
seas [1] 380
secourse [1] 1032
See [3] 213, 1267, 1418
see [20] 287, 452, 522, 544, 637, 716, 752, 853, 897, 947, 977, 1083, 1209, 1361, 1478, 1538, 1578, 1583, 1632, 1697
see-na [1] 740

seek [8] 314, 593, 800, 935, 1144, 1478, 1548, 1640

seekin [7] 281, 305, 421, 678, 688, 1026, 1368

seeks [1] 902

seemed [2] 437, 1130

seen [2] 496, 923

Seil [1] 1547

seil [9] 85, 593, 740, 866, 879, 889, 1052, 1063, 1598

seilfu [1] 1681

seilie [1] 587

seiven [5] 115, 982, 1039 (×2), 1294

sel [8] 5, 247, 326, 530, 657, 745, 839, 1015

selkies [1] 1698

selvedge [1] 1448

sen [9] 143, 316, 386, 482, 1326, 1359, 1430, 1580, 1648

seniours [1] 756

senn [5] 111, 186, 423, 902, 1309

sennicht [1] 1657

sense [1] 199

sent [6] 362, 1029, 1067, 1585, 1594, 1684

sentences [1] 1488

sepulchres [1] 769

Seraphim [1] 711

servan [2] 96, 1194

servans [5] 3, 341, 716, 822, 1511

set [13] 114, 149, 203, 253, 314, 349, 426, 935, 1252, 1320, 1455, 1564, 1629

setten [1] 207

settin [2] 1233, 1288

seyals [3] 1197, 1409, 1459

shackle-banes [1] 1016

shackles [1] 103

shak [1] 783

shane [4] 89, 165, 778, 836

shangies [2] 1016, 1166

shapit [1] 1270

shaw [4] 274, 480, 722, 1497

shawn [1] 1188

shaws [1] 623

Sheil [1] 275

sheil-boss [1] 9

sheils [2] 47, 1192

sherp [1] 1127

sherp-grunn [2] 71, 1139

shid [4] 1032, 1047, 1599, 1635

shine [1] 570

ship [19] 240, 245, 250, 256, 264, 271, 289, 295, 307, 346, 375, 378, 394, 442, 498, 848, 899, 1640, 1683

ship's [1] 1691

ships [2] 256, 487

shore [1] 394

shores [1] 421

shouthers [1] 1555

Sic [1] 41

sic [3] 789, 1325, 1406

siccan [2] 191, 1486

siccar [18] 49, 83, 122, 496, 520, 522, 544, 610, 665, 727, 806, 901, 923, 1038, 1196, 1480, 1606, 1654

siccar't [1] 1543

siccarlie [1] 1414

sicht [11] 31, 506, 576, 581, 612, 697, 703, 730, 1018, 1021, 1210

Siclike [3] 25, 29, 683

siclike [1] 711

sign [3] 702, 1188, 1319

signacle [2] 89, 721

siller [4] 299, 307, 335, 1640

Simon [1] 682

sin [10] 110, 404, 561, 757, 913, 918, 955, 984, 1228, 1590

sinfu [1] 701

sing [1] 1323

THE SANG O SANCT ANDRO

singin [1] 860
sink [1] 1573
sinnen [1] 1400
sinner [1] 1284
Sinnert [1] 1152
sinnert [1] 1499
sins [1] 1649
sinsyne [1] 1492
sits [1] 414
sittin [4] 245, 302, 407, 587
skail [1] 1024
skail't [1] 5
skailin [2] 125, 829
skaimit [1] 602
skair [1] 1459
skaith [13] 18, 78, 109, 511, 666, 909, 918, 1021, 1048, 1130, 1184, 1328, 1451
skaith-free [1] 1604
skaith't [3] 1166, 1224, 1398
skaithins [1] 1445
skaiths [5] 962, 1263, 1421, 1463, 1468
Skeerie [2] 437, 1106
skeil [5] 13, 497, 622, 638, 1460
skeilie [3] 254, 469, 1631
skeilie-wrocht [1] 299
skeilier [1] 1334
skeirie [1] 1039
skiff [1] 989
skimmerin [2] 856, 1008
skipper [1] 356
skraich [1] 1340
skybalds [1] 109
Skyrie [1] 778
skyrie [16] 85, 226, 360, 520, 696, 806, 875, 896, 1008, 1027, 1232, 1319, 1479, 1633, 1665, 1706
skyriest [2] 103, 243
skyrilie [1] 1434
slang [1] 237

slauchter [7] 10, 134, 181, 1119, 1135, 1212, 1257
slauchter't [1] 1605
slauchterous [1] 149
slaw [1] 203
slay [1] 71
slee [4] 467, 471, 552, 808
sleep [6] 462, 783, 812, 818, 855, 858
sleepin [3] 824, 842, 991
slicht [1] 1329
smaa [2] 449, 1255
smarrach [2] 1190, 1665
smitten [1] 667
smoul't [1] 1233
smuir [1] 1156
smuirit [1] 1501
snash [4] 315, 555, 663, 1297
Snaw [1] 1241
sneckit [1] 1655
sned [1] 1399
snell [1] 1250
snell-like [1] 1678
snellest [1] 1422
snuivin [1] 494
socht [5] 635, 1119, 1127, 1517, 1660
solace [1] 1442
solast [1] 629
Some [1] 1460
some [1] 180
Son [10] 556, 561, 570, 632, 673, 740, 875, 1029, 1594, 1668
son [3] 769, 872, 1107
sons [5] 165, 406, 682, 900, 1608
soom [1] 291
sorra [4] 881, 1323, 1547, 1693
sorrafu [1] 1509
souch [1] 700
soud [3] 71, 202, 318
Soun [1] 991

soun [3] 733, 783, 1264
sounin [2] 94, 167
souther't [1] 1609
Soverane [1] 896
space [1] 1385
spak [42] 62, 173, 252, 276, 297, 303, 351, 361, 379, 393, 398, 412, 467, 535, 550, 595, 667, 720, 737, 756, 757, 764, 810, 843, 851, 889, 896, 905, 1052, 1193, 1266, 1283, 1297, 1341, 1378, 1389, 1407, 1427, 1441, 1474, 1537, 1645
spang [2] 730, 783
spangin [2] 234, 1189
sparpl't [1] 1079
spase [3] 525, 846, 1509
spate [5] 1483, 1500, 1515, 1553, 1571
spauls [2] 1037, 1399
speak [9] 89, 301, 318, 458, 700, 725, 795, 915, 1010
speakin [4] 95, 734, 848, 955
spear [4] 184, 1135, 1312, 1421
spear-beirars [2] 46, 1514
spears [1] 949
sped [2] 267, 378
speed [3] 191, 901, 1325
speil [2] 805, 887
speil't [1] 1064
speils [1] 1012
speir [6] 345, 472, 621, 625, 1154, 1389
speirin [2] 678, 911
speirins [1] 1029
Speirit [1] 1668
speirit [2] 151, 1678
speirits [2] 543, 633
speirt [1] 550
spied [1] 239
spill't [1] 51
spindrift [1] 485

splairgin [1] 1571
splendant [11] 90, 333, 477, 535, 728, 881, 1479, 1593, 1657, 1670, 1706
splendour [1] 539
spoken [2] 1417, 1602
sport [1] 1079
sprang [2] 700, 1615
spreid [2] 1502, 1552
spreidin [1] 1524
Spreit [1] 989
spreit [10] 186, 347, 629, 719, 972, 1309, 1395, 1406, 1620, 1684
spreits [1] 771
spring [1] 750
spuilie [1] 369
stablish't [2] 161, 531
stainch [1] 973
stainch't [1] 433
Stalwart [2] 359, 1558
stalwart [8] 239, 347, 842, 990, 1154, 1210, 1227, 1407
stane [6] 731 (×2), 757, 765, 1486, 1499
stanes [1] 835
stang [1] 949
stangin [1] 1231
stangs [2] 1347, 1445
stap [2] 724, 766
stappin [2] 975, 1560
stappit [1] 1042
starvin [1] 1149
statue [1] 724
staund [3] 100, 713, 1348
staundin [3] 983, 1062, 1470
staw [2] 39, 160
stech [1] 134
stech-kytes [1] 155
stede [1] 968
steer [2] 395, 484
steerin [1] 471

steersman [1] 497
steid [6] 226, 688, 1418, 1518, 1615, 1670
steidfast [4] 231, 412, 532, 1317
steidin [1] 10
steids [3] 103, 122, 161
steik [1] 109
steikit [2] 75, 132
steir [1] 291
steir't [2] 1115, 1505
steirin [1] 190
steirins [1] 142
steive [15] 83, 96, 122, 162, 231, 244, 398, 727, 972, 1049, 1128, 1197, 1274, 1470, 1637
steive-gavel't [1] 1150
steive-hertit [3] 9, 407, 713
steive-timmer't [1] 899
steivelie [2] 132, 1655
stem [1] 289
stert [2] 641, 769
steven [5] 94, 167, 494, 500, 1691
stey [4] 227, 833, 1288, 1654
still [2] 51, 1246
stob [1] 1135
storm [1] 1568
story [1] 1462
stounin [2] 1408, 1649
stouns [1] 1231
Stour [1] 943
stour [10] 4, 47, 842, 990, 1012, 1128, 1189, 1325, 1348, 1398
stours [1] 1468
stout [1] 244
stout-hertit [2] 941, 1558
stoutherie [1] 1067
stown [1] 1086
straik [4] 985, 1169, 1421, 1452
straikin [1] 932
straiks [2] 943, 1261
strait [1] 103

stramash [1] 1222
strang [6] 41, 255, 412, 937, 1193, 1513
strange [1] 199
strann [1] 1696
strauchles [1] 1463
Straucht [3] 219, 283, 398
straucht [6] 111, 175, 609, 1086, 1105, 1474
strauchtweys [1] 72
stravaig [2] 222, 509
stravaigin [1] 1698
streikit [1] 331
strenth [4] 531, 689, 1317, 1411
strintlin [1] 1261
striven [1] 1364
strouthie-like [1] 860
strunt [1] 4
stryne [1] 750
stugs [1] 1375
stuid [13] 166, 447, 699, 731, 794, 835, 864, 872, 1148, 1246, 1316, 1606, 1696
stuiden [2] 253, 874
stull [1] 1182
stunks [1] 1100
sturt [1] 1287
succour [2] 1144, 1585
sudden [1] 985
suddentie [2] 462, 812
Suin [2] 366, 1197
suin [3] 530, 1013, 1548
suin's [1] 1209
suitfastlie [1] 1492
Suith [1] 114
suith [5] 415, 637, 673, 756, 1538
suithfast [5] 166, 213, 227, 871, 1583
suithfastlie [1] 956
suithfastly [1] 623
suithfest [1] 665

Suithlie [2] 610, 1543
suithlie [2] 341, 455
sumlars [1] 1511
summon't [1] 111
summons [1] 1093
sun [4] 1018, 1232, 1287, 1433
sune [1] 939
sune's [1] 1319
sunlicht [2] 50, 90
surge [2] 349, 1502
surgin [1] 433
sustein [1] 21
swack [1] 264
swadg't [1] 1567
swalla'd [1] 1572
swallin [1] 1693
swan [1] 195
swapp't [1] 1400
swarrach [1] 1468
swaw-screivin [1] 485
swaw-tapper [1] 255
swaws [31] 196, 239, 267, 287, 305, 345, 349, 395, 423, 433, 450, 463, 488, 510, 529, 595, 624, 743, 815, 856, 893, 914, 922, 1434, 1501, 1524, 1553, 1575, 1609, 1641, 1698
sweel [6] 196, 235, 380, 897, 1522, 1609
sweel't [1] 818
sweelin [1] 369
sweir [1] 1414
sweirt [1] 893
swick't [1] 1343
swickit [1] 606
Swippert [4] 188, 843, 972, 1120
swippert [14] 5, 398, 471, 500, 525, 636, 667, 1024, 1042, 1105, 1207, 1315, 1545, 1652
swippertlie [1] 1497
switherin [1] 1237

sworlin [2] 1572, 1575
swurd [1] 78
swurd-play [1] 411
swurd's [1] 1169
swurds [6] 51, 72, 932, 1127, 1139, 1334
swure [1] 1620
swurl't [1] 1508
Swythe [6] 174, 941, 1190, 1258, 1511, 1606
swythe [13] 47, 151, 235, 265, 276, 338, 493, 620, 636, 795, 850, 975, 1560
Syne [41] 119, 124, 240, 346, 361, 412, 467, 527, 533, 550, 567, 615, 624, 654, 687, 732, 756, 764, 822, 874, 956, 967, 1058, 1068, 1093, 1122, 1159, 1193, 1221, 1234, 1255, 1294, 1340, 1353, 1366, 1407, 1588, 1594, 1613, 1679, 1689
syne [28] 59, 93, 117, 144, 201, 224, 340, 349, 396, 424, 447, 507, 512, 648, 658, 661, 697, 798, 853, 903, 917, 998, 1102, 1446, 1503, 1536, 1610, 1658
sypin [1] 372
T [1] 1545
Tae [9] 14, 81, 658, 1090, 1131, 1142, 1176, 1659, 1694
tae [363] 12, 16, 21, 22, 23, 27, 34, 38, 40, 41, 47, 65, 73, 75, 76, 88, 91, 96, 97, 107, 111, 112 (×2), 116, 118, 121, 131, 134, 138, 147, 152, 159, 160, 165, 173, 176, 178 (×2), 180, 188, 190, 193, 197, 199, 200, 203, 211, 212, 216, 220, 226, 230, 235, 253, 266, 270, 271, 273, 277, 281, 282, 285 (×2), 286, 287, 292, 293, 300, 303, 305, 307, 308, 309, 314, 316, 318, 319, 327, 330, 332,

343, 345, 350 (×2), 351, 354, 356, 363, 375, 376, 382, 387, 394, 400, 401, 404, 406, 417, 423, 425, 427, 435, 436, 440, 442, 447, 452, 468, 470, 475, 480, 491, 545, 546, 556, 557, 558, 563, 565, 572, 576, 580, 582 (×2), 584, 588, 592, 596, 599, 604, 605, 610, 625, 631, 639, 641, 647, 649, 650, 653, 662, 663, 671, 680, 682, 684, 708, 720, 721, 722, 736, 747, 748, 749, 751, 761, 765, 767, 768, 769, 773, 777, 779, 781, 782, 783, 784, 785, 790, 797, 799, 800, 802, 823, 829, 852, 870, 879, 893, 902, 906, 909, 910, 914 (×2), 916, 920, 921, 925 (×2), 930, 939, 942, 944, 948, 959, 965, 968, 970, 976, 977, 981, 995, 996, 1001 (×2), 1010, 1013, 1018, 1021, 1022, 1029, 1031, 1033, 1036, 1038, 1040, 1043, 1045, 1067, 1071, 1074, 1080, 1082, 1092, 1094, 1099, 1108 (×2), 1110, 1117, 1123 (×2), 1130 (×2), 1134, 1143, 1144, 1151, 1152, 1159, 1163, 1173, 1174 (×2), 1176 (×2), 1179, 1180, 1182, 1185, 1188, 1189, 1190, 1191, 1194, 1200, 1203, 1212, 1213, 1216, 1229, 1233, 1235, 1256, 1259, 1280, 1291, 1295, 1296, 1297, 1301, 1308, 1311, 1320, 1323, 1332, 1335, 1346, 1349, 1352, 1362, 1370, 1377, 1380, 1387, 1392, 1400, 1405, 1407, 1413, 1429, 1433, 1436, 1437, 1439, 1442, 1447, 1458 (×2), 1469, 1474, 1478, 1482, 1484, 1490, 1509, 1516, 1518, 1523, 1526, 1534, 1536, 1543, 1545, 1546, 1554, 1555, 1557 (×2), 1559, 1563, 1566, 1570, 1575, 1578, 1581, 1583, 1585, 1586, 1588, 1589, 1593, 1594, 1597, 1599, 1600, 1601, 1614, 1620, 1627, 1632, 1633, 1635, 1636, 1638, 1641, 1642, 1645, 1652, 1662, 1666, 1667, 1672, 1673, 1674, 1676, 1677, 1679, 1682, 1683, 1691, 1699

tae's [1] 1466

taen [1] 1610

taigl't [1] 117

taiken [1] 702

tairges [1] 130

tak [12] 223, 271, 334, 583, 767, 961, 1158, 1349, 1466, 1475, 1638, 1683

tale [3] 416, 1457, 1467

tane [1] 1051

tap [1] 441

targe [1] 410

targes [1] 1206

taucht [1] 416

teachers [1] 1206

teachin [2] 665, 1402

teachins [1] 804

tears [2] 59, 1265

teem [1] 945

teen [3] 117, 947, 1157

Tell [2] 332, 597

tell [10] 114, 357, 416, 455, 505, 569, 725, 844, 1458, 1689

tellin [2] 767, 1475

Telt [1] 1116

telt [3] 1035, 1093, 1465

Temple [1] 659

temple [4] 699, 704, 1120, 1614

temps [1] 947

ten [1] 1488

Tent [1] 1158

tent [3] 286, 961, 1475

tether't [1] 1695

thae [2] 138, 1027

thafts [1] 442

Thaim [1] 707

thaim [49] 11, 28, 252 (×2), 280, 374, 462, 519 (×2), 520, 599, 711, 737, 748, 791, 799, 843, 865, 883, 887, 977, 984, 1006, 1007, 1021, 1026, 1046, 1047, 1048, 1075, 1086, 1091, 1112, 1173, 1174, 1176, 1180, 1192, 1279, 1320, 1474, 1521, 1566, 1604, 1634, 1643, 1648, 1651, 1665

Thair [6] 3, 33, 141, 794, 1608, 1649

thair [126] 6, 24 (×2), 25, 29, 32, 33, 47, 51, 69 (×2), 72, 81, 101, 128, 130, 133, 134, 143, 155, 160, 176 (×2), 180, 217 (×3), 228, 250, 348, 365, 400 (×2), 429, 460, 509, 516, 529, 557 (×2), 588, 594, 601, 603, 634, 652, 678, 703 (×2), 714, 755, 757, 759, 760, 762, 763, 769, 770 (×2), 771 (×2), 799, 804, 816, 822, 857, 865, 866 (×2), 884, 949, 955, 958, 984, 1009, 1016, 1017, 1018, 1020 (×2), 1026, 1029, 1034, 1037, 1050, 1070, 1073, 1075, 1076, 1079, 1090, 1094, 1096, 1121, 1132, 1138, 1153 (×2), 1201, 1207, 1210, 1213, 1321, 1350, 1372, 1504, 1530, 1550, 1566, 1575, 1581, 1591, 1592, 1597, 1598, 1608, 1610, 1619, 1643, 1649, 1654, 1655, 1660, 1662, 1667, 1690

thairsels [1] 784

than [5] 15, 181, 697, 775, 919

thane [5] 524, 552, 616, 1030, 1369

thanes [8] 236, 360, 374, 399, 684, 865, 1027, 1103

thank [2] 1142, 1447

thanks [4] 382, 1001, 1022, 1428

Thare [5] 68, 442, 872, 880, 1458

thare [28] 41, 89, 163, 183, 187, 193, 214, 221, 261, 278, 280, 540, 650, 842, 868, 916, 931, 969, 1145, 1318, 1330, 1357, 1425, 1465, 1470, 1536, 1632, 1684

that [11] 26, 31, 202, 206, 244, 341, 476, 530, 1002, 1371, 1415

Thay [11] 48, 131, 197, 249, 377, 602, 785, 1073, 1201, 1207, 1214

thay [112] 5, 7, 23, 45, 46, 47, 49, 51, 134, 136, 138, 140, 143, 144, 150, 154, 157, 159, 279, 346, 365, 399, 445, 530, 558, 560, 563, 606, 607, 635, 679, 713, 714, 734, 755, 756, 774, 790, 792, 794, 795, 800, 804, 823, 825, 858, 859, 861 (×2), 867, 870, 966, 984, 992, 1002, 1041, 1042, 1046, 1073, 1077, 1079, 1082 (×2), 1083, 1089, 1095, 1098, 1100, 1101, 1110, 1111, 1112, 1113, 1120, 1135 (×2), 1148, 1165, 1189, 1209, 1213, 1216, 1217, 1234, 1257, 1258, 1315 (×2), 1319, 1321, 1349, 1368, 1370, 1410, 1420, 1421, 1436, 1437, 1478, 1515, 1517, 1582, 1606, 1611, 1620, 1635, 1650, 1652, 1694, 1696, 1697, 1699

thay'll [3] 1022, 1024, 1025

The [53] 19, 57, 93, 120, 127, 171, 177, 224, 237, 370, 374, 389, 393, 421, 432, 444, 446, 463, 492, 529, 648, 661, 700, 728, 796, 824, 832, 978, 1016, 1018, 1051, 1054, 1063, 1155, 1161, 1178, 1223, 1238, 1322, 1354, 1408, 1476, 1499, 1505, 1508, 1522, 1524, 1530, 1551, 1552, 1567, 1592, 1661

the [1201] 2, 3, 4, 5, 6, 7, 10 (×2), 11, 12 (×2), 13, 14, 17 (×2), 18, 21, 24, 25, 29, 30, 31, 32, 35 (×2), 42, 43 (×2), 44, 47, 48 (×2), 49, 50, 52, 55 (×2), 56, 61 (×2), 67, 69, 71, 72, 78, 79 (×2), 82, 83, 87, 88 (×2), 93, 94 (×2), 95, 97, 98, 102, 103, 104 (×2), 106, 108, 109, 116, 118, 119, 120, 121, 126, 127, 128, 132, 135, 137, 141, 142, 144, 145, 146, 147, 148, 152, 153, 156, 160, 161 (×2), 165 (×2), 166, 167, 168, 170, 171, 172, 178, 183 (×2), 184, 185, 187, 189, 194, 195 (×3), 196 (×3), 197 (×2), 199, 200 (×2), 201, 203, 205 (×2), 208, 209, 212, 214, 215, 216 (×2), 218, 219, 220 (×2), 221, 222, 223, 225, 227 (×2), 230, 231, 233, 235 (×3), 237, 238, 239 (×2), 240, 241, 242 (×2), 243 (×2), 244, 245, 249, 251 (×2), 253, 256 (×2), 257, 258, 260, 261, 262, 263, 265 (×2), 267 (×2), 269, 270 (×2), 272 (×2), 275 (×3), 279, 281, 284, 287, 288 (×2), 289 (×3), 292, 294 (×2), 295 (×2), 301, 302 (×2), 303 (×2), 305 (×3), 306, 307, 310 (×2), 311 (×2), 316, 317 (×2), 320, 322, 323, 325 (×2), 326, 327, 328, 329 (×2), 330, 331 (×2), 332 (×2), 340, 341, 343, 344, 345, 346, 348, 349 (×2), 350, 352 (×2), 353, 355 (×2), 356 (×2), 361 (×2), 363, 364 (×2), 365, 366 (×2), 367, 368 (×2), 370, 371 (×2), 372 (×2), 373 (×2), 375 (×2), 376, 377, 378 (×2), 380 (×3), 381 (×2), 382, 383, 384, 385, 386, 387 (×2), 389, 390 (×2), 391, 392, 393, 394, 395 (×2), 398, 401 (×2), 406, 408, 409, 412, 413 (×2), 414, 415, 416 (×2), 417, 418 (×2), 420, 421, 422 (×2), 423 (×2), 425, 427 (×2), 428 (×2), 429, 431 (×2), 433, 434, 435, 436, 437, 438 (×2), 439 (×2), 440, 441 (×2), 442 (×3), 443 (×2), 444, 446, 447, 448 (×2), 449 (×2), 450 (×3), 452 (×2), 453 (×3), 454, 456, 457, 458, 459, 461 (×2), 463, 464, 466, 467 (×2), 468, 482, 484, 488, 489, 492, 493 (×2), 494, 496, 498 (×2), 501, 504, 505 (×2), 506 (×2), 507, 508, 510 (×3), 512, 513, 514 (×2), 515, 518, 522, 523, 525 (×2), 526, 527 (×2), 528, 531 (×2), 533, 538, 542, 550, 551 (×2), 555 (×2), 558, 561, 563, 568, 569, 571, 572 (×2), 573, 574, 576 (×2), 577, 578, 580, 581, 582, 586, 587, 588, 590, 592 (×2), 593, 594, 595 (×2), 596, 597, 598, 599, 605 (×2), 607, 608 (×2), 611, 612, 613, 615, 617, 619 (×2), 622, 624 (×3), 626 (×2), 629 (×2), 631 (×2), 632 (×2), 634, 635 (×2), 640, 641 (×2), 643, 644 (×2), 646, 647, 649, 653 (×2), 654, 657, 658, 659, 664, 665, 671, 673, 674, 676, 683 (×2), 685 (×2), 687 (×2), 688, 691, 692, 696, 697, 698, 699, 700, 701 (×2), 702 (×2), 703, 704 (×2), 709, 710, 712 (×2), 714, 715 (×2), 716 (×2), 717 (×2), 718 (×2), 719, 720, 723, 724, 725, 726, 727 (×2), 729, 730, 731, 733 (×2), 735 (×2), 736 (×2), 742 (×4), 743 (×2), 744, 745, 750 (×2), 751, 753, 754 (×2), 756 (×2), 757, 764 (×2), 765 (×2), 766 (×2), 768, 773 (×2), 774, 775, 776, 777, 778, 779 (×2), 780, 783, 785, 786, 787, 788, 789, 791 (×2), 792, 793 (×2), 794, 795, 797 (×2), 798 (×2), 800, 807, 809, 810, 811 (×2), 813, 814, 815 (×2), 816,

817 (×2), 818, 819, 820, 823, 825, 826, 827, 828 (×2), 829, 830 (×3), 831, 832, 833 (×2), 834 (×2), 835, 836 (×2), 837 (×2), 838 (×2), 839, 842, 844, 845 (×2), 846 (×2), 847 (×2), 851, 856, 859, 862, 864, 865, 867 (×2), 870, 871, 872, 874, 879, 886 (×2), 887, 888, 891 (×2), 893, 897, 898, 899 (×2), 900, 901, 903, 904, 905 (×2), 910 (×2), 914, 917, 921, 922, 930, 931, 932, 933, 934, 935, 938, 939, 942, 948, 949, 956, 957 (×2), 959 (×2), 960 (×2), 962, 963, 965, 966, 967, 968, 973, 975, 976 (×2), 977, 979, 981 (×2), 983 (×2), 985, 986 (×2), 987, 988, 989 (×2), 990, 991, 993, 994, 996, 998, 1000 (×2), 1002, 1003, 1004, 1005, 1006, 1012 (×2), 1013, 1015 (×3), 1017, 1018, 1020, 1022, 1026, 1028, 1030, 1032, 1033 (×2), 1035, 1036, 1041 (×2), 1043, 1044, 1045 (×2), 1049, 1051, 1052 (×2), 1053, 1055 (×2), 1056, 1057, 1059, 1062, 1066, 1069 (×2), 1071, 1072, 1074 (×2), 1076, 1077 (×2), 1078 (×2), 1080 (×2), 1081, 1082, 1083, 1084, 1085, 1087, 1089, 1090, 1094 (×2), 1097, 1099, 1100, 1102, 1103, 1104, 1108 (×2), 1109 (×2), 1113, 1114, 1115, 1116 (×2), 1117 (×2), 1119 (×2), 1120 (×2), 1121, 1122, 1124, 1125, 1126, 1127 (×2), 1132, 1133, 1134 (×2), 1136, 1137 (×2), 1139, 1140, 1143 (×2), 1146, 1147 (×2), 1148, 1149, 1150 (×2), 1152, 1159, 1162, 1165, 1166, 1169 (×2), 1170 (×2), 1171, 1173, 1174, 1177, 1180 (×2), 1181, 1182, 1183, 1187 (×2), 1188 (×2), 1189, 1190 (×2), 1191, 1193, 1194, 1196, 1197, 1198, 1200, 1208 (×2), 1210, 1212, 1215, 1217, 1219, 1220, 1222 (×2), 1223, 1226, 1227, 1228, 1230, 1231, 1232 (×2), 1233, 1234 (×2), 1235, 1240, 1241, 1242, 1244, 1245, 1247, 1248, 1250, 1252 (×2), 1254, 1256 (×2), 1258, 1259 (×2), 1264, 1265, 1266, 1269 (×2), 1276, 1280, 1282 (×2), 1283, 1285, 1286, 1287, 1288, 1289, 1290 (×2), 1291, 1293 (×3), 1295, 1297, 1299, 1300, 1301, 1303, 1308, 1309, 1313 (×2), 1314, 1317, 1318, 1334, 1335, 1336, 1339, 1347, 1348, 1354, 1359 (×2), 1360, 1361, 1363, 1364, 1367, 1368, 1369, 1373, 1375, 1377, 1378, 1379, 1381, 1386, 1387 (×2), 1388 (×2), 1395, 1397, 1398, 1399, 1400, 1402, 1404 (×2), 1407 (×3), 1408, 1410, 1413, 1418, 1421, 1422 (×2), 1423, 1424, 1427, 1432, 1433, 1434, 1435, 1436 (×2), 1438 (×3), 1439 (×2), 1440 (×2), 1441, 1444, 1445 (×2), 1448, 1454 (×2), 1456, 1458, 1460, 1461 (×2), 1462, 1463 (×2), 1467, 1468, 1470, 1472, 1477 (×2), 1479, 1481, 1482, 1486, 1487 (×2), 1488, 1489, 1490, 1494, 1498, 1500 (×2), 1501 (×2), 1502 (×2), 1503, 1505, 1506, 1507 (×2), 1509, 1510, 1511, 1512, 1513 (×2), 1514 (×2), 1515, 1517, 1518, 1519, 1522, 1523, 1526, 1532 (×3), 1533 (×2), 1536, 1538, 1540, 1544, 1546, 1550, 1551, 1553, 1554 (×2), 1555 (×2), 1556 (×2), 1557, 1558, 1559, 1560, 1561, 1562, 1563 (×2), 1565, 1567 (×2), 1568, 1569 (×2), 1570, 1572 (×2), 1573, 1574 (×2), 1575, 1576 (×2), 1577 (×2), 1580, 1581, 1583, 1584, 1585, 1588 (×2),

1589 (×2), 1594, 1595, 1596 (×2), 1597 (×2), 1600, 1601, 1602, 1603 (×2), 1604, 1605 (×2), 1607, 1609 (×2), 1611, 1613 (×2), 1615 (×3), 1616 (×2), 1617 (×2), 1621, 1622, 1623, 1624 (×2), 1625, 1627 (×2), 1628, 1632, 1633, 1634 (×2), 1641, 1642, 1644, 1645, 1647 (×2), 1656, 1659, 1661, 1663 (×2), 1664 (×2), 1667, 1668 (×3), 1669 (×2), 1670, 1671 (×3), 1672, 1674, 1675, 1677, 1679 (×3), 1680, 1681, 1682, 1685, 1688, 1689, 1691, 1692, 1694 (×2), 1695 (×3), 1696, 1697, 1698 (×3), 1699, 1700, 1702, 1703, 1704

Thee [5] 81, 84, 536, 1270, 1429

thegither [7] 157, 601, 1049, 1096, 1101, 1582, 1700

therty [1] 157

thing [2] 481, 1673

things [7] 73, 335, 590, 795, 851, 1360, 1412

think [1] 1298

thinkin [2] 82, 603

thir [19] 62, 173, 297, 351, 535, 625, 679, 737, 843, 889, 905, 1162, 1266, 1283, 1341, 1389, 1427, 1441, 1484

third [1] 1369

thirl [1] 1313

thirlit [1] 1375

This [1] 1188

this [21] 78, 89, 112, 208, 211, 214, 266, 426, 545, 567, 724, 963, 964, 1184, 1350, 1353, 1415, 1585, 1587, 1634, 1673

Tho [1] 1203

tho [10] 269, 559, 702, 741, 804, 807, 1228, 1421, 1590, 1609

thocht [11] 376, 552, 616, 684, 734, 1064, 1167, 1237, 1301, 1370, 1437

thochts [8] 69, 199, 236, 348, 762, 808, 854, 1239

thole [7] 73, 512, 808, 1130, 1203, 1392, 1673

tholemuid [2] 399, 1369

tholin [1] 1250

Thon [3] 556, 955, 1360

thon [84] 19 (×2), 20, 22, 27, 29, 30, 32, 40, 41, 44, 46, 50, 63, 80, 87, 113, 133, 137, 140, 149, 155, 169, 177, 179, 198, 199, 206 (×2), 226, 229, 273, 279, 285 (×2), 346, 351, 399, 561, 565, 566, 604, 708, 755, 820, 821, 873, 879, 884, 885, 887, 971, 980, 985, 992, 994, 997, 1010, 1019, 1027, 1030, 1034, 1050, 1088, 1151, 1205, 1209, 1211, 1214, 1227, 1238, 1280, 1281, 1284, 1292, 1295, 1332, 1469, 1510, 1539, 1590, 1633, 1638, 1642

Thonder's [1] 277

Thou [11] 68, 70, 73, 86, 192, 542, 545, 1268, 1272, 1276, 1430

thousan [1] 584

thousans [1] 865

thraip't [1] 1082

thraipin [1] 919

thrang [2] 102, 1103

thrangin [2] 43, 1190

thrangs [1] 869

Three [1] 1392

three [6] 148, 184, 244, 781, 792, 920

threits [1] 1250

thring [2] 184, 1301

Throu [1] 633

throu [37] 21, 42, 78, 87, 94, 110, 142, 366, 368, 512, 538, 576, 580, 700, 733, 754, 763, 774, 803, 810, 819, 965, 1092, 1218, 1250, 1341, 1375, 1381, 1454, 1526, 1532, 1537, 1616, 1617, 1627, 1630, 1676

Thy [10] 65, 76, 193, 537, 539, 546, 1272 (×2), 1275, 1276

ticht [1] 48

tide [1] 1695

tides [2] 435, 527

til [12] 144, 147, 252, 379, 402, 716, 1097, 1230, 1237, 1252, 1337, 1418

til's [8] 274, 293, 339, 385, 437, 861, 1157, 1548

til't [5] 213, 970, 1145, 1329, 1414

tiles [1] 836

till [7] 116, 812, 817, 828, 841, 1327, 1554

time [11] 116, 135, 508, 1157, 1197, 1215, 1286, 1369, 1372, 1436, 1579

times [2] 487, 1039

tint [4] 1296, 1401, 1416, 1599

tither [2] 1005, 1051

Tobias [1] 1493

tolbuith [1] 1036

torfelt [1] 1416

torment [1] 110

toun [4] 40, 279, 963, 1116

touns [1] 26

tounsfowk's [1] 683

Tour-houses [1] 835

towt [1] 110

track [1] 116

tracks [1] 331

traitorie [1] 110

traivel [2] 211, 508

traivellers [1] 277

traivellin [2] 26, 586

trauchle't [1] 586

tree [1] 1309

Treinitie [1] 1669

treisur [4] 298, 313, 359, 468

Treisurs [1] 334

treisurs [2] 31, 270

trial [1] 435

trintl't [1] 1265

tropell [6] 699, 1095, 1367, 1522, 1632, 1689

trou [1] 558

trou'd-na [1] 804

true [3] 632, 665, 1489

truelins [1] 455

truist [1] 974

truith [7] 383, 522, 597, 702, 725, 844, 1296

truly [1] 211

trusty [1] 1050

tryst [2] 688, 920

trystin-place [1] 1097

trystit [1] 135

tuik [1] 462

tuilie [1] 1286

tuilies [1] 216

Tuim [1] 1149

tuim [1] 1482

tuimin [1] 313

tuke [1] 1321

tung [1] 468

turn [1] 883

turned [1] 528

twa [5] 248, 585, 681, 1049, 1054

Twal [1] 1397

twal [2] 2, 876

twalscore [1] 1035

twalt [1] 657

tweesh [1] 1003

twine [3] 151, 946, 1131

twinty [1] 115

twyin [1] 1050
twyn't [1] 731
twyne [2] 949, 1126
twynit [2] 1228, 1598
tyne [1] 883
ugsome [2] 761, 1160
umwhile [1] 686
unabaisit [1] 1249
uncanny [1] 851
Uncolie [1] 1087
Undeimous [1] 696
undeimous [1] 723
unfrein [2] 605, 1176
unfreins [2] 1048, 1060
unfrien [1] 761
unkent [1] 1081
Up [1] 1446
up [16] 425, 447, 518, 675, 782, 1099, 1121, 1199, 1505, 1589, 1597, 1601, 1606, 1616, 1629, 1662
up-heisit [1] 1372
uphaud [1] 1279
uphauden [1] 1626
upheisin [1] 1051
upheisit [2] 125, 886
upraise [1] 1286
upraisin [1] 1253
upraisit [1] 957
upsteirin [1] 1665
uptak [1] 549
us [22] 265, 271, 286, 295, 318, 319, 327, 339, 432, 591, 662, 663, 666 (×2), 846, 855, 859, 1396, 1397, 1541, 1545, 1546
vaig [1] 563
vaiger [1] 180
valiant [1] 1311
vanquiss [1] 1311
Vaudie [1] 732
veive [1] 97

Vengeance [1] 1168
ventur't [1] 435
venture [1] 174
viage [3] 246, 334, 1691
victorie [1] 117
Victories [2] 870, 1430
victories [1] 978
voustie [2] 117, 870
vowt [2] 541, 1379
vyce [10] 56, 62, 93, 97, 534, 572, 732, 1407, 1432, 1700
vyces [1] 714
waa [2] 723, 1470
waa-gaein [1] 822
waa-gaun [1] 317
waas [5] 119, 704, 717, 837, 1533
wab [1] 63
wad [37] 32, 33, 39, 70, 134, 135, 138, 150, 156, 182, 192, 269, 292, 399, 402, 472, 476, 477, 483, 750, 790, 795, 852, 887, 1098, 1107, 1129, 1135 (×2), 1186, 1298, 1398, 1399, 1460, 1515, 1621, 1643
wadna [1] 558
Wae [1] 1651
wae [3] 1105, 1269, 1541
waefu [1] 1266
waementin [2] 1148, 1378
waementit [1] 1529
waements [1] 1534
waesome [8] 27, 62, 96, 574, 1088, 1204, 1531, 1690
waesomelie [1] 1357
waff't [1] 267
wairders [2] 1078, 1090
wairdin [1] 96
wairnish't [1] 1059
wait [1] 397
walcome [1] 118
wale [1] 1055
walit [1] 321

walk [1] 724
walk't [1] 990
wallie [1] 723
walterin [13] 194, 257, 345, 364, 437, 922, 1246, 1262, 1481, 1505, 1522, 1571, 1641
walth [2] 317, 1151
wame-wecht [2] 28, 154
wames [1] 134
wan [6] 144, 180, 823, 981, 1097, 1163
wan-blae [1] 515
wane [1] 187
wanfortune [1] 1529
wangracie [1] 556
wanhope [2] 118, 1105
wanner [1] 669
wantin [6] 28, 38, 307, 402, 514, 1686
wap [1] 945
wappin [1] 1205
wappins [4] 71, 1096, 1138, 1276
wappit [2] 574, 1357
war [49] 7, 46, 131, 156, 207, 249, 269, 319, 371 (×2), 372 (×2), 374, 404, 405, 445, 575, 586, 588, 606, 736, 796, 905, 962, 991, 1076, 1087, 1110, 1112, 1113, 1225, 1228, 1247, 1315, 1374, 1405, 1422, 1508, 1511, 1525, 1527, 1534, 1543, 1545, 1550, 1553, 1565, 1576, 1609
war's [1] 1336
Wardane [4] 615, 1194, 1268, 1441
wark [5] 758, 764, 1328, 1472, 1613
warks [2] 1345, 1457
warld [18] 2, 88, 161, 205, 223, 317, 328, 353, 506, 571, 644, 692, 785, 797, 1350, 1415, 1506, 1702

Warld's [1] 1408
warld's [2] 1254, 1422
warldlie [1] 301
warlock [2] 1339, 1452
warlocks [3] 33, 71, 908
warna [1] 892
warst [2] 88, 1574
wastage [1] 1531
wat [1] 1452
wather [1] 1472
Watter [1] 581
watter [5] 22, 380, 441, 449, 945
watters [17] 251, 344, 366, 390, 438, 453, 489, 1246, 1481, 1505, 1513, 1533, 1552, 1554, 1570, 1573, 1597
wauch [1] 1376
wauchle [1] 306
waucht [1] 1509
wauk't [1] 843
wauken't [2] 578, 832
waux [1] 1138
waw-dirds [1] 513
waws [6] 194, 257, 364, 389, 437, 898
waxit [1] 564
We [5] 1, 262, 320, 435, 544
we [39] 88, 263, 266, 287, 290, 294, 355, 394, 402, 404, 405, 419, 508, 511, 512 (×2), 522 (×2), 658, 664, 674, 677, 678, 711, 845, 852, 858, 868, 874, 877, 1158, 1328, 1333, 1398, 1402, 1539, 1544, 1548, 1586
we'll [1] 291
we're [3] 317, 421, 511
Weariet [2] 461, 855
weariet [2] 1148, 1376
wearisome [1] 669
weary [3] 480, 574, 817
wechtier [1] 918

wechty [1] 1471
Weel [4] 430, 879, 1268, 1538
weel [4] 384, 926, 961, 1004
weel-faured [1] 360
weel-hertit [1] 994
weel-kent [2] 285, 1457
weel-learit [2] 313, 1631
weel-loe'd [4] 304, 400, 1423, 1690
weel-thocht [1] 1339
weel-wared [1] 1345
weems [2] 1218, 1517
weil [1] 287
weilfaur [1] 614
weir [2] 250, 1256
Weird [1] 1541
weird [9] 14, 310, 365, 606, 749, 963, 1092, 1363, 1380
weirdit [3] 1170, 1313, 1341
Weirdless [1] 738
weirit [1] 11
Weirman [1] 481
weirman [11] 97, 173, 459, 832, 971, 980, 990, 994, 1114, 1240, 1266
weirmen [31] 2, 80, 152, 247, 320, 360, 389, 397, 425, 461, 502, 648, 657, 871, 879, 888, 1033, 1054, 1109, 1139, 1194, 1283, 1311, 1348, 1441, 1491, 1507, 1522, 1580, 1589, 1619
weirmen's [2] 615, 1092
wemen [3] 1578, 1619, 1651
Wes [1] 1115
wes [122] 11, 16, 20, 25, 28, 29, 40, 58, 64, 92, 93, 124, 147, 148, 169, 229, 232, 233, 237, 238, 247, 259, 260 (×2), 290, 296, 366, 370 (×2), 377, 426, 443, 451, 463 (×2), 464, 466, 540, 558, 604, 653, 655, 657, 659, 665, 675, 676, 682, 683, 691, 704, 750, 786, 789, 838, 846, 849, 863, 880, 886, 893, 913, 916, 952, 971, 977, 980, 1003, 1004, 1009, 1011, 1027, 1062, 1064, 1067, 1090, 1097, 1104, 1117, 1132, 1141, 1149, 1153, 1160, 1188 (×2), 1212, 1224, 1228, 1231, 1236, 1239, 1260 (×2), 1291, 1360, 1372, 1374, 1375, 1419, 1449 (×2), 1450, 1452, 1453, 1514, 1550, 1552, 1562, 1569, 1602, 1625, 1626 (×2), 1628, 1630, 1638, 1642, 1662, 1673, 1679, 1688
wesna [2] 230, 1573
wey [7] 195, 306, 380, 621, 669, 1391, 1646
weys [2] 65, 1216
Wha [2] 1350, 1354
wha [27] 132, 134, 135, 161, 259, 260, 377, 408, 409, 414, 515, 518, 531, 630, 786, 789, 898, 970, 1044, 1098, 1185, 1270, 1279, 1304, 1364, 1596, 1613
wha'd [1] 1126
wha's [1] 180
Whan [3] 426, 1027, 1097
whan [28] 9, 43, 109, 138, 150, 156, 228, 239, 250, 406, 410, 618, 622, 797, 821, 840, 845, 884, 891, 1077, 1166, 1301, 1387, 1395, 1397, 1478, 1674, 1680
whane'er [1] 293
whas [1] 260
whase [2] 1056, 1381
whaul [3] 265, 272, 626
whaul's [1] 813
whauls [1] 366
Whaur [3] 254, 402, 1300
whaur [21] 15, 169, 175, 216, 227, 257, 291, 499, 592, 600, 659, 686,

779, 839, 1059, 1071, 1418, 1426, 1615, 1668, 1677

Whaure'er [1] 222

whaure'er [1] 1564

wheesht [1] 755

when [2] 1198, 1662

while [4] 563, 1273, 1455, 1610

whiles [1] 511

whilk [2] 750, 807

Whit [7] 306, 616, 913, 1298, 1324, 1391, 1646

whit [8] 250, 339, 545, 621, 642, 951, 1498, 1550

white'er [2] 146, 1067

whudder't [1] 367

whummle't [2] 367, 390

whunstane [1] 1218

Wi [10] 139, 244, 290, 424, 606, 690, 1100, 1134, 1263, 1437

wi [165] 13, 20, 32, 39, 45, 47, 51, 58, 66, 71, 72, 81, 102, 110, 117 (×2), 159, 162, 177, 185, 191, 212, 217, 223, 236, 241, 242, 248, 259, 261, 262, 263, 267 (×2), 290, 325, 357, 358, 365, 373, 374, 376, 379, 404, 411, 422, 469, 485, 517 (×2), 518, 519, 531, 532, 539, 554, 574, 578, 591, 594, 619, 622, 662, 663, 667, 673, 675, 678, 699, 710, 718, 738, 739, 741, 796, 813, 831, 855, 889, 909, 914, 918, 932, 941, 952, 954, 955, 979, 1009, 1012, 1017, 1020, 1025, 1041, 1048, 1065, 1075, 1081, 1096, 1101, 1106, 1113, 1122, 1128, 1135, 1139, 1143, 1145, 1183, 1186, 1187, 1192 (×2), 1198, 1204, 1206, 1220, 1224, 1239, 1241, 1242, 1247, 1253, 1256, 1261, 1278, 1281, 1294, 1316, 1317, 1329, 1339, 1340, 1342, 1344, 1350, 1364,

1375, 1383, 1398, 1419, 1421, 1426, 1432, 1442, 1452, 1479, 1504, 1507, 1519, 1520, 1540, 1541, 1575, 1580, 1582, 1620, 1622, 1635, 1643, 1658, 1666, 1690, 1700, 1704

wi's [4] 209, 840, 861, 1589

wi'ts [3] 207, 1639, 1657

wicht [13] 44, 144, 236, 1054, 1155, 1170, 1208, 1217, 1238, 1293, 1535, 1587, 1613

wicht-hauden [1] 657

wichts [6] 80, 119, 817, 1143, 1333, 1656

Wide [1] 1702

wide [4] 223, 571, 1534, 1552

wide-spreidin [1] 1483

Wifes [1] 1039

wiles [2] 166, 738

will [22] 65, 101, 109, 172, 218, 273, 290, 301, 353, 456, 641, 725, 853, 902, 924, 1142, 1202, 1273, 1274, 1381, 1548, 1648

Willin [1] 1587

willin [1] 1635

win [12] 118, 187, 257, 285, 376, 397, 402, 512, 921, 1298, 1636, 1686

wine [1] 582

winna [1] 1349

winnersome [9] 13, 497, 638, 690, 704, 749, 809, 1253, 1488

winnin [2] 27, 328

wins [2] 280, 879

winters [1] 502

wintry [1] 1241

Wird [1] 13

wird [12] 44, 209, 578, 624, 1088, 1194, 1396, 1416, 1487, 1567, 1601, 1631

wird-huird [1] 663

Wirds [1] 725

wirds [51] 62, 173, 260, 297, 301, 313, 351, 413, 424, 472, 504, 506, 535, 547, 564, 591, 596, 616, 622, 627, 643, 707, 734, 737, 755, 763, 797, 803, 811, 843, 889, 905, 916, 954, 1027, 1158, 1162, 1187, 1205, 1253, 1266, 1283, 1339, 1341, 1378, 1389, 1408, 1427, 1441, 1589, 1661

wirk [1] 614

wirship [1] 1622

wiss [2] 481, 961

wit [4] 549, 638, 749, 785

witcherie [1] 33

wits [1] 1559

wittin [1] 809

wittins [3] 459, 625, 1080

wolfs [1] 149

wonin [1] 921

wonins [1] 280

worth [1] 1253

worthie [5] 2, 425, 481, 871, 1587

worthies [1] 651

worthiest [1] 1333

wounds [1] 1383

wox [1] 1513

wrack [1] 1575

wraikfu [1] 1373

wrangouslie [1] 1539

wrangs [1] 1422

wrocht [11] 598, 612, 691, 697, 742, 789, 803, 966, 1078, 1221, 1613

wrutten [1] 136

wuid-hertit [1] 605

wuids [1] 1425

wunn [1] 370

wunn-soupit [1] 837

wunner [1] 734

wunners [1] 617

wunns [3] 267, 449, 453

wyc't [2] 1035, 1648

Wyce [1] 1473

wyce [14] 145, 312, 459, 467, 547, 616, 807, 837, 916, 1152, 1158, 1333, 1559, 1631

wyce-like [3] 472, 651, 853

wyceheid [10] 424, 480, 549, 564, 622, 637, 643, 1143, 1155, 1661

wycelike [1] 1239

wycin [1] 1634

wycins [1] 739

wycit [1] 1044

wyl't [1] 591

wyles [1] 605

wylie [4] 467, 549, 853, 1473

wylit [1] 1182

wyte [2] 625, 663

wytit [1] 1162

wyves [1] 63

Yae [1] 1372

yae [1] 246

Yare [1] 1348

yare [8] 64, 158, 186, 233, 246, 317, 634, 1511

yarkit [1] 1596

yaup [1] 1110

yaupish [1] 158

Ye [6] 210, 215, 1177, 1185, 1389, 1475

ye [211] 21, 22, 34, 37, 39, 98, 100, 102, 106, 107, 108, 109 (×2), 110, 111, 112, 113, 114, 174, 182, 202, 211, 212, 218, 220, 222, 223, 254, 257, 269, 270, 273, 274, 290, 291, 292, 294, 301, 304, 306, 308 (×3), 309, 314, 316, 318, 319, 333, 334, 335, 337, 339, 341 (×2), 343, 344, 345, 353, 354, 355, 384, 385 (×2), 387, 397 (×2), 404, 414, 415, 426, 455, 472, 475, 477, 478, 479, 481,

482, 483, 484, 491, 503, 504, 505, 513, 524, 526 (×2), 532, 552, 569, 589, 597, 610, 616, 618, 621, 623, 625 (×2), 637, 639 (×2), 640, 668, 669, 671, 672 (×2), 738, 740, 741, 751, 752, 802, 807, 808, 844, 852, 853, 877, 892, 893, 906, 907, 909, 913, 914 (×2), 915, 918, 919, 922, 923 (×2), 928, 929, 935, 942, 943 (×2), 946, 947, 949, 961 (×2), 963, 1014, 1163, 1166, 1168, 1172, 1173, 1175 (×2), 1178 (×2), 1179 (×2), 1181, 1184, 1195, 1198 (×2), 1203, 1204, 1298 (×2), 1300, 1301, 1302, 1311, 1324, 1325, 1331, 1333, 1335, 1342, 1343, 1345, 1352, 1357, 1359, 1361, 1363, 1387, 1391, 1393, 1397, 1411 (×2), 1420, 1444, 1455, 1466, 1481, 1482, 1485, 1494, 1496, 1498, 1538, 1543, 1593 (×2), 1646, 1647, 1653, 1658 (×2)

ye'd [1] 1167

ye'll [6] 118, 216, 286, 1168, 1330, 1347

Ye're [2] 501, 1176

ye're [3] 213, 281, 502

ye'se [2] 293, 339

years [1] 548

yeildin [1] 430

yese [2] 962, 965

Yestreen [1] 845

yet [5] 377, 419, 503, 914, 1465

yett [1] 1078

yetts [2] 834, 1190

yield [1] 1099

ying [5] 389, 502, 545, 1107, 1116

yird [15] 7, 82, 325, 329, 332, 632, 724, 731, 766, 783, 842, 1241, 1400, 1501, 1576

yirkit [1] 1208

yokit [1] 1323

yon [1] 1344

You [1] 1384

you [5] 187, 470, 916, 1200, 1355

younker [1] 904

younkers [1] 1596

Your [5] 182, 1184, 1396 (×2), 1402

your [85] 31 (×2), 36 (×2), 39, 99, 100, 101, 116, 210, 212, 213, 215, 255 (×2), 256, 271, 282, 292, 293, 300, 301, 333, 334, 336, 353, 396 (×2), 397, 419, 426, 427, 430, 476, 480, 484, 485, 504, 598, 622, 627, 674, 739, 740, 752, 808, 809, 854, 906, 907, 908, 909, 915, 920, 928, 931, 934, 944 (×2), 947, 948, 950, 1171, 1178, 1185, 1196, 1199, 1202, 1279 (×2), 1299, 1303, 1332, 1345, 1346, 1349, 1361, 1362, 1409, 1419, 1420, 1480, 1646, 1648, 1653

yours [1] 1410

yoursel [7] 337, 501, 1195, 1199, 1299, 1302, 1329

Yoursels [1] 877

youthheid [2] 546, 771

3.4 *ÞA WYRDA ÞARA APOSTOLA*
3.4.1 Index verborum

Thare 472 wird-forms at kythes in *Þa Wyrda þara Apostola* and nae ither airt, houbeit (as ye wad expec) a wheen o thaim is jist different spellins o the samen wird. 57 o thir sterts wi a capital letter in this edeition, the whilk uises capitals at the sterts o sentences and for names o fowk and places; god hesna a capital, for it hesna in the haunscreive. The feigur gien in the square brackets aneth is the nummer o times the wird kythes in the text; the nummers at follas affeirs tae the lines whaur the wirds kythe. The list gien here follas the modren alphabetical sortin for Auld English, wi semicolons twynin ilka letter and commas pitten atweesh letters hauden for variants (*æ* sortit as *ae*, *ð* as a variant o *þ*).

a, æ; b; c; d; e; f; g; h; i; l; m; n; o; p; r; s; t; þ, ð; u; w; y

a [1] 120
ac [2] 19, 34
Achagia [1] 16
æ [1] 10
æfestum [1] 73
æfter [3] 22, 82, 101
æglæawe [1] 24
æhtwelan [1] 84
ælcum [1] 113
æniges [1] 19
æt [1] 59
ætsomne [1] 99
Æðele [1] 79
æðelingas [2] 3, 85
æðelo [1] 24
Ah [1] 115
ahangen [1] 41
Albano [1] 45
aldre [2] 17, 43
an [2] 79, 110
ana [1] 93
Andreas [1] 16
apostolhad [1] 14
aras [1] 56
asettan [1] 111

Asseum [1] 38
Astrias [1] 45
aswebban [1] 69
awa [1] 99
awehte [1] 55
bam [1] 78
Bartholameus [1] 44
be [1] 23
beadorofe [1] 78
beaducræftig [1] 44
bec [1] 63
begang [2] 89, 108
bene [1] 116
beneotan [1] 46
beorhtan [1] 116
beorhtne [1] 33
beorn [2] 44, 88
beornas [1] 78
beþearf [1] 91
bidde [2] 88, 90
bite [1] 34
bið [1] 113
boldwelan [1] 33
botles [1] 117
broðor [2] 33, 54

brucan [1] 117
brucaþ [1] 99
bruce [1] 114
byrhtme [1] 21
CEN [1] (103) ᛣᚠᛘ
clænum [1] 119
cleopigan [1] 115
cneorisse [1] 26
collenferð [1] 54
cræftes [1] 103
Criste [1] 26
cunnon [1] 105
cwealm [1] 39
cyning [3] 27, 69, 119
cyninges [2] 54, 105
cyðdon [1] 3
dædum [1] 5
Dæges [1] 65
dæl [1] 94
dælas [1] 51
deaðe [2] 56, 82
deman [1] 10
dom [1] 65
domfæste [1] 5
dream [2] 48, 82
dreamas [1] 32
dryhtlic [1] 65
dryhtne [1] 5
dryhtnes [2] 10, 56
eac [2] 23, 50
eadig [1] 73
ealdre [1] 36
ealle [3] 30, 84, 122
eard [1] 113
eardes [1] 110
eardwic [1] 93
ece [4] 19, 38, 73, 122
edgiong [1] 122
Effessia [1] 30
efne [1] 102
Egias [1] 17

EH [0] (103 note) ᛗ
ellen [1] 3
elles [1] 110
ende [2] 85, 98
endedæg [1] 79
engla [2] 28, 119
eorlas [1] 99
eorðan [4] 19, 28, 94, 99
eðel [1] 113
eðle [1] 101
fæder [1] 29
fæmnan [1] 29
fand [1] 1
fegde [1] 98
FEOH [1] (98) ᚠᛘ
feor [1] 109
feorg [1] 58
feorh [2] 12, 37
findan [1] 96
fitte [1] 98
flæsce [1] 37
folce [1] 58
for [4] 17, 55, 61, 73
fore [4] 11, 18, 36, 71
foreþances [1] 96
forhogodan [1] 84
fornam [1] 59
forð [1] 110
forþan [1] 47
frætewa [1] 102
frame [1] 12
freonda [1] 91
fricle [1] 109
friðes [1] 91
frofre [1] 109
fultomes [1] 91
fyrdhwate [1] 12
Gad [1] 57
galdres [1] 108
galgan [1] 40
gastes [1] 114

gealgan [1] 22
Gearapolim [1] 40
geceas [1] 19
gecorene [1] 5
gecrang [2] 60, 72
gedælan [1] 36
gedæled [1] 82
gedreosan [1] 100
gefælsod [1] 66
gefean [1] 81
gefrege [1] 25
gehyrdon [2] 23, 63
gelædde [1] 43
geleafan [1] 66
gemyndig [1] 107
geneðde [2] 17, 50
geoce [1] 108
geomrum [1] 89
geong [1] 57
geornor [1] 115
gesceaft [2] 116, 122
gesealde [1] 58
gesealdon [1] 85
gesecan [1] 93
gesohte [3] 32, 39, 62
gestreon [1] 83
geweorðod [1] 15
gewitte [1] 87
giddes [1] 89
gildeð [1] 119
gleaw [1] 96
godcundes [1] 114
gode [1] 115
godes [1] 65
godu [1] 49
guðhwæt [1] 57
guðplegan [1] 22
hade [1] 27
hæðen [1] 46
hæðene [1] 60
hæðengild [1] 47

Hafað [1] 73
halga [1] 60
Halgan [1] 9
halgan [1] 90
halig [1] 53
halige [1] 63
ham [1] 92
hames [1] 118
hand [1] 60
He [1] 30
he [6] 18, 47, 56, 89, 108, 114
heafde [1] 46
heap [1] 90
heape [1] 9
heht [1] 45
hehðo [1] 118
helpe [1] 90
heonan [1] 109
Her [1] 96
heriges [1] 21
Herode [1] 36
het [1] 68
hie [2] 10, 99
hige [1] 53
hihta [1] 118
hildecorðre [1] 41
hildeheard [1] 21
Him [2] 48, 78
him [3] 19, 57, 104
hine [1] 97
his [4] 33, 53, 120, 121
hlyt [1] 9
hrif [1] 29
hroðre [1] 95
Hu [1] 91
hu [1] 3
Huru [1] 42
hwa [2] 98, 106
hwær [1] 111
Hwæt [3] 1, 23, 63
hyge [1] 68

hygeblind [1] 46
hyran [1] 47
Hyrde [1] 70
Iacob [2] 35, 70
Ic [2] 1, 109
ic [4] 88, 91, 92, 111
idle [1] 84
Ierusalem [1] 70
in [6] 16, 30, 40, 45, 70, 118
Indea [1] 51
Indeum [1] 43
Iohanne [1] 23
Irtacus [1] 68
Is [1] 14
is [1] 118
Iudeum [1] 35
lade [1] 92
lænan [1] 83
læne [1] 102
lærde [1] 31
læt [1] 33
lætan [1] 94
LAGU [1] (102) Ⲅ
land [2] 66, 76
langne [1] 92
langsumre [1] 20
lare [1] 67
laste [1] 94
lean [1] 120
leane [2] 62, 74
leasan [1] 49
leode [1] 31
leofast [1] 26
leofe [1] 6
leofra [1] 49
leoht [2] 20, 61
leohtes [1] 66
leoðgiddunga [1] 97
lic [1] 94
lice [1] 83
lices [1] 102

lif [4] 20, 38, 73, 83
life [1] 6
lifes [1] 31
lifwela [1] 49
ligeð [1] 104
lindgelaces [1] 76
liðra [1] 92
Lof [1] 6
lof [1] 120
lufige [2] 88, 107
lysteð [1] 97
mæg [1] 96
mære [2] 67, 121
mærðo [1] 7
mæst [1] 118
manegum [1] 52
mann [1] 107
manna [1] 25
manncynnes [1] 29
Matheus [1] 67
me [3] 89, 94, 108
menn [2] 24, 113
mid [4] 35, 38, 64, 74
middangeard [1] 7
miht [4] 7, 56, 105, 121
mine [1] 25
mod [1] 52
motan [1] 117
moton [1] 99
mycel [1] 121
Næron [1] 75
Næs [1] 33
nama [1] 57
nat [1] 111
Ne [2] 18, 99
ne [1] 47
nearowe [1] 104
nearwe [1] 13
nemþe [1] 114
neosan [1] 110
neosað [1] 103

Nerones [1] 13
nihtes [1] 104
Nu [3] 88, 105, 120
nu [1] 73
NYD [1] (104) +
of [2] 56, 112
ofer [3] 7, 15, 122
ofgefon [1] 12
on [16] 2, 6, 11, 19, 27, 40, 51, 87, 92, 94, 98, 99, 101, 104, 106, 116
oncyðig [1] 106
ond [17] 4, 7, 14, 46, 57, 57, 58, 77, 81, 83, 91, 103, 109, 113, 121, 121, 122
onhyrded [1] 53
onlihted [1] 52
onwoc [1] 65
or [1] 65
ordfruma [1] 28
oðre [1] 51
Paulus [1] 14
Persea [1] 76
Petrus [1] 14
Philipus [1] 37
reccan [2] 11, 24
ricene [1] 39
rincum [1] 11
rode [1] 39
Romebyrig [1] 11
sacerdum [1] 71
sæcce [1] 59
sæne [2] 34, 75
samnode [1] 2
samod [1] 78
sang [1] 1
sawle [1] 62
sceal [2] 92, 100
sceall [1] 109
sceolde [1] 35
sceoldon [2] 10, 79
Se [1] 25

se [5] 14, 60, 88, 97, 107
searwe [1] 13
secan [1] 81
sefan [1] 2
sendan [1] 116
seocum [1] 2
seomaþ [1] 121
Sie [1] 107
sigelean [1] 81
Sigelwarum [1] 64
sigores [1] 62
Simon [1] 77
sin [1] 59
sindon [1] 112
sið [1] 111
siðe [1] 32
siðes [1] 34
siðfrome [1] 77
siðgeomor [1] 1
sohte [1] 28
sohton [1] 77
soð [1] 64
soðan [1] 81
sprang [1] 6
standeþ [1] 98
standeð [1] 120
stenges [1] 72
stiðmod [1] 72
Sume [1] 11
swa [2] 102, 113
swegle [1] 32
sweng [1] 72
sweordes [1] 34
Sweordræs [1] 59
swilt [1] 71
Swylce [2] 16, 50
sylfa [1] 111
Syððan [1] 54
syþþan [1] 21
syððan [2] 27, 40
Thaddeus [1] 77

Thomas [1] 50
tilmodige [1] 86
Tir [1] 86
tireadige [1] 4
to [5] 43, 62, 74, 95, 115
toglideð [1] 102
tohreosan [1] 101
tohtan [1] 75
torhte [1] 4
twegen [1] 75
Twelfe [1] 4
twelfe [1] (86) XII
þa [3] 3, 82, 116
ða [4] 47, 58, 75, 85
þæm [1] 58
þær [6] 10, 52, 60, 98, 118, 119
þæs [3] 99, 107, 117
þæt [8] 43, 56, 63, 64, 70, 89, 108, 117
þam [1] 106
þanon [2] 31, 38
þas [3] 49, 83, 98
þe [1] 115
ðe [3] 88, 97, 107
þegna [1] 8
þegnas [1] 87
þehte [1] 22
ðeodcyninges [1] 18
þeodnes [1] 8
þeodom [1] 105
þisse [1] 112
þisses [1] 108
Þone [1] 68
þone [3] 45, 81, 90
Þonne [1] 103
þonne [3] 49, 88, 92
þonon [1] 61
þrage [1] 30
þreodode [1] 18
þriste [1] 50
þrowigan [1] 80

þrowode [1] 71
þrym [1] 8
þrymme [1] 18
ðu [1] 105
þurg [2] 13, 63
Ðurg [1] 72
þurh [7] 26, 29, 39, 53, 56, 60, 67
ðurh [3] 34, 68, 80
Ðus [1] 85
þysne [1] 1
þysses [1] 89
unbræcne [1] 86
uncuð [2] 93, 112
undyrne [1] 42
unhwilen [2] 20, 120
unlytel [1] 8
UR [1] (101) ᚢ
usse [1] 116
utu [1] 115
wælreaf [1] 95
wælreow [1] 69
wæpenhete [1] 80
wæpnum [1] 69
wæron [1] 4
wæs [7] 25, 37, 41, 48, 57, 66, 106
we [5] 23, 63, 70, 115, 117
wearð [5] 42, 52, 64, 78, 82
weg [1] 31
wegan [1] 87
weorc [1] 80
weormum [1] 95
weorodum [1] 55
weorðian [1] 48
weorudum [1] 61
weres [1] 27
werþeoda [1] 15
werum [1] 106
Wic [1] 112
wide [4] 2, 6, 15, 42
wig [1] 48
wiges [1] 74

wisode [1] 9
wið [2] 37, 83
wolde [1] 47
word [1] 53
wordum [1] 106
worulde [1] 112
woruldwunigende [1] 100
wuldorcining [1] 74
wuldres [4] 27, 48, 61, 87

wund [1] 61
wundorcræfte [1] 55
wunigean [1] 95
wurd [1] 42
WYNN [1] (100) ᚹ
yppe [1] 64
YR [1] (103) ᚣ
yrne [1] 68

3.4.2 Index runarum

Here is gien a list o the runes in *Þa Wyrda þara Apostola*, sortit in the order o the Runic alphabet. In the list in § 3.4.1 abuin, thay are eikit out in the mainner at kythes in SMAA CAPITALS here.

ᚠ [1] 98 FEOH
ᚢ [1] 101 UR
ᚣ [1] 103 YR
ᚳ [1] 103 CEN

ᚹ [1] 100 WYNN
ᚾ [1] 104 NYD
ᛗ [0] (103 note) EH *steid, coursour*
ᛚ [1] 102 LAGU

3.4.3 Index numerorum

Here is gien the Roman feigur uisit in *Þa Wyrda þara Apostola*. In the list in § 3.4.1 abuin, thay are eikit out in the mainner at kythes in italics here.

XII [1] 86 *twelfe*

3.5 *THE WEIRDS O THE APOSTLES*
3.5.1 Index verborum

Thare 482 wird-forms at kythes in *The Weirds o the Apostles* and nae ither airt. 80 o thir sterts wi a capital letter in this edeition. The feigur gien in the square brackets aneth is the nummer o times the wird kythes in the text; the nummers at follas affeirs tae the lines whaur the wirds kythe.

a [8] 27, 28, 39, 48, 56, 59, 71, 94
Aa [1] 82
aa [6] 10, 15, 29, 83, 101, 121
abuin [1] 117
Achaia [1] 16
ae [1] 78
aff [1] 45
afore [3] 17, 35, 70
ahint [1] 93
ain [1] 53
airts [2] 10, 109
aiverie [1] 76
amang [1] 24
And [4] 49, 58, 74, 77
and [28] 1, 3, 7, 10, 12 (×2), 14, 15, 19, 28, 29, 30, 36, 47, 52, 55, 57, 60, 75, 80, 82, 89, 96, 102, 108, 112, 120 (×2)
Andro [1] 16
ane's [1] 20
anes [1] 78
Angels [1] 118
angels [1] 26
apert [1] 41
Apostles [1] 14
Armenia [1] 44
as [2] 94, 101
Asia [1] 37
Astrages [1] 44
at [7] 16, 61, 74, 83, 88, 107, 116
attery [1] 67
Atweel [1] 41
aunter't [1] 49

awa [1] 99
Aye [1] 114
aye [1] 120
ayebidin [6] 19, 37, 73, 85, 119, 121
bade [1] 68
baith [2] 77, 102
bale [1] 72
bardrie [1] 96
bargane [1] 20
Bartholomew [1] 42
bauld [3] 20, 42, (102 ʞ CÉN)
bauldlie [1] 49
be [1] 68
beild [1] 32
belief [1] 65
beuks [1] 62
bide [1] 98
binna [1] 113
blate [2] 32, 74
bleds [1] 68
blessit [1] 72
bliss [3] 32, 80, 117
blytheheid [1] 96
bodes [1] 107
body's [1] 100
boulie-horn't [1] 44
braith [1] 35
bricht [1] 32
brither [2] 32, 53
brocht [1] 59
bruckle [3] 48, 82, 100
bruik [1] 102

bruilies [1] 74
bude [1] 107
buskins [1] 100
but [5] 19, 33, 50, 98, 110
bye [1] 101
caa [1] 114
cam [2] 28, 64
campiouns [1] 84
can [1] 98
canna [1] 98
CÉN [1] (102) ᛣ *see* **bauld**
chosen [1] 5
Christ [1] 25
claim [1] 98
clay [1] 93
clengit [1] 65
come [1] 84
corp [2] 35, 93
Creation [1] 121
cross [1] 40
croun't [1] 18
daith [2] 70, 81
daith-day [1] 78
dawin [1] 64
day's [1] 64
dearest [1] 25
deeds [1] 4
deid [1] 55
delyte [1] 81
derf [1] 12
did [1] 84
donsie [1] (102 ᛇR ᚼ)
douchty [2] 12, 78
doun [2] 12, 59
doun't [1] 72
dree [1] 79
Drychtin [1] 55
duim [1] 78
eelie [1] 99
efter [2] 20, 81

efterhins [1] 101
Egeas [1] 17
EH [0] (103 note) ᛗ
Eident [1] 29
enn [1] 84
Ephesus [1] 29
Ethiopians [1] 63
fae [1] 79
faemen [1] 79
Faither [1] 27
fare [1] 108
farin [2] 30, 91
Faur [1] 108
faur [1] 2
fauset [1] 13
feires [1] 91
fell [2] 67, 71
felloun [1] 13
FEOH [1] (97) ᚠ *see* **walth**
finn [1] 109
finns [1] 96
flee [1] 101
flowein [1] 101
for [9] 4, 18, 57, 80, 88, 89, 94, 107, 112
Forbye [1] 69
forbye [2] 22, 49
forethochtfu [1] 95
form [1] 27
founert [1] 60
fowk [3] 27, 30, 60
Frae [1] 2
frae [6] 30, 35, 37, 55, 81, 90
funn [2] 2, 78
furth [2] 10, 33
Gad [1] 56
gaed [3] 6, 60, 77
gaes [1] 101
gained [1] 61
Gaird [1] 26
gait [2] 31, 111

gang [2] 10, 111
gart [2] 34, 40
gat [1] 75
gear [1] 48
gie [1] 34
gied [2] 45, 57
gies [1] 118
gilpie [1] 56
gledness [1] 31
gledsome [1] 47
Glore [1] 73
glore [1] 47
glorious [1] 120
Glory [1] 26
glory [4] 6, 61, 64, 86
God [2] 64, 114
Gospel [1] 10
grann [1] 120
gree [1] 8
gretest [1] 117
guid [1] 118
hae [6] 15, 22, 23, 62, 69, 90
hag [1] 45
haithen [3] 21, 44, 59
haithens [1] 46
haizart [2] 16, 43
Halie [1] 113
halie [4] 9, 52, 62, 90
hame [2] 91, 117
hangie [1] 45
hard [3] 22, 62, 69
hardiment [1] 3
Hark [3] 1, 22, 62
hathills [1] 3
haud [2] 106, 113
haun [1] 59
he [15] 17, 21, 24, 30, 31, 38, 46, 55, 57 (×2), 71, 73, 88, 107, 113
hecht [1] 45
heed [1] 46

heich [1] 117
heid [1] 45
heigait [1] 43
heild [2] 83, 86
Here [1] 95
Herod [1] 35
hert [2] 67, 106
herts [1] 52
hes [1] 73
Hierapolis [1] 40
him [4] 40, 61, 68, 103
hing [1] 40
His [3] 47, 119, 120
his [17] 16, 23, 25, 32, 34, 35, 43, 45, 51, 52, 56, 57, 60, 61, 72, 96, 106
honour [2] 15, 47
hou [4] 3, 42, 63, 69
hung [1] 21
hyne [3] 2, 40, 108
I [8] 2 (×2), 87, 90, 92, 108, 110, 111
idols [1] 47
ilkane [1] 112
In [2] 16, 44
in [19] 5, 23, 29, 40, 50, 58, 59, 69, 74, 76, 86, 89, 96, 99, 103, 105, 106 (×2), 109
India [2] 43, 50
intae [1] 28
Irtacus [1] 67
is [5] 72, 97, 100, 111 (×2)
is't [1] 112
it [4] 9, 11, 98, 100
ither [2] 50, 109
its [2] 112 (×2)
jalouse [1] 97
Jeames [2] 34, 69
Jerusalem [1] 69
Jews [1] 34

John [1] 22
keen-hertit [2] 53, 114
Keing [3] 26, 104, 118
keing [3] 18, 35, 67
keing's [1] 53
kemp [1] 53
kemps [2] 39, 98
ken [2] 104, 110
kennin [2] 24, 63
kindred [1] 25
kingrik [1] 115
kintra [3] 65, 92, 111
kyth't [1] 63
kythit [1] 105
LAGU [1] (101) Γ *see* **watter**
laid [1] 12
lane [2] 92, 109
lang [1] 91
lann [1] 112
lanns [1] 37
Lat [1] 106
laubours [1] 51
law [1] 23
leain [1] 93
lear [1] 66
lear't [1] 23
led [1] 57
leid [1] 97
leifer [1] 48
leivin [1] 109
Lest [1] 97
lest [3] 91, 116, 119
lestin [1] 19
letters [1] 97
Levi's [1] 66
licht [2] 19, 61
lichtent [1] 51
life [9] 5, 16, 19, 34, 37, 43, 57, 73, 81
life-treisur [1] 48

life's [1] 31
lifes [1] 12
liggs [1] 103
lineage [1] 23
loe'd [1] 5
loes [2] 87, 106
loesome [1] 65
Lord [1] 73
Lord's [1] 5
loun [1] 87
ludgins [1] 112
lykes [1] 81
maet [1] 94
mair [1] 114
man [3] 27, 95, 106
mang [5] 21, 34, 54, 60, 63
Mattha [1] 66
maucht [2] 18, 120
maun [7] 92, 99, 101, 102, 108, 111, 114
me [3] 89, 93, 107
men [2] 23, 24
mense [2] 25, 95
mensefu [1] 66
micht [3] 95, 104, 116
mingie [1] 54
mony [1] 51
mouls [2] 18, 98
my [7] 24, 88, 89, 91, 92, 93, 109
myn [1] 106
myns [1] 51
na [1] 110
Nae [1] 8
nae [2] 18, 83
name [1] 56
namely [1] 4
nane [1] 17
need [1] 90, (103 + NÝD)
Nero [1] 13
never [1] 74

nicht [1] 103

Nor [1] 32

nor [3] 17, 33, 48

notour [1] 13

Nou [3] 72, 87, 104

nou [1] 36

nummer [1] 4

NÝD [1] (103) + *see* **need**

o [45] 1, 7, 13, 18, 21, 22, 23, 25, 26 (×2), 27 (×2), 32, 33, 36, 37, 39, 46, 51, 55, 58, 61, 64 (×2), 65, 67, 68, 71, 73, 78, 79, 80, 83, 86, 87, 88, 91, 93, 95, 97, 103, 104, 110, 117, 118

o't [1] 50

on [9] 18, 21, 38, 40, 43, 91, 98, 100, 114

ondeein [1] 121

onen [1] 103

Onkent [1] 111

onkent [1] 92

our [2] 115, 117

ours [1] (100 ⋔ ÚR)

out [1] 110

ower [3] 6, 15, 121

pairts [1] 50

Paul [1] 14

people [2] 11, 57

Persia [1] 77

Peter [1] 14

Philip [1] 36

pit [2] 16, 43

pitten [1] 70

pleisur [1] (99 ᚱ WYNN)

pouer [2] 7, 55

pratticks [1] 46

pray [1] 88

prayers [1] 115

preach [1] 11

priests [1] 70

pyssance [1] 7

raik't [1] 11

raise [1] 55

reirds [1] 21

remain [1] 120

Renoun [1] 85

renoun [1] 7

rewaird [2] 80, 119

rewairdit [1] 72

richteous [1] 7

Rome [1] 11

ruid [2] 21, 38

ruisin [2] 15, 119

Sae [2] 84, 112

sae's [1] 116

Sair-hertit [1] 1

sairin [1] 104

sall [3] 87, 119, 120

Sanct [1] 59

sang [4] 2, 88, 96, 107

saucht [2] 89, 108

saul [1] 60

Sauviour's [1] 8

screivit [1] 2

seek [2] 60, 92

sen [1] 46

senn [1] 115

sense [1] 88

servants [1] 8

set [1] 33

shawed [1] 3

Simon [1] 75

skaith [2] 79, 103

skeil [2] 54, 102

skyrie [3] 3, 31, 115

slaucht [1] 38

slauchter't [1] 68

slaw [1] 33

sma [1] 8

socht [2] 31, 38

solace [1] 108

Some [1] 11

sorra [1] 89

speir [2] 87, 107

Speirit [1] 113

splendant [1] 3

staff [1] 71

Stalward [2] 71, 76

stang [3] 33, 58, 68

stour [2] 58, 76

straik [1] 71

stuit [1] 89

succour [1] 88

suir [1] 24

swey't [1] 17

swippertlie [1] 38

swither't [1] 17

swurd [2] 33, 58

swurds [1] 79

Syne [1] 102

syne [1] 58

Tae [2] 24, 36

tae [27] 10 (×2), 11 (×2), 25, 33, 43 (×2), 45 (×2), 50, 60, 70, 71, 76, 77, 79, 80, 84, 89, 94, 105, 107, 109, 113, 115, 118

tairges [1] 75

tak [1] 46

Tammas [2] 49, 59

taucht [1] 30

tauld [1] 23

tell [2] 10, 36

Thaddeus [1] 75

thair [12] 4, 5, 6, 7, 12, 47, 52, 80, 81, 84, 86, 102

thairs [1] 8

thanes [1] 86

thay [2] 77, 83

The [3] 14, 53, 64

the [87] 3, 5, 6, 7, 8, 9, 10, 11, 13, 15, 18 (×2), 20 (×2), 21 (×3), 23, 25 (×2), 26 (×2), 27 (×2), 28, 30, 33 (×2), 34, 35 (×2), 37 (×2), 38, 40, 41, 43, 45, 46, 51, 53, 54, 55 (×3), 57, 58 (×3), 60, 61, 63, 64, 65, 68, 70, 71, 72, 73, 78, 79, 80, 85, 86, 87, 88, 90, 91, 95, 97, 98, 99, 100 (×2), 102 (×2), 103 (×2), 104, 106, 111 (×2), 113, 115, 117, 118 (×2)

thegither [2] 77, 98

thir [1] 105

this [4] 2, 97, 107, 110

tho [1] 100

thochts [1] 86

Thon [1] 67

thon [6] 42, 44, 78, 84, 92, 116

thonder [1] 30

thro [1] 13

throu [5] 25, 28, 38, 55, 62

thrungen [1] 75

tides [1] 29

til [1] 116

times [1] 29

tint [2] 36, 82

tramort [1] 94

treisurs [1] 82

triumph [1] 80

tropel [1] 39

tropell [2] 9, 90

Trowth [1] 90

true [2] 63, 80

true-hertit [1] 85

tuik [1] 27

twa [1] 74

Twal [1] 4

twal [2] 14, 85

twynit [2] 36, 82

up [3] 34, 57, 115

upheisit [1] 52

3.5.2 Index runarum

ÚR [1] (100) ᚾ *see* **ours**
viage [1] 76
victory [1] 61
wadna [1] 46
wait [1] 94
wale [1] 20
wallas [1] 83
walth [2] 83, (97 ᚠ FEOH)
wame [1] 28
wannerin [1] 1
wappin'd [1] 39
war [2] 74, 75
warld [5] 6, 15, 28, 99, 110
watter [1] (101 ᛚ LAGU)
wauken't [1] 54
We [2] 22, 62
we [3] 69, 114, 116
weari't [1] 1
weir [1] 72
weir-wicht [1] 56
Weird [1] 9
weirlike [1] 39
weirman [1] 42
weirmen [1] 105
wes [14] 4, 9, 20, 24, 32, 36, 41, 48,
   56, 65, 70, 79, 82, 105

wha [5] 87, 96, 97, 105, 106
whan [6] 20, 26, 39, 75, 81, 91
whaur [3] 51, 110, 118
while [1] 99
whit [1] 107
wi [5] 54, 66, 68, 73, 117
wicht [1] 42
Wide [1] 6
wide [1] 41
win [2] 80, 116
winnersome [1] 54
wird [1] 41
wirds [2] 52, 105
wonin [1] 116
wonnin [1] 99
worms [1] 94
worth [1] 83
wrocht [1] 97
wumman's [1] 28
wycit [1] 9
WYNN [1] (99) ᚹ *see* **pleisur**
ye [1] 104
yird [1] 100
ÝR [1] (102) ᚾ *see* **donsie**

Here is gien a list o the runes in *The Weirds o the Apostles*, sortit in the order o the Runic alphabet. In the list in § 3.4.1 abuin, thay are eikit out in the mainner at kythes in SMAA CAPITALS here.

ᚠ [1] 97 FEOH *walth*
ᚾ [1] 100 ÚR *ours*
ᚾ [1] 102 ÝR *donsie*
ᚲ [1] 102 CÉN *bauld*

ᚹ [1] 99 WYNN *pleisur*
ᚾ [1] 103 NÝD *need*
ᛗ [0] (103 note) EH *steid, cursour*
ᛚ [1] 101 LAGU *watter*

4
GLOSSAR

aagaits *adv.* everyplace.
aakyn *adv.* every (kind of).
abaisit *adj.* cast down.
ablach *n.* puny creature.
abuin *adv. & prep.* above.
accordant *adj.* in agreement.
affcome *n.* result.
aff-pit *n.* delay.
airt I *n.* direction. **II** *v.* direct.
aiverie *adj.* eager.
ale-sowp *n.* drink of ale.
alowe *adj.* aflame.
apert *adj.* open, clearly visible; bold.
attery *adj.* bitter; poisonous.
backhash *n.* insolence.
backman *n.* follower.
baitchel *v.* thrash.
balefire *n.* beacon fire.
bambaize *v.* astound.
bangster *n.* ruffian.
bangstrie *n.* violence.
bann *n.* pledged word.
bardrie *n.* poetry.
bargane *n.* strife.
barmekin *n.* city wall.
barmy *adj.* foaming.
barras *n.* outer wall of a fortress.
bauchle *n.* laughing-stock.
bedein *adv.* right away.
beek *v.* shine brightly and warmly.
beff I *n.* blow. **II** *v.* beat.
begeck *v.* cheat, deceive.
begoud *v.* began.
begowk *v.* fool, lead astray.

begunk *v.* fool, deceive.
beild *n. & v.* shelter.
beirin *n.* significance, implication.
belyve *adv.* quickly.
ben *n.* hill.
benmaist *adj.* inmost.
bensil *n.* rapid forceful movement.
beseik *v.* beseech.
bestouer *n.* bestower, giver.
bicker *n.* conflict.
bigg *v.* build.
biggin *n.* building.
billie *n.* fellow.
binna *conj.* unless.
birkie *n.* smart active man.
birlinn *n.* galley.
birse *n.* hair covering.
bittock *n.* small amount.
blad *n.* stain.
blaffert *n.* blast.
blate *adj.* hesitant.
blaw *v.* boast.
blee *n.* complexion.
bluffert *n.* gust.
bluidwyte *n.* blood-guilt.
blytheheid *n.* happiness.
bode *v.* promise; portend.
bodement *n.* offer.
bosie *n. & v.* embrace.
bouk *n.* body.
boun *adj.* ready.
bourach *n.* crowd.
bowden *v.* swell.
bowsterous *adj.* fierce.

brack *n.* brine.

braird I *n.* new growth. **II** *v.* begin to grow.

bran *n.* muscle.

brangle I *n.* confused crowd. **II** *v.* come together in a confused fashion; quarrel.

brattach *n.* banner.

brattle *n.* attack, onset.

breinge *v.* rush.

breim *adj.* fierce, violent.

brent *v.* spring up.

brig *n.* bridge.

brist *v.* burst.

¹bruik *v.* have, live with (*in positive or negative sense*) enjoy; suffer.

²bruik *v.* stain, defile.

bruilie *n.* conflict, battle.

buck *v.* spurt.

bude *v.* must.

buird *n.* table.

buirdlie *adj.* powerful, imposing.

buller *n. & v.* roar.

busk *v.* adorn, decorate.

bygane *n. & adj.* past.

caird *v.* mock, abuse verbally.

callant *n.* young man.

caller *v.* refresh.

canallie *n.* mob.

cannie *adj.* cautious, careful.

cantle *v.* cheer up.

cantrip *n.* (magic) trick.

carle *n.* old man.

carline *n.* witch.

cast cavil *v.* cast lots.

cauf-grunn *n.* birthplace.

cauldrife *adj.* chilly.

chack *v.* hack.

check *v.* reprimand.

cheil *n.* man.

chitter *v.* shiver.

clair *adj.* clear.

clanjamfrie *n.* crowd.

cleik *v.* clasp.

cleuch *n.* crag, gorge.

clint *n.* cliff.

clinty *adj.* rocky.

clour *n.* blow, thump.

clyte *v.* fall.

collogue *n. & v.* converse.

compaignen *n.* comrade.

concilement *n.* reconciliation.

connach *v.* destroy, ruin.

conter *v.* go against.

core *n.* company.

corp *n.* body.

courie I *v.* cower. **II** *adj.* timid.

cown *v.* weep.

crack *v.* converse.

cranreuch *n.* hoar frost.

crouse *adj.* bold, confident.

crune *v.* mourn.

cryne *v.* wither, decay.

cuddom *v.* tame, subdue.

culroun *n.* rascal.

cummer I *n.* frustration. **II** *v.* encumber.

cunn *v.* give thanks.

cursour *n.* stallion.

custroun *n.* knave.

dachle *v.* (cause to) hesitate.

dafferie *n.* light-heartedness.

darg *n.* task.

daunton *v.* daunt, discourage.

daw *n.* dawn.

debait *n.* strife.

debaitar *n.* fighter.

decreit *v.* decree.

demain *v.* injure.

demesne *n.* domain.

dempster *n.* judge.

derf *adj.* bold.

dern I *n.* darkness, secret. **II** *v.* hide.
dill *v.* become calm.
dindeirie *n.* uproar.
dinnle *v.* resound.
dird *n.* blow, thump.
dirdum *n.* uproar.
disjaskit *adj.* cast down.
donsie *adj.* dismal, gloomy.
doucht *v.* can, have the power to.
douchty *adj.* brave, steadfast.
doungang *n.* sunset.
dountak *v.* belittle.
dowie *adj.* sad, despondent.
draig *n.* motion of the tide.
draucht *v.* draw tight.
dree *v.* suffer, endure.
dreidour *n.* dread.
droukit *adj.* drenched.
drumlie *adj.* gloomy.
Drychtin *n.* God, the Lord.
Duim *n. & v.* Fate.
dule *n.* sorrow, affliction.
dulesome *adj.* sorrowful, gloomy.
dunch I *n.* sharp blow. **II** *v.* strike.
dunter *n.* porpoise.
dwyne *v.* weaken, fade.
dyster *n.* storm-wind.
efterhins *adv., prep., conj., & adj* afterwards.
eik I *n.* addition. **II** *v.* add to.
eilie *v.* glide, move smoothly.
eirant *n.* journey with a specific purpose.
eith, eithlie *adv.* easily.
erne *n.* eagle.
ettle *v.* intend.
fails *n.* turf.
fain *adj.* glad.
fainness *n.* fondness.
fairheid *n.* fairness.
fang *n.* grasp.

fare *v.* (*pt.* **fure**, *pp.* **forn**) travel.
farer *n.* traveller.
fauset *n.* falsehood, treachery.
feerich *n.* frenzy.
feid *n.* feud, hostility.
feim *n.* rage.
feire *n.* comrade.
fell-fochten *adj.* fiercely contested.
felloun *adj.* wicked.
fenn *v.* support, sustain; protect.
ferlie *n.* marvel.
fessen *v.* establish, fix.
fessen up *adj.* brought up.
fetheram *n.* bird's coat of feathers.
fey *adj.* doomed to die.
flane *n.* arrow, dart.
flaucht *n.* lightning flash.
fleg I *n.* fright. **II** *v.* frighten.
fleitch *v.* beg, entreat.
fleme *v.* put to flight.
fley *v.* frighten.
fleysome *adj.* frightening.
flicht *v.* flee.
flist *v.* fly into a rage.
flyre *v.* jeer.
flyte *v.* insult.
forbye *adv.* besides.
forder *v.* help on.
fore (**tae the fore**) *adj.* alive.
foremaist *adj.* first.
forfaut *v.* forfeit.
forfenn *v.* prevent.
forfochen *adj.* exhausted.
forhou *v.* forsake.
forleit *v.* forsake.
forniaw *v.* tire out, exhaust.
fortrace *n.* fortress.
fousion *n.* strength.
fousome *adj.* foul.
fouthie *adj.* rich, abundant.
fraucht *n.* fare, passage-money.

fremmit *adj.* foreign.

fung *v.* throw.

furthie *adj.* bold, enterprising.

furthset *v.* set forth.

fyle *v.* stain, pollute.

gab I *n.* mouth. **II** *v.* talk, chatter.

gaig *v.* hack.

gaillie *n.* galley.

gainstaunder *n.* enemy.

gait *n.* road.

gam *n.* jaw.

gange *v.* boast.

gangrel *n.* vagrant.

gar *v.* cause to.

gash *adj.* pale, wan.

gausey *adj.* stately, imposing.

gavel *n.* gable.

gaw *n. & v.* wound.

geck *v.* cheat, deceive.

geet *n.* (*contemptuous*) offspring.

geinoch *adj.* ravenous.

giff-gaff *n.* converse.

gillie *n.* boy.

gilpie *n.* lively, active young man.

gilravage *n.* feast.

girn *n.* snare.

glame *n.* fire.

glaum *v.* grasp.

glaur *n.* mud.

glebe *n.* allotment of land.

gleg *adj.* keen, clever.

gleid *n.* firebrand, spark.

glent *v.* glitter.

glib-gabbit *adj.* eloquent.

gliff *n.* start of fear.

glisk *n.* an instant.

glister *n.* radiance.

glunch *v.* scowl.

goller *n. & v.* roar.

gome *v.* gaze, stare.

gorgets *n.* shackles.

gou-maw *n.* seagull.

gowdies *n.* jewels, precious things.

gowff *v.* beat.

gowl *n. & v.* roar.

gowsterous *adj.* tempestuous.

gowstie *adj.* stormy.

graith *n.* equipment.

grame *n.* anger; grief.

granderie *n.* greatness.

gree *n.* reward, prize.

greenichtie *adj.* greenish.

grein *v.* long for.

growthie *adj.* fertile.

grumlie *adj.* grim, sullen.

grunn *n.* ground; sea-bed.

grunn-ebb *n.* foreshore exposed at low tide.

grunzie *n.* (*insulting term*) face.

gulliegaw *n. & v.* wound.

gunk *v.* disappoint, mortify.

gurge *n.* surge.

gurly *adj.* stormy, blustery.

gutser *n.* glutton.

gyte *adj.* mad.

haar *n.* mist.

hagger *v.* cut deeply.

haill-hertit *adj.* dauntless.

hailse *v.* greet.

hain *v.* protect, keep.

hairm I *n.* injury. **II** *v.* injure.

haizart *n.* hazard.

hale-hert *n.* health.

hamelt *adj.* of home, of this place.

hamesteid *n.* homeland.

handsel *n.* present.

hankle *v.* tie up.

hant *n.* custom, habitual; abode, dwelling-place.

hap *v.* happen, chance.

hapshackle *v.* fetter.

hardiment *n.* courage.

harl *v.* drag.
harns *n.* brains.
haspin *n.* young man.
hathill *n.* noble man.
hatrent *n.* hatred.
hauflin *n.* youngster.
haunie-grips *n.* struggle.
hecht *n. & v.* promise.
heich-bendit *adj.* ambitious.
heich-heidsman *n.* leader.
heill *n.* health, soundness.
heise *v.* raise up.
helm *n.* helmet; (*metaphorical*) guard, protection.
hempie *n.* rogue.
henner *n.* obstacle, hindrance.
heuch *n.* cliff.
hidlins *adv.* secretly.
hiegait *n.* highway.
hinner *v.* trouble, oppress.
hirple *v.* limp.
hirsel *n.* flock.
hotter *n.* crowd.
housal *n.* household.
howder *v.* rock violently, tumble.
howe *n.* plain, low-lying land.
howff *n.* place of shelter or hospitality.
huil *n.* pericardium.
hyne *adj. & adv.* far away.
ice-shoggle *n.* icicle.
ilkane *pron.* each one.
Ill Ane *n.* Devil.
ill-faurt *adj.* ugly.
ingyne *n.* mind, intellect, wit.
jabble *v.* splash.
jaw *n.* wave (*of the sea*).
jink *v.* move swiftly.
joco *adj.* cheerful.
jouk *v.* dodge.
jow *n. & v.* surge.

jurmummle *v.* confuse, trouble.
kemp I *n.* warrior. **II** *v.* fight.
kerver *n.* carver.
kingrik *n.* kingdom.
kirsen *v.* christen, baptize.
kittie *n.* prison.
kittle *v.* stir up.
kythe *v.* appear, show.
ladroun *n.* scoundrel.
lair *n.* grave.
lairn *v.* teach.
laith *adj.* reluctant.
laithin *n.* hostility.
laithlie *adj.* hideous.
lameter *n.* cripple.
langsome *adj.* tardy.
lannbrist *n.* waves breaking on the shore.
lave *n.* the rest, remainder.
leam *v.* gleam.
lear *n.* learning.
leid *n.* language.
lichame *n.* body.
lichtlie *v.* mock, slight.
lichtsome *adj.* cheerful.
lift *n.* sky.
likin *n.* enjoyment.
lilt *v.* sing.
limmer *n.* scoundrel.
limn *n.* painting, artistic representation.
link *n.* curl; joint.
lippen *v.* trust.
¹lipper *n.* leper, leprosy.
²lipper *n.* ripple.
lire *n.* flesh.
lith *n.* limb.
locker *n.* lock (*of hair*).
lockman *n.* jailor.
loesome *adj.* lovely.
louch *v.* cower.

loun *n.* villain, scoundrel; boy, young man.

lounder *v.* beat heavily.

lounerie *n.* villainy.

lowden *v.* quieten.

lowe *n. & v.* flame.

lown *adj.* peaceful.

lowp *v.* leap.

lowse *v.* set free.

lyart *adj.* grey-haired.

lyke *n.* corpse.

lyre *n.* flesh.

maggle *v.* confuse.

Mahoun *n.* Satan.

maik *n.* match, peer.

mairatour *adv.* besides.

mairch *n.* boundary; domain.

maistrie *n.* rule, governance.

manance *n.* menace.

mang *v.* long for.

mardle *n.* rabble; crowd, large number.

marmor *n.* marble.

marra *n.* mate, comrade.

massymore *n.* fortress.

maucht *n.* power.

mauchty *adj.* powerful.

mavitie *n.* malice.

mede *n.* reward.

mell *v.* mingle; have dealings with.

mellin *n.* hostile encounter.

mensefu *adj.* wise, thoughtful.

merch *n.* boundary, limit.

meschant *adj.* wicked.

ming *v.* mix.

mingie *n.* crowd, troop.

mint *v.* intend, mean.

mirken *v.* darken.

mirkie *adj.* joyful.

misgie *v.* fall short.

mislippen *v.* deceive.

mittle *v.* injure.

moul *n.* earth, ground.

mowten *v.* melt.

murgeon *v.* mock.

musardrie *n.* art.

namely *adj.* renowned.

neb *n.* point.

ness *n.* promontory.

notour *adj.* notorious.

nowt *n.* ox.

ochon! *interj.* alas!

oe *n.* grandson.

onding *n.* onslaught.

on-tash't *adj.* unstained.

ourie *adj.* sad, gloomy.

outlin *adj.* foreign, from outside.

owerfleit *v.* overflow.

owergang *v.* surpass.

owerhail *v.* overtake.

oxter *v.* embrace.

pairtisan *n.* partisan (*a type of spear used in the 16th and 17th centuries, with a long, triangular, double-edged blade, with two (more rarely one) upturned flukes at its base*).

pauchty *adj.* arrogant.

pawkerie *n.* trickery, deceit.

pickle *n.* small amount.

pissane *n.* pisane (*piece of armour to protect the upper part of the chest and neck*).

plenish *v.* equip.

ploy *n.* practice.

pousion *n.* poison.

prig *v.* haggle, bargain.

pyker *n.* thief.

pyne *n. & v.* torment.

pyssance *n.* strength, ability.

quit *v.* (*past* **quat**) leave.

ragabash *n.* riff-raff.

raik *v.* travel, wander.

raivel *v.* tangle.

ralliach *adj.* choppy, stormy.

rammy *n.* uproar.

ramsh *adj.* rough, rude.

ram-stam *adv.* headlong.

rane *v.* carp, complain.

rangale *n.* company.

raucle *adj.* rough, fierce.

rax *v.* reach.

rebat *n.* answer.

reck *v.* take heed of.

recour *v.* recover.

rede I *n.* advice, instruction. **II** *v.* interpret.

reft *adj.* deprived.

reinge *v.* travel.

reird I *n.* roar. **II** *v.* call out.

renoumit *adj.* renowned.

repone *n.* reply.

reteiner *n.* follower.

rewme *n.* realm.

rig-bane *n.* backbone.

rim-rax *n.* food.

ring *v.* reign.

rink *v.* encircle.

rive *v.* tear.

roddin *n.* path.

roil I *n.* stormy sea. **II** *v.* surge.

rowth *n.* abundance.

rueless *adj.* pitiless.

rugg *v.* drag.

ruise *n. & v.* praise.

ryve *v.* rend, tear. **sea-ryver** *n.* sea-tearer (*epithet for a ship*).

saikless *adj.* sinless.

sain *v.* bless; heal; consecrate.

sair *v.* serve.

saucht *n.* peace.

sauf *adj.* safe.

saunt *v.* cause to vanish.

scaff *n.* fishing-boat.

scantlins *adv.* scarcely.

scar *n.* fear.

scart *v.* scrape.

scog *n. & v.* shadow.

scour *n.* squall.

scowth *n.* room, scope.

scran *n.* food, provisions.

scrauch *v.* shriek.

screid *v.* rend.

screik, screik o day *n.* dawn.

screinge *v.* lash.

screive *v.* write.

scronach *n.* yell.

scruif *n.* surface.

scunner *n.* source of disgust.

sea-ryver *see* **ryve**.

sea-staigie *see* **staig**.

secourse *n.* help.

seil *n.* happiness.

selkie *n.* seal.

selvedge *n.* fringe.

sennicht *n.* week.

seyal *n.* test, trial.

shackle *n.* wrist.

shangie *n.* shackle.

siccar *adj.* sure.

signacle *n.* sign.

siller *n.* silver; money.

sinnen *n.* sinew.

sinner *v.* separate, part.

skail *v.* disperse.

skaim *n.* scheme, plot.

skaith I *n.* injury. **II** *v.* injure.

skeil *n.* skill.

skeilie *adj.* skilful.

skeirie *adj.* fearful, frightening.

skiff *n.* light touch.

skimmer *v.* glide.

skraich *n. & v.* yell.

skybald *n.* rascal.

skyrie *adj.* radiant.

slee *adj.* clever.

sling *v.* (*pt.* **slang**, *pp.* **slung**) stride.

smarrach *n.* crowd, mob.

smoul *v.* glide, move smoothly.

smuir *v.* smother.

snash *n.* insolent talk.

sneck *v.* lock up.

snell *adj.* harsh, fierce; (*of weather*) chilly.

snuive *v.* move smoothly, glide.

solast *adj.* comforted.

souch *n.* sound of a voice.

souther *v.* join together.

spang *v.* stride.

sparple *v.* scatter.

spase *n.* open sea.

spate *n.* rush of water.

spaul *n.* limb, shoulder.

speil *n.* tale.

speir *v.* ask.

spill *v.* ruin.

spindrift *n.* blown spray.

splairge *v.* splash.

spuilie *n.* plunder.

stouthie *adj.* strong.

staig *n.* unbroken horse; colt. **seastaigie** sea-steed (*epithet for a ship*).

stainch I *v.* halt, arrest. **II** *adj.* steadfast.

staw *v.* stuff.

stech *v.* stuff.

stech-kyte *n.* glutton.

stedd *n.* (*of a footprint, etc.*) impression.

steid, **steidin** *n.* place.

steik *v.* imprison.

steir *v.* set forth.

steive *adj.* strong, firm.

¹steven *n.* voice, outcry.

²steven *n.* prow of a ship.

stey *adj.* steep.

stob *v.* stab.

stoun *n.* stabs of pain.

stour *n.* battle, conflict.

stoutherie *n.* violence.

strauchle *n.* struggle.

stravaig *v.* wander.

strintle *v.* trickle.

strunt *n.* strife.

stryne *n.* race.

stug *n.* stab-wound.

stuit *v.* support.

stunk *n.* stake.

sturt *n.* strife.

suithfast *adj.* trustworthy.

suithlie *adv.* truly.

sumlar *n.* cup-bearer.

swack *adj.* agile, energetic.

swadge *v.* subside.

swap *v.* strike.

swarrach *n.* mass.

swaw *n.* wave (*of the sea*).

¹sweel *v.* flow, sail.

²sweel *v.* wrap, enfold.

swick *v.* cheat, deceive.

swippert *adj.* swift, active.

swither *v.* hesitate.

swythe I *adj.* swift. **II** *adv.* swiftly.

sypin *adj.* soaking.

taigle *v.* entangle.

tairge *n.* sheild.

teen *n.* sorrow.

thane *n.* retainer.

thirl *v.* pierce.

thole *v.* endure.

tholemuid *adj.* patient.

thraip *v.* argue, insist.

thrang *n.* & *v.* crowd.

thring *v.* thrust.

tolbuith *n.* prison.

torfel *v.* bring to ruin.

tour-hous *n.* fortified dwelling-house.

towt *v.* torment.

tramort *n.* decaying corpse.

trauchle I *n.* exhausting work. **II** *v.* overwork, tire out.

tropell *n.* troop.

trou *v.* believe.

trowth *adv.* indeed.

tuilie *n.* fight, brawl.

tuim *adj. & v.* empty.

twyne *v.* separate, part.

tyne *v.* (*pt. & pp.* **tint**) lose.

ugsome *adj.* ugly.

umwhile *adv.* formerly.

uncolie *adv.* dreadfully.

undeimous *adj.* immense.

unfrein *n.* enemy.

upheise *v.* uplift.

upsteir *v.* hearten, encourage.

vaig *v.* travel, wander.

vaiger *n.* traveller.

vaudie *adj.* exultant.

veive *adj.* clear, vivid.

viage *n.* journey.

voustie *adj.* exultant.

vowt *n.* vault.

waa-gaein *n.* departure.

waement *v.* lament.

waff *n.* blow.

wairdin *n.* bondage.

wairnish *v.* warn.

wale *v.* choose, select.

walla *v.* fade away.

wallie *adj.* beautiful.

walter *n.* surge.

wame *n.* stomach. **wame-wecht** food.

wan-blae *adj.* blue-grey.

wane *n.* dwelling place.

wanfortune *n.* misfortune.

wangracie *adj.* wicked.

wanhope *n.* despair.

want *v.* lack.

wap I *n.* stroke. **II** *v.* bind round.

wappin *adj.* enormous.

wardane *n.* guardian.

warlock *n.* wizard.

wauch *adj.* faint.

wauchle *v.* trudge.

waucht *n.* drink.

waw *n.* wave (*of the sea*).

weem *n.* cave.

weir *v.* guard, protect.

weird *n.* fate.

weirdless *adj.* inept, helpless.

weirman *n.* warrior.

whudder *v.* blow fiercely.

whummle *v.* throw into confusion.

whunstane *n.* hard igneous rock.

wicht I *n.* man. **II** *adj.* valiant.

win *v.* reach, make one's way.

winnersome *adj.* wonderful.

wittin(s) *n.* news, information.

wonin *n.* dwelling-place.

wraikfu *adj.* vindictive.

wuid-hertit *adj.* furious.

wunn-soupit *adj.* windswept.

wyce *v.* guide, direct.

wyceheid *n.* wisdom.

wylie *adj.* clever.

wyte *v.* blame.

wyve *v.* weave.

yare *adj.* eager, ready.

yark *v.* snatch.

yaup, **yaupish** *adj.* hungry.

yett *n.* gate.

yirk *v.* bind.

yoke *v.* set to work.

younker *n.* young man.

www.ingramcontent.com/pod-product-compliance
Lightning Source LLC
Chambersburg PA
CBHW020353100426
42812CB00001B/48